Eduardo Cardinal Pironio

Le monde te cherche

Retraite au Vatican, 1974

Titre original : *Queremos ver a Jesús*

Édition: Éditions Anne Sigier
2299, boul. du Versant-Nord
Sainte-Foy (Québec) G1N 4G2

Pour la France : Éditions Anne Sigier – France
28, rue de la Malterie
B.P. 3007
59703 Marcq-en-Barœul

Traduction: Louise F. Côté, C.N.D.

Illustration
page couverture: Masaccio, *Le Tribut* (détail)

ISBN: 2-89129-190-5

Dépôt légal: Bibliothèque nationale du Canada
Bibliothèque nationale du Québec
1er trimestre 1993

Imprimé au Canada

Le monde te cherche

« Je prie le Seigneur de me donner la grâce que ma mort prochaine soit un don d'amour pour l'Église. Je puis dire que je l'ai toujours aimée ; c'est son amour qui m'a tiré de l'étroitesse de mon égoïsme naturel et m'a conduit à son service ; c'est pour elle, et pour rien d'autre, que je crois avoir vécu. Mais j'aimerais que l'Église le sache ; et que j'aie la force de le lui dire, comme une confidence du cœur : c'est à l'ultime moment de la vie uniquement qu'on a le courage de poser un tel geste. »

(Paul VI, Méditation devant la mort)

À Paul VI : Ami de Dieu et contemplatif, qui a souffert en silence et nous a parlé de la joie, qui a décrit le mystère de l'être humain, éprouvé la passion de l'Église et chanté la vie au moment où il embrassait sereinement la mort. Il nous a enseigné à aimer Jésus Christ, l'Église et l'être humain.

Présentation

Un après-midi de janvier 1974, je recevais, de la Secrétairerie d'État, une lettre qui disait textuellement: « J'ai l'agréable devoir de m'adresser à Votre Excellence pour lui communiquer avec insistance, de la part du Saint-Père, une invitation qui l'honore : ayez la bonté d'accepter la direction des Exercices spirituels qui, comme chaque année, seront prêchés au cours de la première semaine du Carême, en présence du pape. Je ne doute pas que Votre Excellence saura apprécier toute la signification de ce choix déférent de Sa Sainteté. Par ce geste, le pape désire manifester l'estime et l'affection qu'il nourrit pour votre personne et votre travail exemplaire ; il veut aussi donner une nouvelle marque de reconnaissance et de considération à tout l'épiscopat latino-américain. Je ne sais si Votre Excellence a déjà contracté des engagements pour les dates indiquées. En ce qui me concerne, je serais très heureux que vous en disposiez de façon à satisfaire les désirs exprimés par le Saint-Père. »

Je ne pouvais nier ma joie intérieure et ma gratitude envers Dieu pour le ministère qu'on me confiait. Mais je ne pouvais non plus dissimuler la terrible responsabilité dont j'avais conscience, ni la crainte que j'expérimentais profondément. J'avais le goût de crier avec Jérémie: « Ah ! Seigneur Dieu, je ne saurais parler, je suis trop jeune » (Jr 1, 6).

Par affection pour Paul VI et par obéissance envers lui, en qui je voyais Jésus Christ lui-même, et me confiant uniquement au Seigneur et à la protection maternelle de Marie, j'acceptai l'invitation. Quelques semaines me séparaient de la retraite qui devait commencer l'après-midi du 3 mars, premier dimanche du carême. À peine le temps nécessaire pour préparer quelques schémas à distribuer au début de chaque méditation. À peine le temps aussi de me rendre à la Trappe d'Azur (Buenos Aires) pour me recueillir et prier pendant quelques jours.

Sans difficulté, je fis choix du sujet. Je connaissais trop Paul VI pour ignorer que le thème de l'Église lui tenait à cœur – surtout en cette année où, à partir de la Pentecôte, on célébrerait l'Année sainte dans toutes les Églises particulières. Je choisis, concrètement, comme thème « l'Église de la Pâque ». Je voulais ainsi évoquer l'inoubliable visite de Paul VI en Colombie et la célébration de la deuxième Conférence générale de l'Épiscopat latino-américain. L'expression « Église de la Pâque » est le résumé complet de cette Conférence : une Église de la croix et de l'espérance, de la pauvreté et de la contemplation, de la prophétie et du service.

Pendant ce temps, la communauté chrétienne de Mar del Plata priait avec une intensité spéciale. Elle se sentait unie de façon privilégiée au pape et à l'Église universelle.

Quand, au matin du 3 mars, je me présentai au Vatican pour visiter la Chapelle Mathilde et recevoir les informations requises, j'appris une nouvelle à laquelle je n'avais pas songé : la retraite devait être prêchée en italien ! En vain je présentai mes objections et demandai qu'on me laissât parler en espagnol. Dans « l'obéissance de la foi », je m'en remis au Seigneur et priai l'Esprit Saint de m'inspirer les mots appropriés. Comme rarement dans ma vie, j'expérimentai l'action de Dieu à travers ma pauvreté et je me sentis instrument de l'Esprit.

Six années se sont écoulées depuis cette retraite inoubliable pour moi. J'avais l'intention de publier immédiatement ces méditations. Mais ce fut impossible. Le travail était trop ardu : je n'avais que les schémas et les bandes magnétiques. Il s'agissait donc de tout reconstruire et de tout écrire. L'activité pastorale laissait bien peu de temps et de tranquillité pour une réflexion sereine et prolongée. Ainsi passèrent les mois et les années.

Depuis lors, des événements importants sont survenus dans l'Église : la mort de Paul VI, le très bref passage du pape Luciani et son départ inattendu, l'intense pontificat de Jean Paul II. Deux synodes des évêques ont été célébrés (sur l'évangélisation, 1974, et sur la catéchèse, 1977) et un synode particulier (1980). On a vécu, en Amérique latine, l'événement salvateur de Puebla. Des exhortations apostoliques de profonde signification dans l'Église, comme *Evangelii nuntiandi*, *Gaudete in Domino* et *Catechesi traden-*

dæ, ont été publiées. Nous sommes enveloppés par l'étonnante activité pastorale de Jean Paul II et par la lumière de son magistère, depuis l'encyclique *Redemptor hominis* jusqu'à la publication, presque journalière, de quelque discours important.

La limite principale de ce livre réside là: il est publié en 1980 comme si rien de cela ne s'était produit. J'ai dû faire un constant effort pour paraître ignorer tous ces faits et me situer en mars 1974. Ce n'est pas une tâche facile de parler sur « l'Église de la prophétie » ou sur « la joie dans l'Église » en prétendant ne pas connaître les exhortations pastorales *Evangelii nuntiandi* et *Gaudete in Domino*, publiées en l'Année sainte 1975. Je crois, toutefois, que la richesse doctrinale de ces documents (comme celle de beaucoup d'autres plus récents) est suffisamment recueillie et exprimée dans cette série de méditations.

Autre remarque préliminaire: il y a des expressions, des thèmes et des textes bibliques qui se répètent avec une insistance particulière. Cela est normal au cours d'exercices spirituels où on souhaite souligner quelques idées-forces; ainsi, on parle constamment de prière et de contemplation, de pauvreté et de croix, de joie et d'espérance, de Mystère pascal et de présence évangélique au monde. Tout tourne, en définitive, autour de Jésus Christ, qui vit et agit par la force de son Esprit dans l'Église. De là, la continuelle insistance pour que l'Église soit vraiment « le sacrement du Christ pascal ». De là aussi, la constante invitation à une joie profonde et à une espérance inébranlable qui naissent de la croix. « L'espérance n'est pas pour les cœurs faibles ou superficiellement optimistes. Elle est, essentiellement, pour les cœurs forts, familiers de la souffrance et de la mort. »

« Nous voulons voir Jésus » (Jn 12, 21). C'est le cri des générations nouvelles, qui désirent « une Église authentiquement pauvre, missionnaire et pascale » (Medellin 5, 15), où elles puissent facilement reconnaître le visage de Jésus Christ. Toute cette série de méditations simples sur l'Église veut donner une réponse aux exigences profondes des jeunes. Elles furent préparées, avec beaucoup d'affection, en pensant à eux – et en les aimant intensément – par un prêtre qui a déjà longuement vécu et qui goûte, chaque jour plus profondément, la joie pascale de son sacerdoce et de son ministère pastoral.

Pourquoi publier ces méditations maintenant, alors que tout ce temps s'est écoulé depuis leur prédication ? D'abord, parce que beaucoup de personnes le demandent et parce que je ne voudrais pas que, par ma faute, soit interrompue la série des « Retraites au

Vatican». Ensuite, parce que «telle est ma conviction: Celui qui a commencé l'œuvre excellente en poursuivra l'achèvement» (Ph 1, 6) et parce que ces méditations pourront aider plusieurs personnes à mieux découvrir Jésus Christ et à aimer plus profondément l'Église. Enfin, parce que j'ai aimé Paul VI avec une simplicité filiale et que son souvenir me fait du bien et continue de me procurer de la joie. Je voudrais que la publication de ce livre soit un humble hommage, de ma pauvreté, à la mémoire d'un homme qui a éclairé l'Église par sa doctrine et sa sainteté, qui a aimé profondément Jésus Christ et l'être humain, qui a souffert un long et fécond martyre intérieur. Pour cette raison, j'ai voulu conclure cette série de méditations par une réflexion très simple et sincère sur Paul VI, réflexion faite à l'occasion du premier anniversaire de son lumineux passage au Père, au soir de la Transfiguration du Seigneur, en 1978. Paix à sa belle âme! Et à nous, la joie et la responsabilité de recueillir et de vivre, dans la fidélité, son héritage spirituel.

Cardinal Eduardo F. Pironio

I

Avec Jésus au désert

« Tout le monde te cherche. »
(Mc 1, 37)

Texte : Mc 1, 35-39.

Vénérables et très chers frères dans le Christ :

Mon mot d'accueil et mon souhait s'exprimeront dans les paroles mêmes de saint Paul aux Romains : « Que le Dieu de l'espérance vous comble de joie et de paix dans la foi, afin que vous débordiez d'espérance par la puissance de l'Esprit Saint » (Rm 15, 13).

Paix, joie et espérance ! Ce sera là, en définitive, le fruit de la retraite, de notre rencontre intime et fraternelle avec le Seigneur, en ces jours : comme un signe de la présence toujours agissante du Christ pascal au milieu de nous. « Car, là où deux ou trois sont réunis en mon nom, je suis au milieu d'eux » (Mt 18, 20). En même temps, ce sera comme une manifestation de notre réconciliation plus vive et plus profonde avec le Père.

Nous sommes absolument certains de cette présence particulière du Seigneur au milieu de nous : le Bon Pasteur, l'Envoyé du Père, le Serviteur de Yahvé, l'unique et éternel Prêtre. Il est au milieu de nous pour nous parler: faisons silence et accueillons sa parole; il est au milieu de nous pour nous communiquer son Esprit: laissons-nous remplir de sa lumière, de sa force, de son amour; il est au milieu de nous pour nous constituer en Église: que nous ayons le goût de vivre cette heure et que nous expérimentions la joie et la fécondité d'être une Église de communion et d'espérance.

Le Père nous regarde avec amour et prédilection, mais la prédilection de Dieu, en même temps qu'elle est grâce, est aussi exigence. L'Esprit descend sur nous – comme il est descendu sur Marie (Lc 1, 35), sur le Christ (Lc 3, 22), sur les apôtres (Ac 2, 8) – et il ouvre nos cœurs à la Parole. C'est le Christ lui-même qui nous parle. Comme je voudrais, très chers frères, que vous accueilliez ma parole « non comme une parole d'homme, mais comme ce qu'elle est réellement, la Parole de Dieu, qui est aussi à l'œuvre en vous, les croyants » (1 Th 2, 13) !

Paix, joie et espérance ! Ce sera donc le fruit de notre retraite, si nous la vivons vraiment dans le Seigneur, d'un cœur fraternel, pauvre et disponible. Nous goûterons, à la fin, une paix profonde et inaltérable, une joie sereine et contagieuse, une espérance très ferme et créatrice. Immanquablement, l'Esprit opérera cette œuvre en nous.

Mais il est nécessaire, dès ce moment, dès le commencement de ces exercices, d'avoir un fond de sérénité, de joie et d'espérance, comme don de l'Esprit Saint qui habite en nous. Parce que le Seigneur ne se communique qu'aux âmes sereines. Avant que la Parole ne s'incarne en Marie, l'Ange l'invite à la joie, à la sérénité, à la confiance (Lc 1, 26-38).

Paix ! contre la préoccupation, l'incertitude, la peur. « Que votre cœur cesse de se troubler et de craindre » (Jn 14, 27). Mais comment faire pour ne pas craindre ? Tous nous souffrons et sommes préoccupés à cause de l'Église en ce moment. Ce serait de l'inconscience de dire que tout va bien dans l'Église et dans le monde. Que de problèmes et de préoccupations, que de tensions et de déchirements internes, que de recherche et de confusion, que de misère, de faim et d'injustice! Comment est-il possible de vivre tranquille? Qui n'a pas la douloureuse et salutaire expérience de la crainte? Les évêques l'éprouvent dans leurs différents diocèses, dans leurs milieux divers, sous des formes variées. Vous la sentez ici, au centre, où se perçoivent, certes plus vivement, les souffrances de tous les peuples et «le souci de toutes les Églises» (2 Co 11, 28). Cependant, le Seigneur nous dit: «N'ayez pas peur.» Je voudrais vous répéter, au nom du Seigneur: «Que votre cœur cesse de se troubler et de craindre.»

Joie! en la présence fraternelle de Jésus, «image du Père» (Col 1, 15). Il fait route avec nous jusqu'à la fin (Mt 30, 28), comme le mystérieux pèlerin d'Emmaüs (Lc 24, 13-35), assumant notre inquiétude et notre tristesse, éclairant notre croix à partir de l'Écriture et demeurant avec nous (mieux encore, entrant dans notre maison) pour partager le pain avec nous. Comment pouvons-nous être tristes? «Que ma joie, dit Jésus, soit en vous et que votre joie soit parfaite» (Jn 15, 11). Nous sommes entrés en carême. Le carême, chemin vers Pâques, doit être un temps d'austérité, de pénitence, de prière; mais, à cause même de cela, un temps de joie. Joie neuve et profonde, parce que nous anticipons la joie de Pâques. Joie véritable, comme signe de notre conversion quotidienne et de notre authentique réconciliation dans le Christ. Joie comme fruit intime de la charité (saint Thomas, 2, 2, 28) et de l'Esprit Saint (Ga 5, 22) que l'amour de Dieu a répandu dans nos cœurs (Rm 5, 5). Joie profonde, sereine et contagieuse qui naît du silence et de la croix. Seuls ont le droit d'être joyeux ceux qui vivent silencieux au pied de la croix, comme Marie. Qu'il est difficile aujourd'hui d'être joyeux! Pourtant, la marque du chrétien est l'amour dont la source est la prière, et la manifestation, la joie. Saint Paul unit tout cela quand il dit: «Vivez en paix entre vous. Soyez toujours dans la joie, priez sans cesse» (1 Th 5, 13. 16. 17).

Espérance! comme sécurité à cause de l'inaltérable force de l'Esprit Saint, de la présence permanente du Seigneur ressuscité, de l'activité féconde du Père. Comme il est nécessaire aujourd'hui de prêcher l'espérance! Comme il est important d'en vivre! Mais comme il en coûte! Toutefois, le monde attend que nous soyons des témoins de l'espérance; c'est-à-dire que nous soyons simplement chrétiens. Saint Paul explique bien l'évolution chrétienne: «Souvenez-vous qu'en ce temps-là, vous étiez sans Messie, privés du droit de cité en Israël, sans espérance... Mais maintenant, en Jésus Christ, vous qui jadis étiez loin, vous avez été rendus proches, par le sang du Christ» (Ép 2, 12-13).

Paix, joie et espérance! Quel tort peuvent faire à l'Église la peur, la tristesse, le pessimisme! Nous surtout, les évêques, devons être «témoins de la Résurrection». Cela ne signifie pas insensibilité devant la douleur ou inconscience face aux problèmes. Cela signifie comprendre et proclamer que le chemin vers la lumière et la fécondité passe nécessairement par la croix, et vivre en conséquence.

Les prêtres exigent que leurs évêques soient vraiment pauvres; qu'ils ne s'appuient pas sur eux-mêmes ni sur les pouvoirs humains mais sur la seule puissance de l'Esprit. Que, pour cela, ils soient fermes dans l'espérance et sachent en «rendre compte» (1 P 3, 15-18) à leurs sœurs et à leurs frères.

À la suite de cette salutation et de ce souhait, je voudrais remercier le Seigneur de cette retraite, de notre rencontre fraternelle. Je la considère comme une grâce extraordinaire dans ma vie; une grâce unique, originale, exceptionnelle. Je viens simplement prier avec vous: avec le Saint-Père, présence visible du Christ sur la terre, et avec ses collaborateurs immédiats dans le gouvernement pastoral de l'Église. Ici se retrouve en prière l'Église tout entière. Elle l'est spécialement dans mon diocèse de Mar del Plata, qui s'est organisé en «climat de retraite». Pendant ces jours, tous, prêtres, religieux et laïcs, sont en communion de prière avec leur évêque, avec le pape, avec vous.

Maintenant, je voudrais, simplement, vous présenter trois points:

- le sens de cette retraite,
- son thème central,
- ses conditions fondamentales.

1. Le sens de cette retraite

Je crois que nous pouvons trouver le sens de cette retraite dans ces mots des apôtres à Jésus: « Tout le monde te cherche. »

Pourquoi devons-nous entrer en retraite? Pourquoi devons-nous aller au désert? Parce que « tout le monde nous cherche ». Je suis touché par ce texte de saint Marc:

> *Au matin, à la nuit noire, Jésus se leva, sortit et s'en alla dans un lieu désert; là, il priait. Simon se mit à sa recherche, ainsi que ses compagnons, et ils le trouvèrent. Ils lui disent: « Tout le monde te cherche. » Et il leur dit: « Allons ailleurs dans les bourgs voisins pour que j'y proclame aussi l'Évangile: car c'est pour cela que je suis sorti. » Et il alla par toute la Galilée: il prêchait dans leurs synagogues et chassait les démons* (Mc 1, 35-39).

Le Christ – l'envoyé du Père, le missionnaire, l'évangélisateur – a été oint par l'Esprit et est venu dans le monde pour « porter le joyeux message aux humiliés, panser ceux qui ont le cœur brisé, proclamer aux captifs l'évasion, aux prisonniers l'éblouissement » (És 61, 1). C'est pourquoi « Jésus, parcourant toute la Galilée, enseignait dans leurs synagogues, proclamait la Bonne Nouvelle du Royaume et guérissait toute maladie et toute infirmité parmi le peuple » (Mt 4, 23).

Il était donc normal que « tout le monde le cherche ». Précisément à cause de cela, Jésus éprouve l'urgent besoin du désert et de la prière. Plus sa réputation va croissant et plus la foule se rassemble autour de lui, plus Jésus recherche la solitude et le dialogue avec le Père. Saint Luc l'exprime admirablement: « On parlait de lui de plus en plus et de grandes foules s'assemblaient pour l'entendre et se faire guérir de leurs maladies. Et lui se retirait dans les lieux déserts, et il priait » (Lc 5, 15-16).

« Tout le monde te cherche. » C'est là, aujourd'hui, le drame du prêtre, de l'évêque, du pape. Dans la mesure où nous sommes fidèles à notre mission, les travaux, les préoccupations, les croix se multiplient. Il ne nous reste pas de temps pour la lecture, la réflexion, la prière. Il ne nous reste pas de temps pour le désert!

Dans ce contexte, alors, quel est le sens de cette retraite?

a) Avant tout, il s'agit d'une *rencontre avec Jésus dans le désert.* Il est nécessaire de pénétrer dans le désert, mais il s'agit d'y rencontrer fraternellement Jésus et non de nous rencontrer nous-mêmes. « Les Apôtres se réunirent auprès de Jésus et ils lui rapportèrent tout ce qu'ils avaient fait et tout ce qu'ils avaient enseigné. Il leur dit: ‹ Vous autres, venez à l'écart et reposez-vous un peu. › Car il y avait beaucoup de monde qui venait et repartait et eux n'avaient même pas le temps de manger. Ils partirent en barque vers un lieu désert, à l'écart » (Mc 6, 30-32).

Le désert est considéré dans la Sainte Écriture comme un lieu de grâce, de particulière proximité divine, de protection spéciale de Dieu, de transformation profonde de l'être humain. Moïse gravit la montagne où il demeura quarante jours et quarante nuits (Ex 24, 12-18). Le prophète Élie marcha quarante jours et quarante nuits à travers le désert jusqu'à la montagne de Dieu, l'Horeb (1 R 19, 8). Jésus lui-même est conduit par l'Esprit dans le désert (Lc 4, 1) pour y préparer sa mission, pendant quarante jours; durant ce temps, il est tenté par Satan. Il est avec les bêtes sauvages, et les anges le servent (Mc 1, 13).

Le désert rend serein et il fortifie. Dans le désert, nous devenons plus simples et plus lumineux. Parce qu'il nous met en contact avec la lumière qu'est le Christ.

Plus que jamais, nous expérimentons, aujourd'hui, la nécessité du silence, de la solitude, de la contemplation. Aujourd'hui, toute l'Église doit être fortement contemplative: ouverte à la Trinité dans la profondeur du silence. De cette façon seulement, nous comprendrons pleinement l'être humain et nous apprendrons à lire les signes des temps.

Nous avons besoin de la Parole du Seigneur et de l'action de l'Esprit. Le silence est vide si la Parole n'y retentit pas. La solitude est stérile et nocive si elle est pure évasion ou rencontre avec soi-même; il est nécessaire que l'Esprit Saint travaille au-dedans de nous, qu'il nous purifie et nous transforme.

Il faut rencontrer Jésus dans le désert. L'urgence de notre rénovation intérieure l'exige: purification et équilibre, faim sereine de sainteté.

b) De plus, cette retraite est une *préparation à notre ministère apostolique.* Comme Jésus qui, avant de commencer sa mission, conduit par l'Esprit, se retire au désert pour être seul avec le Père. Elle est impressionnante, cette attitude du Seigneur. Pendant de longs siècles, on espéra sa venue; et maintenant qu'il est enfin arrivé, après une rapide manifestation au Jourdain, il se retire dans la solitude et le silence. Telle est la pédagogie de l'efficacité en Dieu.

Notre ministère exige une expérience de Dieu, continue et profonde, dans le désert. Il y a des motifs spéciaux, cette année: c'est l'année de l'évangélisation (synode des évêques) et l'année de la réconciliation (Année sainte dans les Églises particulières[1]).

L'évangélisation – annonce explicite de la Bonne Nouvelle du salut – exige de nous une intériorité profonde: silence, prière, contemplation. La Parole du Seigneur doit être engendrée à l'intime de nous-mêmes, comme elle le fut en Marie, et réalisée dans la généreuse obéissance de la foi. Pour que tout l'Évangile soit proclamé en plénitude et avec efficacité, sous la mouvance de l'Esprit, il faut l'intériorité du désert. De cette façon seulement, comme Jésus, nous transmettrons « un enseignement nouveau, plein d'autorité » (Mc 1, 27). C'est la nouveauté et l'efficacité invincible du témoin. « Ce que nous avons vu et entendu, nous vous l'annonçons » (1 Jn 1, 1-4). C'est l'unique façon d'être, comme le Christ en son Église, « lumière pour la révélation » (Lc 2, 32).

---

[1] Se rappeler que cette retraite au Vatican a été prêchée en 1974, Année sainte dans les Églises particulières et année du synode sur l'évangélisation; d'où la fréquente insistance sur l'évangélisation et la réconciliation (objectif de l'Année sainte).

De son côté, l'année de la réconciliation exige de nous un bon temps de désert. Nous sommes les communicateurs de la vie, « les ministres de la réconciliation ». « La parole de la réconciliation » nous a été confiée comme grâce et comme responsabilité (2 Co 5, 18). Il est important de nous renouveler profondément dans le Christ afin de préparer et de promouvoir la rénovation dans les autres. Il faut nous réconcilier plus intimement avec le Père et entre nous.

Il y a encore autre chose, cependant: entrer dans le désert, c'est acquérir une grande capacité de dialogue et de service. Mais seul le silence actif prépare à accueillir la parole du prochain; seule la solitude dans l'Esprit communique la sérénité inlassable du don de soi.

c) Enfin, le sens de cette retraite est une profonde *communion d'Église*, en chemin vers Pâques. Même si nous entrons dans le désert, nous ne nous séparons pas. Nous voulons acquérir de l'altitude pour être en plus profonde communion avec les autres évêques, avec tous les humains, avec l'Église tout entière:

– en sincère « affection collégiale » avec tous les évêques et leurs Églises particulières respectives, en cette Année sainte. Il est significatif et providentiel que ces exercices soient dirigés par un évêque latino-américain qui, d'une certaine façon, représente, par sa fonction de président du CELAM, les évêques et les Églises particulières du continent;

– en assumant, dans la croix, les angoisses et les espérances du monde entier, les aspirations et le cri des peuples. Nous ne venons pas ici comme déracinés et séparés du monde, insensibles à ses problèmes. Nous venons chercher dans le Seigneur la réponse évangélique aux aspirations des humains. Le monde nous fait mal et nous sentons qu'il a besoin d'être réconcilié avec le Père par la mort de Jésus, et pacifié par le sang de sa croix;

– en vivant avec le Seigneur « la grande retraite de l'Église » en ce saint temps du carême. C'est tout le peuple de Dieu – ici, à Rome, comme à Budapest ou à Buenos Aires – qui « monte à Jérusalem » en ces jours.

2. Le thème de notre retraite

Ce sera simplement: l'Église. Plus explicitement, « l'Église de la Pâque ». Cette expression n'est pas de moi, elle n'est pas nouvelle. Nous la retrouvons formulée à Medellin par les évêques de l'Amérique latine. Précisément, dans le document sur la « jeunesse », les évêques, reconnaissant dans les aspirations des jeunes comme un appel de Dieu, expriment leur désir – qui devient un engagement – : « Que se présente de plus en plus nettement en Amérique latine le visage d'une Église authentiquement pauvre, missionnaire et pascale, libre de tout lien avec le pouvoir temporel et audacieusement engagée pour la libération de tout homme et de tous les hommes » (Medellin, 5, 15). L'élément central est précisément cela: Église de la Pâque.

Justement parce qu'elle est pascale, l'Église devra être pauvre, missionnaire et engagée pour la libération totale de l'être humain.

Mais aussi, parce qu'elle est l'Église de la Pâque, elle sera l'Église de la contemplation et de l'espérance. Nous insisterons sur ces deux aspects.

Le thème est proposé à cause des exigences rénovatrices mêmes de l'Année sainte: pour toute l'Église, une nouvelle Pentecôte qui renouvelle l'expérience de l'action de l'Esprit Saint vécue pendant le concile Vatican II.

Mais que signifie une « Église de la Pâque » ? Certainement pas l'Église du triomphe, du pouvoir, de la sécurité humaine.

C'est avant tout l'Église du détachement et de la pauvreté; l'Église de la persécution, de la croix et de la mort. « Si le grain de blé qui tombe en terre ne meurt pas, il reste seul; mais si, au contraire, il meurt, alors il porte du fruit en abondance » (Jn 12, 24). À cause de cela même, elle est aussi l'Église de l'espérance et de la sécurité en Dieu, l'Église de la présence infaillible du Seigneur (Mt 28, 20) et de la force inaltérable de l'Esprit Saint.

L'Église naît de la Pâque, elle annonce et célèbre la Pâque, chemine vers la pleine manifestation du Christ dans la Pâque définitive. Toute l'Église est essentiellement pascale.

Toute vie chrétienne, toute mission dans l'Église est une célébration, une réalisation quotidienne de la Pâque. Nous avons été baptisés dans la Pâque de Jésus, ensevelis en sa mort et assimilés à sa résurrection (Rm 6, 3s). La vie nouvelle du chrétien – qui a « revêtu le Christ » (Ga 3, 27) – est une vie essentiellement pascale : une vie de « ressuscités avec le Christ » (Col 3, 1-4).

Mieux encore : tout être humain et toute l'histoire acquièrent et tirent leur sens du mystère pascal. Le concile l'affirme clairement : « Et cela ne vaut pas seulement pour ceux qui croient au Christ, mais bien pour tous les hommes de bonne volonté, dans le cœur desquels, invisiblement, agit la grâce. En effet, puisque le Christ est mort pour tous et que la vocation dernière de l'homme est réellement unique, à savoir divine, nous devons tenir que l'Esprit Saint offre à tous, d'une façon que Dieu connaît, la possibilité d'être associés au mystère pascal » (GS 22).

Mais le mystère pascal – qui se vit en plénitude dans la mort, la résurrection et l'ascension du Seigneur – doit être vu dans toute l'intégrité de l'incarnation rédemptrice. Pour cela, toute la vie de Jésus – présentation au Temple, manifestation à Cana de Galilée, etc. – est essentiellement orientée vers la croix pascale.

Méditer sur l'Église de la Pâque signifie méditer sur l'Église comme « sacrement universel du salut » ; c'est-à-dire sur l'Église signe et instrument du salut intégral pour l'être humain tout entier et pour tous les peuples. Ou encore, méditer sur le Christ qui, en son Église – puisqu'elle est son sacrement – sauve intégralement l'être humain et tous les humains.

C'est pourquoi notre retraite approfondira ces trois termes : le Christ, l'Église, l'être humain.

Le Christ qui vit dans l'Église. Par lui, nous irons au Père, dans l'Esprit. Le thème sera toujours et exclusivement le Christ : « Nous prêchons un Messie crucifié » (1 Co 1, 23).

L'Église. Le Christ vit aujourd'hui dans son Église. Que signifie avoir foi en la résurrection du Christ? Cela signifie croire que le Christ vit dans son Église, qui est le sacrement du Christ pascal.

Finalement, *l'être humain* qui attend le salut. Telle est la mission de l'Église: sauver intégralement l'être humain et sauver tous les humains (GS 3).

3. Les conditions pour notre retraite

Que cette retraite soit vraiment une rencontre avec le Seigneur, avec sa Parole, avec son Esprit, dans un climat fraternel, d'une intériorité profonde et d'une dimension ecclésiale.

À cette fin, trois choses sont nécessaires, je crois: pauvreté, sérénité, disponibilité. Trois dispositions que nous retrouvons chez la Vierge, Notre Dame.

a) *Pauvreté* – Être vraiment simples et petits, être pauvres. Ne pas attendre une sagesse humaine ou des techniques pastorales. Entrer au désert avec un cœur humble. «Je te loue, Père, Seigneur du ciel et de la terre, d'avoir caché cela aux sages et aux intelligents et de l'avoir révélé aux tout-petits» (Lc 10, 21).

Pauvres: en quête de conversion, de lumière, de courage.

Pour ma part, frères très chers, je ne viens pas vers vous «avec le prestige de la parole ou de la sagesse [...], mais avec la puissance de l'Esprit» (1 Co 2, 1-4). Ainsi, nous ne venons pas ici découvrir des choses nouvelles, ou même poursuivre une étude sur l'Église. Nous venons prier ensemble. Je suis ici pour que nous priions ensemble à l'intérieur du mystère de l'Église, nous complaisant dans le Christ qui, par l'action de l'Esprit, nous révèle et nous communique le Père. Ce sont des jours de prière, non de nouveauté, d'étude ou de discussion. L'unique nouveauté réside dans le Christ, dans sa Parole, dans son Esprit.

b) *Sérénité* – «Que votre cœur cesse de se troubler et de craindre» (Jn 14, 27). Sérénité qui naît du silence et de la confiance. « Le Maître est là et il t'appelle » (Jn 11, 18). Confiance dans la bonté, dans la miséricorde et dans la fidélité de Dieu. Le Seigneur se communique aux âmes sereines.

c) *Disponibilité* – C'est-à-dire prompte docilité à l'Esprit, joyeuse remise de soi au plan du Père, comme Marie, la Vierge fidèle dont la disponibilité changea le cours de l'histoire : « Je suis la servante du Seigneur. Que tout se passe pour moi comme tu l'as dit » (Lc 1, 38). Comme le jeune Samuel : « Parle, ton serviteur écoute » (1 S 3, 10). Comme Saul de Tarse : « Que dois-je faire, Seigneur ? » (Ac 22, 10).

Nous vivons cette retraite « au cœur de l'Église », avec la lumière, la force et le feu de l'Esprit Saint, avec la protection maternelle de Marie, « Mère de l'Église ». Nous sommes réunis ici, comme les apôtres au cénacle, « assidus à la prière, avec Marie, la Mère de Jésus » (Ac 1, 14). Dans le silence, la pauvreté et la disponibilité de Marie, nous attendons « la Promesse du Père » (Lc 24, 49).

Qu'en ces jours Marie soit notre modèle, qu'elle soit notre espérance ! Que l'Esprit Saint soit notre « maître intérieur » : « Viens, Esprit Saint ; viens, Seigneur Jésus. »

II

Fidélité à notre heure

« Nous voulons voir Jésus. »
(Jn 12, 21)

Texte : Jn 12, 20-28.

Nous ferons toujours nos réflexions à la lumière de la Parole de Dieu ; au début de chaque méditation, nous lirons un texte de la Sainte Écriture. Nous l'accueillerons avec la simplicité du pauvre et nous laisserons la Parole même de Dieu, vivante, énergique et plus tranchante qu'aucun glaive à double tranchant (Hé 4, 12), pénétrer graduellement nos esprits. Après la réflexion commune, chacun pourra retourner au texte et, guidé par l'Esprit, y puiser davantage et de façon plus concrète.

La première méditation de ce jour porte sur « la fidélité à notre heure ». Nous la faisons à partir de ce texte, tiré de saint Jean :

> *Il y avait quelques Grecs qui étaient montés pour adorer à l'occasion de la fête. Ils s'adressèrent à Philippe qui était de Bethsaïda de Galilée et ils lui firent cette demande : « Seigneur, nous voudrions voir Jésus. » Philippe alla le dire à André et ensemble ils le dirent à Jésus. Jésus leur répondit en*

ces termes: « Elle est venue, l'heure où le Fils de l'homme doit être glorifié. En vérité, en vérité, je vous le dis, si le grain de blé qui tombe en terre ne meurt pas, il reste seul; si au contraire il meurt, il porte du fruit en abondance. Celui qui aime sa vie la perd, et celui qui cesse de s'y attacher en ce monde la gardera pour la vie éternelle. Si quelqu'un veut me servir, qu'il se mette à ma suite, et là où je suis, là aussi sera mon serviteur. Si quelqu'un me sert, le Père l'honorera.

Maintenant, mon âme est troublée, et que dirais-je? Père, sauve-moi de cette heure? Mais c'est précisément pour cette heure que je suis venu. Père, glorifie ton nom » (Jn 12, 20-28).

Ici, Jésus nous parle de « son heure »; dans la profondeur de son mystère, nous découvrirons les exigences de la nôtre. Être fidèles à notre heure!

Je soulignerai trois passages:
– « Nous voulons voir Jésus. »
– « L'heure est venue. »
– « Si le grain de blé tombé en terre ne meurt pas, il reste seul. »

a) *« Nous voulons voir Jésus. »* Je pense que c'est là, aujourd'hui, le cri de tous les humains, de tous les peuples, face à l'Église. Que veulent-ils voir aujourd'hui dans l'Église? Que veulent-ils voir en nous, prêtres et évêques? Ils veulent voir Jésus. Telles sont les attentes croissantes des personnes et des peuples: que l'Église soit vraiment le « sacrement de Jésus », c'est-à-dire le signe et l'instrument de la présence salvatrice de Jésus.

Demandons-nous si, en vérité, notre personne, nos gestes, nos coutumes, nos institutions reflètent Jésus... Car l'Église, c'est nous. L'Église n'est pas une abstraction, mais une réalité sacramentelle mystérieusement concrète: le Christ en nous et nous dans le Christ.

Tous les membres de l'Église doivent être une présence salvatrice de Jésus. Une phrase de saint Paul exprime admirablement cette grâce et cette responsabilité: « Notre lettre, c'est vous, lettre écrite dans nos cœurs, connue et lue par tous les hommes. De toute évidence, vous êtes une lettre du Christ confiée à notre ministère, écrite non avec de l'encre, mais avec l'Esprit du Dieu vivant, non sur des tables de pierre, mais sur des tables de chair, sur vos cœurs » (2 Co 3, 2-3).

Être une lettre du Christ, rédigée par notre ministère, avec les caractères ineffaçables de l'Esprit, pour être lue par tous les humains !

Mais cela vaut-il encore ? N'est-il pas un peu illusoire de penser que les hommes et les femmes, dans un monde sécularisé comme le nôtre, cherchent encore dans l'Église le visage et la présence de Jésus ? Précisément, c'est là l'unique chose qu'ils attendent de nous. Le monde n'attend pas de l'Église la solution technique de tous ses problèmes. Certes, il veut que nous ayons une grande sensibilité évangélique face aux graves problèmes qui l'affectent – problèmes sociaux, économiques et politiques – afin que nous assumions, de façon efficace, ses angoisses et ses espoirs. Mais la solution technique, il l'attend d'ailleurs. De l'Église, il espère essentiellement ce que, seule, elle peut offrir et donner comme originalité propre : le Christ, le Sauveur du monde. Nous voulons voir Jésus ! Si, fréquemment, les hommes nous rejettent ou rejettent l'institution, ne serait-ce pas parce que nous avons cessé d'être transparents à Jésus et de le communiquer ? Dans la simplicité de l'amour fraternel, la communauté primitive transmettait une expérience du Christ, son Seigneur.

b) *« L'heure est venue. »* L'heure de Jésus ! Trois fois, dans le texte que nous commentons, apparaît l'expression : « l'heure ». Comme annonce, comme crainte, comme joie. C'est l'heure définitive du Christ, celle de son mystère pascal. Finalement, elle est venue, l'heure depuis si longtemps attendue. Mais le Christ tremble quand elle arrive : c'est l'heure de la croix, de la mort, l'heure de l'humainement absurde et de l'échec apparent. La tentation est facile : « Père, sauve-moi de cette heure. » Mais le Christ comprend que sa venue, son incarnation, son ministère, sa parole, ses miracles n'ont pas de sens sans « cette heure » : « Mais c'est précisément pour cette heure que je suis venu. » C'est l'heure d'être fils en plénitude par l'obéissance au Père jusqu'à la mort; c'est l'heure de sa glorification définitive à travers la communication au monde du don de l'Esprit Saint. C'est pourquoi il l'embrasse dans la joie.

c) *« Si le grain de blé qui tombe en terre ne meurt pas, il reste seul; si au contraire il meurt, il porte du fruit en abondance »* (Jn 12, 24). L'heure du Christ est marquée par la fécondité joyeuse de sa mort pascale; c'est la voie propre de sa glorification. Mais saint Jean, avant de parler de mort, parle de glorification: « Elle est venue, l'heure où le Fils de l'homme doit être glorifié. » L'important, le définitif, c'est la gloire (celle du Père pour le Fils en l'Esprit: « à la louange de sa gloire » [Ép 1, 6]). Mais le chemin vers la gloire passe par la croix (Lc 24, 26). Dans le plan du Père, la mort est semence de gloire. La Pâque surgit de la croix: c'est déjà le Mystère pascal dans toute la force de sa fécondité.

Cela est valable et indispensable maintenant pour nous: si nous nous déchargeons de la croix, si nous refusons de mourir, si nous protestons parce qu'on nous met à l'écart et qu'on nous ensevelit, nous demeurerons seuls. La fécondité vient infailliblement – dans notre vie personnelle et dans notre ministère – quand, dans son dessein adorable, le Père nous broie comme les grains de blé ou nous attache à la croix de son Fils. D'autre part, c'est de cette façon seulement que, paradoxalement, nous serons heureux. « Pour moi, non, jamais d'autre titre de gloire que la croix de notre Seigneur Jésus Christ » (Ga 6, 14).

Tentons maintenant une brève incursion dans chacun de ces trois thèmes: l'heure dans le mystère de Jésus, l'heure actuelle de l'Église, la fidélité à notre heure.

1. L'heure dans le mystère du Christ
(*cf.* Jn 2, 4 ; 7, 30 ; 8, 20 ; 13, 1 ; 17, 1)

Saint Jean, le disciple bien-aimé de Jésus, nous parle fréquemment dans son évangile de « l'heure de Jésus », sans nous révéler clairement son mystère, mais en nous procurant les éléments pour que nous le découvrions et le goûtions.

Saint Jean nous parle pour la première fois de « l'heure » du Christ aux noces de Cana (Jn 2,4). Le Christ réalise là le premier de ses signes. Marie est présente. Quand la Vierge intercède afin qu'il résolve le problème des jeunes époux, le Christ répond mystérieusement : « Que me veux-tu, femme ? Mon heure n'est pas encore venue. » Quelle est cette heure de Jésus ? Le commencement de son ministère apostolique ? Le temps de faire des miracles ? Tout cela est vrai. Mais l'essentiel est autre chose. L'heure de Jésus est la manifestation de sa gloire par la mort et la résurrection. C'est l'heure de la Pâque. Tout le reste est préparation et signe. La croix et l'espérance constituent l'unique définitif, c'est-à-dire le Mystère pascal.

Faisons toutefois une petite observation. Elle a son importance. Saint Jean, qui a reçu de Jésus, comme trésor précieux, la garde de Marie, ne parle d'elle que deux fois : quand Jésus entrouvre le mystère de son heure à Cana de Galilée (« et la mère de Jésus était là » [Jn 2, 1]), et quand, à Jérusalem, commence la fécondité douloureuse de cette heure (« près de la croix de Jésus, se [tenait] debout sa mère, Marie » [Jn 19, 25]). C'est que l'heure de Jésus – à son annonce et au moment de sa réalisation – est mystérieusement scellée par la présence de Notre Dame.

D'autres fois encore, saint Jean nous parle de « l'heure » de Jésus. À la fête des Tentes, Jésus monte à Jérusalem et enseigne dans le Temple. Comme il arrive souvent (même aujourd'hui !), les commentaires à son sujet s'opposent. Les uns disent : « C'est un homme de bien », d'autres, au contraire, protestent : « Non, il séduit le peuple » (Jn 7, 12). Si bien qu'à la fin de son discours « ils cherchèrent à l'arrêter ; mais personne ne mit la main sur lui, parce que son heure n'était pas encore venue » (Jn 7, 30). Plus tard, pendant qu'il parlait dans le lieu dit du Trésor, dans le Temple, il arrive quelque chose de semblable. On veut arrêter Jésus, mais « personne ne mit la main sur lui, parce que son heure n'était pas encore venue » (Jn 8, 20).

Pourtant, le moment viendra où Jésus lui-même annoncera la réalisation de son heure. Il le dit comme avertissement : « Elle est venue, l'heure où le Fils de l'homme sera glorifié» (Jn 12, 23). Il le dit aussi comme prière à son Père: «Père, l'heure est venue» (Jn 17, 1).

Elle est venue, l'heure de la Pâque, l'heure de la croix et de l'espérance, l'heure de la glorification du Fils par la parfaite obéissance au Père jusqu'à la mort de la croix. En effet, saint Jean, au début de la relation qu'il fait de la dernière Cène et des ultimes moments de Jésus, dit: «Avant la fête de la Pâque, Jésus, sachant que son heure était venue, l'heure de passer de ce monde au Père [...]» (Jn 13, 1). C'était le moment décisif – avant de «se dessaisir de sa vie pour ceux qu'il aime» (Jn 15, 13) sur la croix – de manifester la plénitude de son amour: devenu parole dans les discours de la dernière Cène, don permanent de soi dans l'eucharistie de la Nouvelle Alliance, service humble et fraternel dans le lavement des pieds de ses disciples. L'heure de Jésus était pleine et préparée.

Quel est le sens de cette heure de Jésus? Quel est son contexte? Quelles sont les attitudes de Jésus face à son heure? Disons-le brièvement.

a) *Le sens.* Essentiellement, c'est la réalisation du Mystère pascal. À cause de cela, «l'heure» de Jésus est l'heure de sa mort et de sa résurrection, l'heure de la croix et de l'espérance, de l'abaissement et de l'exaltation (Ph 2, 6-11), du don suprême pour les amis (Jn 15, 13) et pour la communion entre frères et sœurs (Ép 2, 14), de la réconciliation du monde avec le Père (2 Co 5, 19s), de la rédemption et du pardon des péchés (Col 1, 14), de la manifestation de la gloire du Père dans l'accomplissement du salut.

Pour saint Jean, «l'heure» de Jésus est un instant, un moment indivisible: la mort est déjà glorification, la crucifixion est déjà exaltation glorieuse (Jn 2, 14; 12, 32-34).

Pourquoi insistons-nous autant sur le sens de l'heure de Jésus? Parce que c'est l'unique façon pour nous de découvrir la nôtre, de l'assumer pleinement, de la vivre avec amour. Notre heure aussi est pascale: heure de mort et de vie, de croix et d'espérance, de don et de communion, d'abaissement et de fécondité, de service aux sœurs et aux frères, de réconciliation avec tous, de rédemption du monde.

b) *Le contexte.* Comment se présente l'heure de Jésus ? Nous signalerons brièvement trois choses :

– l'heure de Jésus, qui est l'heure adorable du Père et, par conséquent, l'heure de la lumière, coïncide, providentiellement et douloureusement, avec l'heure du démon et des ténèbres : « C'est maintenant votre heure, c'est le pouvoir des ténèbres » (Lc 22, 53). Pour cette raison, c'est l'heure de la solitude et de la peur, de l'angoisse et de la tristesse, des larmes de sang et de l'abandon absolu. C'est l'heure de la suprême fécondité, mais aussi l'heure de l'échec apparent. C'est l'heure exacte du plan de Dieu, préparé de toute éternité. Mais c'est, en même temps, l'heure de l'incompréhensible et de l'humainement absurde ;

– heureusement, cette heure est marquée par la présence de Marie (*cf.* Jn 2 et 19). Elle est là, comme aux moments forts de Jésus : l'Annonciation, le Calvaire, la Pentecôte. Il n'est pas nécessaire de signaler à tout instant la compagnie inséparable de Notre Dame et la continuité de sa coopération dans l'œuvre salvatrice de son Fils. Marie apparaît aux moments « clefs ». Pour le reste, elle est toujours aux côtés de Jésus, « elle écoute la Parole de Dieu et elle l'observe » (Lc 11, 27) ;

– cette heure de Jésus est caractérisée par une particulière communication du Saint-Esprit à l'Église et au monde. L'Esprit Saint est le fruit de la glorification du Christ sur la croix. Tel est le sens des paroles du Seigneur : « Si je ne pars pas [par la mort et la résurrection], le Paraclet ne viendra pas à vous » (Jn 16, 7). Jésus l'affirme plus clairement encore dans le Temple : « Si quelqu'un a soif, qu'il vienne à moi et que boive celui qui croit en moi. Comme l'a dit l'Écriture : ‹ De son sein couleront des fleuves d'eau vive. › » Et Jean explique : « Il désignait ainsi l'Esprit que devaient recevoir ceux qui croiraient en lui : en effet, il n'y avait pas encore d'Esprit parce que Jésus n'avait pas encore été glorifié » (Jn 7, 37-39). C'est pourquoi, quand Jésus est glorifié sur la croix, il « remet son esprit » (Jn 19, 30) et de son côté sortent

« du sang et de l'eau » (Jn 19, 34). C'est le don de Dieu, l'eau vive qui « deviendra une source jaillissant en vie éternelle » (Jn 4, 10-14).

c) *Les attitudes de Jésus.* C'est passionnant de parler de « l'heure » de Jésus et d'en découvrir le contexte. Mais comment Jésus a-t-il vécu cette heure ? Cette question nous intéresse pour vivre, nous aussi, la nôtre. Ce n'était pas facile pour Jésus, même s'il savait que telle était la volonté du Père.

Par-dessus tout, Jésus a désiré ardemment cette heure. Il était venu pour elle (Jn 12, 27). Sans elle – par conséquent, sans la croix –, sa vie n'aurait pas eu de sens. C'est pourquoi, dès le début, il affirme : « C'est un feu que je suis venu apporter sur la terre, et comme je voudrais qu'il soit déjà allumé ! C'est un baptême que j'ai à recevoir, et comme cela me pèse jusqu'à ce qu'il soit accompli ! » (Lc 12, 49-50). Le Seigneur sait qu'un baptême de feu l'attend ; il le désire ardemment parce que c'est la volonté du Père et parce que c'est de cette façon-là seulement que le monde sera sauvé.

Mais, le moment venu, Jésus craint cette heure. Il tremble et ressent l'angoisse. Cela est normal. Il est la vie, et il éprouve un bouleversement devant la mort. Il est l'espérance, et il sent à quel point la croix est déroutante. C'est pourquoi il priera dans le jardin : « Père, s'il est possible, que cette coupe passe loin de moi » (Mt 26, 39).

Cela nous fait du bien de découvrir de l'intérieur cette attitude humaine de Jésus. Parce que, nous aussi, nous tremblons et nous sommes tristes. Notre heure est providentielle et divine, riche de fécondité et de fruits. Mais elle est difficile et pleine de croix. Comme il en coûte, Seigneur, de l'accueillir !

Pourtant, le Christ embrassa cette heure par une obéissance amoureuse au Père. Librement, sereinement. « Le Père m'aime parce que je me dessaisis de ma vie pour la reprendre ensuite. Personne ne me l'enlève mais je m'en dessaisis de moi-même. J'ai le pouvoir de m'en dessaisir et j'ai le pouvoir de la reprendre ; tel est le commandement que j'ai reçu de mon Père » (Jn 10, 17-18). C'est là le sens de ce qu'il exprime, peu avant de mourir: « [...] afin que le monde sache que j'aime mon Père et que j'agis conformément à ce que le Père m'a prescrit » (Jn 14, 31).

2. L'heure actuelle de l'Église

L'Église vit dans le monde le Mystère pascal. « De même, en effet, que les souffrances du Christ abondent pour nous, de même, par le Christ, abonde aussi notre consolation » (2 Co 1, 5). Cela se présente dans le contexte historique dans lequel nous vivons: dans l'Église d'aujourd'hui et dans le monde d'aujourd'hui, dans notre vie sacerdotale et dans notre ministère épiscopal. Nous avons part à la Pâque de Jésus: les souffrances abondent, comme aussi les consolations. Il existe des moments de douleur aiguë et des moments de joie profonde. C'est le Mystère du Christ qui se prolonge indéniablement en nous.

Comme pour le Christ, notre heure est l'heure de la croix et de l'espérance. Je dirais: elle est l'heure de l'espérance précisément parce qu'elle est l'heure de la croix. La Pâque se comprend uniquement si l'on sait qu'elle émane du cœur de la croix. Comme la résurrection ne se comprend qu'à partir de la semence enfouie dans la mort. Mais la mort non plus n'a pas de sens en elle-même, si ce n'est à partir de la vie et en lien avec la Vie définitivement possédée et goûtée.

Je sais que cette heure est particulièrement difficile et crucifiante pour l'Église. Elle l'est de manière spéciale pour les évêques. Elle doit l'être indubitablement, d'une façon mystérieuse, pour le pape. La pyramide de la souffrance, comme celle de la solitude, se resserre douloureusement à mesure qu'elle s'élève. Mais il est vrai aussi qu'elle touche le ciel plus facilement et plus promptement. De la croix, on se tourne plus rapidement vers le Père. « Je suis le chemin », dit Jésus. Personne ne va au Père, si ce n'est par moi » (Jn 14, 6). Mais ce chemin est « Jésus crucifié » (1 Co 2, 3).

C'est le moment de répéter les paroles que le Saint-Père adressait aux évêques, à Bogota, au début de la seconde Conférence générale de l'Épiscopat latino-américain:

«Oui, nous voulons vous redire l'exhortation du Maître: ‹N'ayez pas peur.› Cette heure est pour l'Église une heure de courage et de confiance dans le Seigneur» (Paul VI, 24 août 1968).

C'est en cette heure de l'Église et du monde que le Seigneur nous fait vivre et qu'il nous confie le ministère apostolique. Il est vain de regarder avec nostalgie l'heure passée, les temps de jadis, plus tranquilles peut-être (du moins apparemment) et plus faciles. Il est inutile aussi de rêver de l'avenir. Nous devons vivre dans l'eschatologie, mais l'eschatologie devenue présente. C'est la seule manière de vivre sereins et d'être féconds.

Cette heure difficile et tendue, si conflictuelle et si douloureuse, c'est «la nôtre». Nous devons la découvrir dans toute sa profondeur et la vivre avec une sereine intensité. C'est la manière de «mettre à profit le temps» (Ép 5, 16), c'est-à-dire de le rendre salvateur.

Nous tenterons de décrire rapidement quelques aspects positifs et d'autres négatifs de ce moment de l'Église et du monde.

a) D'abord, *la découverte du Mystère de l'Église.* Ce sont des choses bien positives qui nous réconfortent et nous remplissent d'espérance:

- la présence permanente du Christ ressuscité;
- l'action de l'Esprit Saint dans l'Église: nous l'expérimentons très fortement dans les Églises particulières durant cette Année sainte, fruit d'une véritable intuition prophétique; il y a un authentique sentiment de renouveau, une recherche de profondeur dans la prière, des désirs de conversion, une soif de sainteté. Je crois sincèrement que nous vivons dans une époque de saints. Des saints simples, avec qui nous vivons normalement;
- la valorisation du Peuple de Dieu: toute l'Église, «ointe par l'Esprit» et engagée dans la tâche de l'évangélisation;
- un sentiment d'incarnation et de présence, de service, de pauvreté. L'Église se découvre et se mani-

feste dans le mystère essentiel du Christ, Parole de Dieu faite chair, Serviteur de Yahvé, pauvre;

- le dynamisme missionnaire de l'Église. L'Église se sent, plus que jamais, « envoyée » par le Christ au monde;
- la redécouverte de la Parole et de l'eucharistie dans le service ecclésial;
- les exigences de communion;
- un héroïsme évangélique chez tant de laïcs et de religieux, chez tant de prêtres et d'évêques. Fidélité aux exigences radicales de l'Évangile!
- parmi les aspects positifs, il convient de souligner particulièrement la faim d'intériorité et de prière chez la jeunesse.

b) Mais il y a aussi *des aspects négatifs et préoccupants.* Nous ne pouvons les cacher. Ce serait une fausse espérance et nous causerions du tort à l'Église si nous essayions de les oublier.

Signalons-en quelques-uns:

- obscurcissement de la foi;
- perte du sentiment de l'absolu;
- perte de la capacité de silence et de prière;
- tensions et divisions qui brisent la communion;
- groupes, dans l'Église, devenus radicaux;
- politisation de la foi et de l'Évangile;
- perte de « la joie pascale ». Je crois que nous avons perdu le sens de la joie dans l'Église. C'est là un phénomène général, mais il se manifeste plus douloureusement quand il s'agit de prêtres et de religieuses. Je pense que l'Église a besoin, aujourd'hui plus que jamais, de joie et d'une forte dose de bonne humeur. On attend cela particulièrement de nous, les consacrés;
- perte du sens de « l'espérance »: quelle forte tentation de fatigue et de pessimisme! Comme se multiplient dans l'Église les « prophètes de malheurs »!

c) Comment « notre heure » se présente-t-elle *dans le monde*? Nous énumérerons, sans les développer, certaines caractéristiques:

- changements rapides, profonds, universels;
- phénomène de la sécularisation;
- conscience de marginalisation, sous-développement et dépendance injuste;
- aspirations profondes à la libération et à l'intégration collective;
- tentation croissante et explosive de violence;
- attentes de salut face à l'Église.

3. Fidélité à notre heure

C'est l'heure qu'il nous est donné de vivre; c'est l'heure en laquelle nous devons nous sanctifier, glorifier le Père et sauver les humains. Ce qui signifie être fidèles au plan de Dieu sur nous. « Pour cette heure – de croix et d'espérance – je suis venu au monde. »

Mais que signifie être fidèles à notre heure?

a) Découvrir, aimer et vivre intensément *cette heure*: c'est l'unique chapitre de l'histoire du salut qu'il nous est personnellement donné d'écrire. Et toujours, il faut l'écrire avec « le sang qui établit la paix » (Col 1, 20);

b) pénétrer évangéliquement *les signes des temps*: être attentifs à l'Esprit qui nous parle dans le silence intérieur, dans la Parole révélée, dans les événements de l'histoire, sur le visage de chaque homme et de chaque femme, dans les attentes et les aspirations des peuples;

c) *tout donner au Seigneur* qui vit dans cette Église concrète appelée à glorifier Dieu et à servir les humains. Comme chrétiens concrets: nés du Christ par l'Esprit. Comme serviteurs du Peuple de Dieu: hommes de la Pâque. Tout donner au Seigneur, et le donner dans la joie.

« Heureux notre temps tourmenté et paradoxal qui nous oblige presque à la sainteté », nous disait encore le pape à Bogota. C'est-à-dire heureux à cause de la tourmente et des paradoxes. Heureux surtout à cause des exigences de sainteté.

Oui, nous nous sentons heureux de vivre cette heure de l'Église et du monde.

Il nous est demandé d'être heureux en cette heure providentielle. Ce qui signifie être fidèles au Christ et à ses exigences, au ministère de l'Esprit dans son Église, aux attentes des hommes et des femmes.

Pour cela, réfugions-nous dans le cœur de Notre Dame, la « Vierge fidèle ». Invoquons-la de toute notre âme, comme fils et comme pauvres. Sa fidélité sera la nôtre. Mais rappelons-nous que la fidélité de Marie était faite de pauvreté, de confiance, de disponibilité.

Marie est pauvre. La mission qui s'offre à elle la dépasse. C'est pourquoi elle fait confiance ; seul le pauvre, celui qui ne se sent ni sûr ni confortable, est capable de confiance. Marie, en sa pauvreté, a compris une seule chose : « Pour Dieu, rien n'est impossible. » C'est alors que sa pauvreté se fait disponibilité et engage définitivement et irrévocablement son *oui* : « Oui, je suis la servante du Seigneur ; que tout se passe pour moi comme tu l'as dit. »

Plaçons-nous donc dans le cœur de Notre Dame. En elle, engageons notre fidélité : nous sommes venus au monde pour cette heure. Nous voulons l'assumer avec joie, l'aimer avec intensité, la vivre quotidiennement dans le don serein et généreux de l'amour.

Avec Marie, redisons, en cette heure, les deux mots clefs de la fidélité : *Fiat !*, *Magnificat !*

III

L'Église, sacrement du Christ pascal

«Christ au milieu de vous,
l'espérance de la gloire!»
(Col 1, 27)

Texte: Col 1, 24-29.

L'Église est le sacrement – signe et instrument – du Christ pascal. C'est ce que veut exprimer saint Paul quand il écrit: «Ce mystère, c'est Christ au milieu de vous, l'espérance de la gloire.» Voilà notre richesse et notre certitude: le Christ vit dans l'Église. Mais c'est aussi pour nous une responsabilité: l'Église tout entière – la totalité des chrétiens – doit exprimer et communiquer le Christ de la Pâque. Et cela exige une configuration progressive de tous à Jésus Christ: «Il les a aussi prédestinés à être conformes à l'image de son Fils, afin que celui-ci soit le premier-né d'une multitude de frères» (Rm 8, 29).

Éclairons cette méditation à la lumière de ce texte paulinien:

Je trouve maintenant ma joie dans les souffrances que j'endure pour vous, et ce qui manque aux détresses du Christ, je l'achève dans ma chair en faveur de son corps qui est l'Église; j'en suis devenu le ministre en vertu de la charge que Dieu m'a confiée à votre égard: achever l'annonce de la Parole de Dieu et le mystère tenu caché tout au long des âges et que Dieu a manifesté maintenant à ses saints. Il a voulu leur faire connaître quelles sont les richesses et la gloire de ce mystère parmi les païens: Christ au milieu de vous, l'espérance de la gloire! C'est lui que nous annonçons, avertissant chacun en toute sagesse, afin de rendre chacun parfait en Christ. C'est le but de mon labeur, du combat mené avec sa force qui agit puissamment en moi (Col 1, 24-29).

Je relèverai trois expressions:

a) *« Je suis devenu ministre de l'Église. »* Paul éprouve la joie profonde d'avoir été mis à part dès le sein maternel (Ga 1, 15) pour être « serviteur et témoin » (Ac 26, 16) d'une Église, et d'une Église concrète, dans laquelle le Christ ressuscité vit, parce qu'elle est sa plénitude et son corps, mais une Église qui a ses limites, qui est persécutée et qui souffre la croix. Paul regarde les choses du point de vue de la foi – l'Église est essentiellement un mystère – et dans une ferme perspective d'espérance. Mais il considère cette Église concrète – souffrante et joyeuse, sainte et pécheresse – qui vit à Corinthe ou à Rome, à Thessalonique, à Éphèse ou à Colosses. C'est de cette Église qu'il a été constitué ministre.

Il est important de se situer concrètement dans le temps et dans l'espace. Nous sommes, nous aussi, constitués ministres d'une Église concrète et déterminée: celle qui existe ici et maintenant, dans ce lieu du monde et en ce moment de l'histoire. Il est inutile de rêver d'une Église parfaite et eschatologique ou de garder la nostalgie de la tranquillité du passé. Nous devons être fidèles à notre heure: vivre intensément le présent, en recueillant le précieux héritage de la tradition, sa sagesse et sa richesse, et en préparant l'heureuse fécondité de l'avenir. Mais ne nous arrêtons pas à regretter ou à rêver.

L'Église vit aujourd'hui dans le monde. Et le monde se présente à elle dans le plan de Dieu, avec tels soucis et tels projets, telles aspirations ou tels obstacles. L'Église incarne la présence de Jésus en cette heure, dans toutes ses difficultés, toutes ses souffrances, toutes ses consolations. Cela nous remplit de joie et de gratitude envers le Père, qui nous fait vivre en cette heure providentielle et nous constitue ministres ou serviteurs d'une Église qui a de nombreuses limites, mais dont les possibilités sont énormes.

b) *« Christ au milieu de vous, l'espérance de la gloire. »* Mais quel est le contenu de notre service d'Église ? Quelle est notre tâche ? Paul a reçu la grâce d'annoncer l'Évangile de Dieu aux païens : « Tu es un instrument que je me suis choisi pour répondre de mon nom devant toutes les nations païennes » (Ac 9, 15). L'essentiel pour Paul est de proclamer l'Évangile : « Le Christ ne m'a pas envoyé baptiser, mais annoncer la Bonne Nouvelle » (1 Co 1, 17). C'est pourquoi l'urgence de proclamer gratuitement la Parole du Salut le presse : « Malheur à moi si je n'annonce pas l'Évangile ! » (1 Co 9, 16). C'est là son plus grand motif d'orgueil : « Paul, serviteur de Jésus Christ, appelé à être apôtre, mis à part pour annoncer l'Évangile de Dieu » (Rm 1, 1).

Mais qu'est-ce qu'annoncer l'Évangile ? C'est dire aux humains que le Règne de Dieu est arrivé, qu'il faut se convertir et croire à la Bonne Nouvelle (Mc 1, 15). C'est-à-dire proclamer que Jésus est venu et qu'il vit toujours parmi nous. Avoir foi en la résurrection du Christ, ce n'est pas simplement croire en un fait historique. C'est avoir la certitude que le Christ vit. Il vit dans l'histoire parce qu'il est le Seigneur de toutes choses. Il vit dans l'Église, qui est son sacrement. Il vit dans la faiblesse et la pauvreté de chaque être humain qui chemine à nos côtés. Mais l'essentiel, c'est que le Christ est vivant. Il vit comme « espérance de la gloire ». Si le Christ prolonge sa croix parmi nous, c'est qu'il désire nous éclairer de sa lumière et nous faire goûter sa fécondité.

Telle est maintenant notre grâce et notre responsabilité. Telle est notre mission : être pour les humains une présence vivante de Jésus. Demandons-nous, alors que tout le monde cherche à découvrir sur nos traits le visage de Jésus, si nous, évêques et prêtres, exprimons clairement et communiquons simplement « le Christ, espérance de la gloire », si nous sommes de vrais témoins lumineux de la Pâque, des prophètes de l'espérance.

Nous disions hier que la peur, la tristesse et le pessimisme font beaucoup de tort à l'Église. Transmettons-nous aux hommes et aux femmes la joie pascale de notre ministère ? En cette heure du monde, nous sentons-nous heureux d'être les serviteurs de Dieu auprès de nos frères et de nos sœurs ? Ne sommes-nous pas trop abattus par notre responsabilité épiscopale ? Ne nourrissons-nous pas la nostalgie d'une activité pastorale plus directe, nous lamentant excessivement de l'immobilité et de l'apparente bureaucratie d'un cabinet de travail ?

c) *« Je trouve ma joie dans les souffrances que j'endure pour vous. »* « S'il faut s'enorgueillir, je mettrai mon orgueil dans ma faiblesse » (2 Co 11, 30). « Pour moi, non, jamais d'autre titre de gloire que la croix de notre Seigneur Jésus Christ ; par elle, le monde est crucifié pour moi, et moi pour le monde » (Ga 6, 14). Qu'il est difficile de se glorifier de sa faiblesse et de la croix ! Humainement, la faiblesse nous attriste et la croix nous écrase !

Saint Paul expérimente la joie profonde et la fécondité de la souffrance. Il est heureux pour deux raisons : parce qu'il complète ce qui manque à la passion du Christ et parce qu'il souffre pour l'Église. La croix ! c'est l'unique chemin pour entrer dans la gloire. C'est l'unique façon d'être sereins, d'être heureux et véritablement féconds. « Si le grain de blé qui tombe en terre ne meurt pas, il reste seul ; mais s'il meurt, il porte du fruit en abondance » (Jn 12, 24). Comme il nous en coûte de trouver notre joie dans la croix ! Nous n'avons pas encore appris à la savourer. Il nous est difficile de comprendre que c'est de là précisément que naît l'espérance.

Par la foi, ce que nous découvrons d'abord au sujet de l'Église, c'est que le Christ vit en elle. Le Christ prolonge en elle, par l'action salvatrice de l'Esprit, son « mystère de salut ».

En elle, le Christ continue de nous révéler le Père et de nous communiquer son Esprit. Telle fut concrètement la mission centrale du Christ: nous dévoiler les secrets du Père et nous donner son Esprit. Le Christ continue, dans l'Église, à réconcilier le monde avec le Père.

Pour cette raison, le Christ est toujours «actuel» dans l'Église: il «actualise» l'Esprit de façon permanente et l'Église est toujours «neuve» dans le Christ; il la renouvelle quotidiennement et l'Esprit la recrée.

Le Christ vit dans l'Église. Mais ce n'est que par la foi que nous le percevons et le goûtons. Pour entrer dans le mystère de l'Église, il faut être pauvre, avoir la foi et aimer beaucoup. Sans cela, nous demeurons toujours à l'extérieur. Nous nous en rapprochons sociologiquement et historiquement, mais nous ne pénétrons ni ne goûtons son mystère.

La présence agissante du Christ pascal dans l'Église ne se perçoit qu'à la lumière de la foi, grâce au dépouillement de la pauvreté et à l'intuition de l'amour. Si parfois nous éprouvons de la difficulté – à travers des médiations humaines ou historiques: personnes, institutions ou structures – à rejoindre la personne même de Jésus, nous devons nous demander si nous sommes réellement pauvres, si notre foi est vivante et si nous nous efforçons d'aimer.

C'est toute la communauté chrétienne – l'Église entière – qui, par la foi en Jésus et par le baptême, «a revêtu le Christ» (Ga 3, 27). Le Christ vit en nous (Rm 8, 10), il habite en nos cœurs par la foi et la charité (Ép 3, 17), de telle manière que c'est toute l'Église qui proclame cette expérience fondamentale: «Je vis, mais ce n'est plus moi, c'est Christ qui vit en moi» (Ga 2, 20). Et une telle expérience suppose une expérience antérieure: la configuration au Christ sur la croix (Ga 2, 19), la sépulture en sa mort (Rm 6, 4).

Le mystère essentiel de l'Église – sa richesse et sa fécondité – réside en ceci: l'Église est «le sacrement du Christ». C'est-à-dire qu'elle est le signe et l'instrument de sa présence salvatrice.

Comme « signe », d'une part, elle montre et communique le Christ (c'est la grandeur de l'Église) ; d'autre part, elle le voile (ce sont les limites dans l'Église), jusqu'à la manifestation du Mystère. « C'est la puissance du Seigneur ressuscité qui fortifie l'Église pour lui faire révéler fidèlement au monde le Mystère du Seigneur, mystère encore caché jusqu'à ce qu'il apparaisse dans sa pleine lumière » (LG 8).

Il n'y a donc pas à se scandaliser de l'obscurité et de la misère, de la pauvreté et du péché dans l'Église de ce temps. Cela tient à sa condition sacramentelle de signe : elle révèle et voile, tout à la fois. Il est nécessaire, cependant, que chacun assume sa propre responsabilité de purification, de rénovation, de changement.

Le concile nous parle beaucoup de l'Église comme « sacrement ». La constitution sur la sainte liturgie nous dit : « C'est du côté du Christ endormi sur la croix que naquit ‹ l'admirable sacrement de l'Église tout entière › » (SC 5). Plus loin, et reprenant une expression de saint Cyprien, la même constitution signale que l'Église est « le sacrement de l'unité » (SC 26).

La définition de l'Église la plus claire et la plus complète, la première que nous ayons reçue du Concile, est celle-ci : « [L'Église] est dans le Christ comme un sacrement ou, si l'on veut, un signe et un moyen d'opérer l'union intime avec Dieu et l'unité de tout le genre humain » (LG 1). C'est-à-dire que l'Église est essentiellement sacrement de communion : par le Christ, avec le Père, dans l'Esprit. Et, dans le Christ, elle est communion avec tous les humains. Pour cette raison, vivre l'Église, c'est construire la communion. Il n'est pas de l'Église celui qui, délibérément, déchire le Corps du Seigneur. Sacrement de communion, l'Église prolonge la mission essentielle du Serviteur de Yahvé annoncée dans les quatre cantiques d'Ésaïe : « Je t'ai destiné à être l'alliance de la multitude, à être la lumière des nations » (És 42, 6). L'Église est lumière et alliance, prophétie et communion, dans le Christ !

Il y a une expression du concile qui définit non seulement l'essence de l'Église – son mystère –, mais aussi sa mission intégrale. L'Église est essentiellement « sacrement universel du salut » (LG 48; GS 45, AG 1 et 5). Il importe de retenir ici trois éléments : l'Église comme manifestation et communication du salut, l'universalité du salut dans le temps et dans l'espace, et l'intégrité ou la plénitude du salut. Cela décrit admirablement l'Église dans son être et dans son agir. L'Église n'est pas autre chose, elle n'est pas pour autre chose. L'Église n'existe que pour cela : pour que les humains atteignent, en elle, la plénitude de leur salut.

Mais le salut ne se donne que dans le Christ. C'est pourquoi il est important de lier ces trois termes : le Christ, l'unité, le salut. L'Église est sacrement du Christ, sacrement de l'unité, sacrement du salut.

Mais pour quelle raison et comment l'Église est-elle sacrement du Christ pascal ?

1. Ce que nous affirmons d'abord, c'est que l'Église *exprime et communique* le Christ, *« le sauveur du monde »* (Jn 4, 42) : un Christ glorificateur du Père et sauveur des hommes et des femmes ; un Christ qui prie dans la solitude de la montagne et qui sert généreusement ses frères et ses sœurs ; un Christ qui annonce le Royaume à ceux qui écoutent sa parole et qui multiplie les pains pour la foule affamée qui le suit dans le désert ; un Christ qui révèle le Père et a compassion des humains ; un Christ qui pardonne aux pécheurs et qui communique la vraie vie ; un Christ glorifié par le Père et constitué Seigneur de l'histoire.

Telle est l'Église : présence salvatrice du Christ :

- par la Parole : faire naître le Christ par la foi dans le cœur des humains ;
- par l'eucharistie : rendre le Christ présent dans la communauté des croyants ;
- par le témoignage : communiquer et répandre « la bonne odeur du Christ » (2 Co 2, 15), la « lettre du Christ » (2 Co 3, 3).

2. Que signifie encore « Église sacrement du Christ » ? Cela signifie que l'Église *croît et s'actualise*, mûrit et se renouvelle, dans la mesure de sa *configuration progressive au Christ*, l'envoyé du Père, le serviteur de Yahvé, le bon pasteur.

Toute rénovation authentique dans l'Église s'obtient par une profonde transformation dans le Christ, surtout par les chemins de l'amour devenu prière, croix, service. Il est inutile de parler d'« actualisation » dans l'Église si l'Esprit ne nous conduit pas à la profondeur de la contemplation, à la sérénité de la croix et à la joie de l'amour fraternel. Tout le reste serait verser « du vin nouveau dans de vieilles outres » (Mc 2, 22). Ou bien la rénovation est intérieure – et l'Esprit l'accomplit en nous –, ou bien nous continuerons à inventer des chemins nouveaux et à chercher des aventures fantaisistes qui rendent l'Église superficielle et l'accommodent aux temps transitoires et périlleux : « Ne vous conformez pas au monde présent, mais soyez transformés par le renouvellement de votre intelligence, pour discerner quelle est la volonté de Dieu » (Rm 12, 2).

Toute rénovation dans l'Église suppose un effort – personnel et communautaire – pour nous conformer progressivement à l'image de Jésus Christ. Être chrétien, c'est exprimer Jésus Christ. Le Père nous a choisis de toute éternité pour reproduire l'image de son Fils (Rm 8, 29). Cela exige que nous vivions, comme le Christ, dans le silence et la prière, dans la pauvreté et avec la croix, dans le don et le service.

Le danger existe aujourd'hui de vouloir accommoder l'image de Jésus à notre propre schème. D'où l'intérêt à présenter le Christ comme contestataire, ou agressif, ou révolutionnaire. Or le Christ est le Fils de Dieu, venu pour sauver intégralement tous les humains et tous les peuples, pour révéler les secrets du Père et chercher essentiellement sa gloire, pour réconcilier le monde avec le Père et lui communiquer sa vie.

Quand nous disons que l'Église est le sacrement du Christ, nous voulons hâter la croissance de tous dans la sainteté par l'approfondissement de la grâce de l'adoption filiale (Ép 1, 5; Rm 8, 15; 1 Jn 3, 1-2). Parler de l'Église comme sacrement du Christ pascal, c'est parler des exigences concrètes de la sainteté dans l'Église. Dieu nous a choisis pour être saints. Telle est sa volonté: notre sanctification (1 Th 4, 3).

Cela suppose l'action profonde de l'Esprit Saint dans l'Église. Le Christ vit en elle par son Esprit vivifiant (LG 48) qui la rajeunit et la rénove perpétuellement; il l'amène à la vérité tout entière, il l'habite comme un temple et il la réunit dans la communion et dans le ministère (LG 4)

3. Enfin, *l'Église marche vers la pleine manifestation du Christ.* C'est le sens profond de l'espérance chrétienne. L'Église manifeste le Christ, mais non pas pleinement. Nous sommes dans le temps du « déjà », mais aussi du « pas encore ». Aussi longtemps que durera le temps de l'espérance, nous nous renouvellerons constamment dans le Seigneur. Nous progresserons dans la maturité de la foi et nous croîtrons dans la sainteté. Mais, tous les jours, nous recommencerons.

L'Église, c'est le Christ; l'identification toutefois n'est ni définitive ni totale, jusqu'à ce que vienne le Seigneur et que « Dieu soit tout en tous » (1 Co 15, 28). Pendant qu'elle chemine dans l'histoire, l'Église, qui est « sainte et, en même temps, [qui] doit toujours être purifiée » (LG 8), porte la fragilité et le péché de ses membres. C'est pourquoi elle a besoin d'une pénitence et d'une rénovation constantes.

L'Église est unité, mais n'en a pas atteint la perfection. Il y a encore des tensions continuelles et des divisions douloureuses. Quand le Seigneur prie le Père pour l'unité de son Église, à la dernière Cène, il n'ignore pas qu'il demande là un bien eschatologique.

L'Église est salut, mais seulement « en espérance » (Rm 8, 24). C'est-à-dire qu'il y a encore un long chemin à parcourir. Le Christ est mort pour nous et nous a purifiés par son sang. Mais le salut, nous devons quotidiennement nous l'approprier par l'action vivifiante et rénovatrice de l'Esprit Saint. Il s'agit de personnaliser et d'intérioriser le salut. À cette fin, « pendant que l'Église chemine hors de sa demeure, loin du Seigneur » (2 Co 5, 6), elle se sent comme en exil, si bien qu'elle recherche les choses d'en haut, qu'elle a du goût pour les choses d'en haut (LG 6).

En conclusion, je dirais :

Si l'Église est sacrement du Christ pascal, il importe d'évaluer, dans l'unité indivisible du sacrement, ce qui est profond et permanent : le Christ, le salut, la vie, et ce qui est provisoire et fragile : les limites du temps. L'Église « sacrement » – c'est-à-dire comme « signe » et manifestation provisoire et relative – a sa valeur pendant que dure le temps de l'attente. Quand viendra le Seigneur, la cité sainte, Jérusalem, descendra de là-haut, prête comme une épouse qui s'est parée pour son époux (Ap 21, 2). Alors s'accomplira la rencontre définitive, la contemplation sans ombres et l'unité consommée.

En attendant, pendant que nous cheminons douloureusement dans le temps, nous devons nous demander sincèrement, dans l'Esprit : « Église, que dis-tu de toi-même ? » (Paul VI). C'est le prolongement dans le temps de la demande faite au Précurseur : « Qui es-tu ? que dis-tu de toi-même ? » (Jn 1, 19-22). Ou encore, c'est une réponse à la question mystérieuse du Seigneur : « Et vous, qui dites-vous que je suis ? » (Mt 16, 13s).

L'Église est le Christ prolongé dans l'histoire. Elle n'est pas encore pleinement et manifestement le Christ. D'où ce qu'il y a de fragile et de douloureux dans l'Église. Mais elle est déjà, au milieu de nous, le Christ « espérance de la gloire » (Col 1, 27).

Demandons-nous de nouveau si ce qui est de nous dans l'Église – notre personne, nos institutions, nos œuvres – révèle et communique manifestement le Christ, ou, au contraire, le voile et le nie. L'Église ne serait pas alors le véritable sacrement – signe et instrument – du Christ pascal. « Qui me voit voit le Père » (Jn 14, 9), dit Jésus. Qui voit l'Église devrait découvrir le Christ. Malheureusement, il n'en est pas toujours ainsi.

Trop souvent, les humains, surtout les jeunes, acceptent le Christ, mais rejettent l'Église. Cela signifierait donc qu'elle a cessé d'être « signe ». Pour notre part, nous devrions nous demander, avec sincérité devant Dieu, si notre personne laisse passer le Christ, c'est-à-dire si notre joie et notre espérance pascales communiquent vraiment le « Christ, espérance de la gloire ».

Que « Marie, de laquelle est né Jésus, que l'on appelle Christ » (Mt 1, 16), nous aide à être quotidiennement fidèles ! Que de son « obéissance de foi » nous apprenions à recevoir, à exprimer et à communiquer le Christ, le Seigneur ! Les hommes et les femmes attendent cela de nous.

La richesse et la fécondité de l'Église consistent à être véritablement le sacrement du Christ pascal, la présence salvatrice de Jésus. Mais c'est aussi notre responsabilité.

Marie la très sainte nous ouvrira le chemin et accompagnera notre démarche : « Heureux ceux qui écoutent la Parole de Dieu et qui l'observent ! » (Lc 11, 28).

IV

L'Église, sacrement de l'amour de Dieu

« Et nous, nous connaissons, pour y avoir cru,
l'amour que Dieu manifeste au milieu de nous. »
(1 Jn 4, 16)

Texte : Jn 21, 1-23.

Nous abordons un thème fondamental qui nous révèle Dieu intime, qui nous remplit le cœur de joie pascale et nous ouvre à l'espérance. C'est le thème de l'amour de Dieu que l'Église manifeste et communique. L'Église est signe et instrument de l'amour de Dieu pour les humains. L'une des expressions les plus riches du concile donne une définition de l'Église – retenue ensuite par la liturgie, dans le chant d'entrée de la première messe « pour l'Église » – qui explique l'apport original de sa mission dans le monde : « Tout le bien que le Peuple de Dieu, au temps de son pèlerinage terrestre, peut procurer à la famille humaine découle de cette réalité que l'Église est ‹ le sacrement universel du salut ›, *manifestant et actualisant tout à la fois le mystère de l'amour de Dieu pour l'homme* » (GS 45).

Il est bon de penser ainsi à l'Église. Mais il importe de pénétrer son mystère à la lumière de la foi: découvrir en elle la présence toujours nouvelle du Christ de la Pâque et l'action sans cesse rénovatrice de l'Esprit Saint. Il faut comprendre que, dans l'Église, toutes les structures, toutes les institutions et toutes les personnes sont marquées intérieurement par «l'amour de Dieu répandu dans nos cœurs par l'Esprit Saint qui nous a été donné» (Rm 5, 5).

Si l'Église est «le Christ au milieu de nous, l'espérance de la gloire» (Col 1, 27) – c'est-à-dire si l'Église est le sacrement du Christ pascal –, elle est nécessairement le «sacrement de l'amour de Dieu» pour les humains. En elle, ces derniers font l'expérience de la proximité et de la fécondité de «l'amour de Dieu manifesté en Jésus Christ, notre Seigneur» (Rm 8, 39).

Le monde actuel – surtout le monde des jeunes – est particulièrement sensible à un Dieu intime et proche, qui se révèle et qui se communique dans l'amour. Si, parfois, on rejette l'Église, c'est qu'on la trouve trop «froide», comme si elle n'avait pas fait «l'expérience» que «Dieu est amour». Les jeunes ne sont pas intéressés par un Dieu lointain ou insensible à l'histoire humaine. Au contraire, ils sont attirés par le message et la présence d'un Dieu qui s'est fait chair et a dressé sa tente au milieu de nous (Jn 1, 14), qui s'est fait en tout semblable à nous, mais sans pécher (Hé 4, 15), et qui nous invite maintenant à vivre dans la joie féconde de l'amour de Dieu et de nos frères et sœurs. «Nous, nous aimons, parce que lui, le premier, nous a aimés» (1 Jn 4, 19).

Je voudrais présenter cette méditation à la lumière d'un texte évangélique fortement pascal, ecclésial et collégial. Il révèle la délicatesse fraternelle du Christ et les exigences de son amour. Par voie de conséquence, il révèle aussi les exigences de la croix. C'est le très beau récit de la troisième apparition de Jésus, au bord du lac de Tibériade, et la désignation de Pierre comme primat de l'Église:

«Simon, fils de Jean, m'aimes-tu plus que ceux-ci?» Il répondit: «Oui, Seigneur, tu sais que je t'aime», et Jésus lui

dit alors: « Pais mes agneaux. » Une seconde fois, Jésus lui dit: « Simon, fils de Jean, m'aimes-tu? » Il répondit: « Oui, Seigneur, tu sais que je t'aime. » Jésus dit: « Sois le berger de mes brebis. » Une troisième fois, il dit: « Simon, fils de Jean, m'aimes-tu? »; Pierre fut attristé de ce que Jésus lui avait dit une troisième fois: « M'aimes-tu? » et il reprit: « Seigneur, toi qui connais toutes choses, tu sais bien que je t'aime. » Et Jésus lui dit: « Pais mes brebis » (Jn 21, 15 -18).

Il est intéressant de considérer, dans ce texte, la sincérité de l'amour de Pierre et la simplicité timide de sa pauvreté: « Seigneur, toi qui connais toutes choses, tu sais bien que je t'aime. » Dans d'autres circonstances – avant la Passion –, Pierre se serait senti plus sûr: « Même si tous t'abandonnent, moi je ne t'abandonnerai pas. » Il a fallu « le scandale de la croix » pour que mûrissent la foi et l'amour de Pierre. C'est précisément sur la base de cette foi et de cet amour que le Christ cherche à « structurer » son Église. Désormais, toutes les structures de l'Église devront être une révélation de l'amour et un chemin de foi. Qui voit l'Église voit le Christ; qui voit le Christ voit le Père. La structuration complète de l'Église supposera toujours les deux éléments suivants: les apôtres et l'Esprit Saint.

J'exposerai brièvement trois points:

1. L'Église est, dans le Christ, manifestation de l'amour du Père

Saint Paul sent le besoin de nous unir à son chant de louange à l'amour du Père, qui nous a choisis, dans le Christ, pour être saints et irréprochables sous son regard dans l'amour et qui, dans le Christ, nous a rachetés de nos fautes, nous a enrichis de sagesse et d'intelligence, qui nous a fait connaître le mystère de sa volonté et qui nous a marqués du sceau de l'Esprit promis (Ép 1, 3-14).

De ce texte magnifique, il convient de souligner ce qui suit:

– la présentation de l'Église comme expression et fruit de l'amour trinitaire. Ainsi la décrit la constitution dogmatique *Lumen gentium* dans son admirable synthèse initiale (n° 2-4), pour offrir ensuite, dans les mots de saint Cyprien, cette splendide définition: «Peuple réuni dans l'unité du Père, du Fils et de l'Esprit Saint»;

– comment l'Église naît de «l'amour dans sa source» ou, autrement dit, de la charité du Père (*cf.* AG 2), qui nous a prédestinés à être pour lui, par Jésus le Christ, des fils adoptifs (Ép 1, 5) conformes à l'image de son Fils (Rm 8, 28). L'Église est totalement centrée sur le Christ, «image du Dieu invisible» (Col 1, 15), «resplendissement de sa gloire et expression de son être» (Hé 1, 3), qui, par le mystère pascal de sa mort, de sa résurrection et de son ascension dans les cieux, parachève l'œuvre de notre rédemption selon le plan du Père et l'intègre dans l'Église – institution et charisme – par l'effusion de l'Esprit Saint, «qui habite en nous» (Rm 8, 9.11) et nous transforme, personnellement et communautairement, en «temple de Dieu» (1 Co 3, 16);

– comment l'Église réalise concrètement le plan de salut du Père, nous révélant sans cesse son amour de prédilection, rendant présent le Christ dans son mystère pascal – mystère de croix et d'espérance – et nous communiquant le don de l'Esprit Saint. Tout cela, «à la louange de gloire de sa grâce».

Ce texte de Paul est magnifique; il conviendrait, dans une méditation personnelle, de continuer à en explorer les richesses.

Mais je voudrais évoquer deux autres textes pauliniens: Rm 8, 28-39 et Ép 2, 4-16. Il faudrait d'abord les relire. Tous les deux sont des hymnes à «l'amour de Dieu manifesté en Jésus Christ notre Seigneur» (Rm 8, 39). Puisque l'Église est «le sacrement du Christ», nous pourrions dire que, en elle – même dans sa pauvreté et dans sa misère –, sans cesse, l'amour du Père se révèle et se communique à nous. Dieu intervient toujours, en tout, pour le bien de ceux qu'il a appelés (= Église), qu'il a prédestinés à reproduire l'image du Premier-né, qu'il a justifiés et glorifiés. Comme nous devrions nous-mêmes nous efforcer d'être, dans l'Église, d'authentiques signes et instruments d'un Dieu qui est essentiellement amour!

Dans la lettre aux Éphésiens (Ép 2), nous rencontrons un schéma analogue de la manifestation de l'amour de Dieu – gratuité de notre salut dans le Christ et transformation totale de notre existence et de notre destinée. Nous reprenons ici un texte déjà connu et profondément goûté: « Dieu est riche en miséricorde; à cause du grand amour dont il nous a aimés, alors que nous étions morts à cause de nos fautes, il nous a donné la vie avec le Christ – c'est par grâce que vous êtes sauvés –, avec lui, il nous a ressuscités et fait asseoir dans les cieux, en Jésus Christ » (Ép 2, 4-6).

Il est évident, d'un point de vue humain, que Dieu s'est « surpassé » dans son amour pour nous. Il est évident aussi que cet amour de Dieu, qui nous donne la vie nouvelle dans le Christ et qui anticipe dans le temps la glorification définitive, se manifeste à nous dans l'Église et nous est transmis par elle. L'Église est, en ce sens, « sacrement de l'amour de Dieu ».

L'apôtre saint Jean, qui a vécu de façon privilégiée l'amour du Christ et qui a expérimenté sa présence dans l'Église, insiste sur *l'initiative gratuite* de l'amour du Père: « Le premier, il nous a aimés », « Dieu est amour » (1 Jn 4, 19.8). Il faudrait nous arrêter pour méditer attentivement ce texte, parce qu'il nous situe au cœur du christianisme et du mystère de l'Église; mais je soulignerai seulement cette phrase, humainement déconcertante: « Voici ce qu'est l'amour: ce n'est pas nous qui avons aimé Dieu, c'est lui qui nous a aimés et qui a envoyé son Fils en victime d'expiation pour nos péchés » (1 Jn 4, 10).

Nous pouvons décrire un peu plus, comme le fait saint Jean lui-même, cet amour du Père:

– qui *envoie* son Fils pour que nous vivions (1 Jn 4, 9). C'est un écho de la si belle et si réconfortante parole de Jésus: « Dieu a tant aimé le monde qu'il a donné son Fils, son unique, pour que tout homme qui croit en lui ne périsse pas mais ait la vie éternelle. Car Dieu n'a pas envoyé son Fils dans le monde pour juger le monde, mais pour que le monde soit sauvé par lui» (Jn 3, 16-17). À la manière du Christ, l'Église elle-même (par conséquent, nous) est envoyée au monde pour le sauver et non pour le condamner;

– qui fait *réellement* de nous ses fils et ses filles (1 Jn 3, 1s). «Voyez de quel amour le Père nous a aimés pour que nous soyons appelés enfants de Dieu, et nous le sommes [...]. Maintenant, nous sommes enfants de Dieu.» Cette expérience profonde de notre filiation adoptive nous fait goûter la présence intime et amoureuse du Père, «qui est là dans le secret» (Mt 6, 6) et «le gémissement inexprimable» de l'Esprit, dans notre silence: «Abba, Père!» Ce n'est qu'à partir de cette expérience de la paternité divine que nous pouvons prier en vérité;

– qui exige notre *charité fraternelle*: «Si Dieu nous a aimés ainsi, nous devons, nous aussi, nous aimer les uns les autres» (1 Jn 4, 11). L'Église, signe et instrument de l'amour de Dieu, est un appel à la charité universelle, à l'authentique fraternité évangélique. Elle devient ainsi, à l'image de la très sainte Trinité, «sacrement d'unité», c'est-à-dire, «un signe et un moyen d'opérer l'union intime avec Dieu et l'unité de tout le genre humain» (LG 1).

Mais il y a encore quelque chose de plus. Quand nous disons que «l'Église est, dans le Christ, manifestation de l'amour du Père», nous voulons évoquer, d'une manière particulière, *la révélation* faite par le *Christ* lui-même – dans sa personne, dans ses paroles, dans ses œuvres – de l'amour de Dieu pour les humains. «Celui qui m'a vu a vu le Père» (Jn 14, 8). «Je suis dans le Père et le Père est en moi» (Jn 14, 11). «Je suis le chemin et la vérité et la vie. Personne ne va au Père si ce n'est par moi» (Jn 14, 6). Jésus parle constamment du Père (*cf.* le sermon sur la montagne), de sa providence, de son amour miséricordieux (*cf.* Lc 15), de l'infaillible efficacité de la prière faite «en son nom», puisque «le Père lui-même vous aime» (Jn 16, 27). Mais c'est surtout dans les derniers moments de sa vie, dans les discours de la Cène, que Jésus sent davantage l'urgence de synthétiser son message, en parlant du Père et en nous annonçant prophétiquement la venue de l'Esprit d'amour: alors, «je vous parlerai ouvertement du Père» (Jn 16, 25-28).

La phrase des débuts de l'évangile de Jean revient encore une fois à l'esprit: « Dieu a tant aimé le monde » (Jn 3, 16-17). C'est que tout ce qui suit – ce que Jésus fait et enseigne, ce qu'il exige de chacun de nous – trouve là racine et fondement. La vie du Christ – sa prédication et ses miracles, son incarnation, sa mort et sa résurrection – ne sont rien d'autre que la manifestation bien claire et la réalisation certaine de l'amour du Père envers les humains.

L'Église prolonge aujourd'hui ce mystère. Sa parole et ses sacrements, ses structures et ses institutions, ses attitudes et ses gestes, ses œuvres et sa présence, sont une manifestation et une communication de l'amour de Dieu pour les humains. Ce serait terrible de concevoir l'Église comme désincarnée et insensible, comme étrangère aux problèmes des humains et, surtout, à l'amour de Dieu qui les libère. L'Église est, essentiellement, « le Christ au milieu de nous, l'espérance de la gloire » (Col 1, 27). Les trois moments de l'institution et de la manifestation de l'Église – incarnation, croix, Pentecôte – sont trois manières de révéler que Dieu est amour (*cf.* Rm 5, 3-11).

2. L'Église est, dans le Christ, alliance de Dieu avec l'être humain

Il y a un autre aspect, essentiellement pascal, qu'il est intéressant pour nous de mettre en relief dans le mystère de l'Église « sacrement de l'amour de Dieu »: c'est l'*alliance.* L'Église est, comme le Christ et en lui, l'alliance de Dieu avec l'être humain: lieu de rencontre et de communion. Par le fait même, elle devient une invitation permanente à la réconciliation avec Dieu et avec les frères et les sœurs.

L'Écriture exprime cette vérité de diverses manières et par différentes images ou figures. Mais, en substance, tout demeure synthétisé dans cette phrase: « Vous serez mon peuple et je serai votre Dieu » (Jr 31, 31-34).

L'Église prend naissance dans l'alliance de la croix. À cause de cela, la croix est la source et, en même temps, le sceau de l'alliance.

Le concile décrit diverses figures de cette alliance (LG 6). Toutes sont fécondes et très belles, toutes, surtout, sont bibliques. Arrêtons-nous pour l'instant à trois d'entre elles : l'Église épouse, l'Église vigne et l'Église temple. Les trois illustrent l'Église dans son profond mystère de signe et instrument de l'amour de Dieu pour les humains. Toujours, on y présente une réalité sacrée qui manifeste et rend présent le Christ.

a) L'Église *épouse*. Saint Paul traduit ainsi le « grand mystère » de l'unité inaltérable et de l'intimité sanctificatrice du Christ et de l'Église : « Le Christ a aimé l'Église et s'est livré pour elle ; il a voulu ainsi la rendre sainte en la purifiant avec l'eau qui lave, et cela par la Parole ; [...] il a voulu se la présenter à lui-même splendide, sans tache ni ride, ni aucun défaut ; il a voulu son Église sainte et irréprochable » (Ép 5, 25-27). L'alliance du Christ avec son Église sera désormais le modèle – et aussi la source – de l'amour et de la communion dans le mariage chrétien. L'amour est essentiellement dévouement et don, purification et sanctification, communion profonde et joyeuse en un seul corps, le Christ. Il faudrait compléter cette image de l'Église par la réalité que décrit saint Paul dans sa première lettre aux Corinthiens : « Vous êtes le Corps du Christ » (1 Co 12, 27).

Dans la perspective de l'alliance de l'Église conçue comme épouse, il y aurait lieu de souligner les aspects suivants : la fidélité, l'intimité sanctificatrice, la fécondité apostolique et missionnaire. Parfaitement fidèle à Jésus Christ (LG 9) et rendue féconde par l'Esprit Saint, l'Église – vierge et mère, comme Marie (LG 63) –, par la prédication et le baptême, engendre à la vie nouvelle et immortelle des fils nés de Dieu (LG 64). Qu'il est bon de contempler cette Église – notre Église, pécheresse dans ses membres, mais sainte dans sa Tête ; pauvre et persécutée – qui laisse transparaître et rend tangible l'amour de Dieu pour son peuple !

b) L'Église *vigne*. C'est une image ancienne, qui exprime l'intimité amoureuse et fidèle de Dieu avec son peuple, Israël (*cf.* És 5, 4 ; Jr 2, 21), mais que Jésus nous présente avec un accent émouvant, dans les discours de la Cène, comme synthèse de sa doctrine sur l'Église et comme testament irremplaçable: « Je suis la vraie vigne [...] vous êtes les sarments: celui qui demeure en moi, et en qui je demeure, celui-là portera du fruit en abondance, car en dehors de moi vous ne pouvez rien faire » (Jn 15, 1-17). Il s'agit ici de l'alliance entre le Christ et l'Église, traduite en exigences d'intimité en vue d'une continuelle fécondité apostolique. Dans l'Église, nous avons tous été « choisis » pour porter du fruit, un fruit qui demeure (Jn 15, 16). Mais la condition et le prix de cette féconde alliance d'amour – selon la volonté du Père, qui « est le vigneron » –, c'est de demeurer dans le Christ par la grâce, la prière et la croix: « Comme le Père m'a aimé, moi-aussi je vous ai aimés. Demeurez dans mon amour » (Jn 15, 9). Je veux tout simplement insister sur ceci: dans l'Église, seul celui qui vit intimement uni au Christ peut porter du fruit. De cette manière seulement, il est vraiment utile aux autres.

c) L'Église *temple*. Encore ici, l'Église nous apparaît comme « alliance », c'est-à-dire comme mystère d'amour indissoluble entre Dieu et les humains. Apparemment, l'image peut nous sembler plus extérieure et plus froide. Pourtant, il s'agit de « pierres vivantes » qui se rapprochent du Christ « pierre vivante » pour la construction d'un édifice spirituel, pour un sacerdoce saint (1 P 2, 4-5). Nous sommes nés de Dieu, consacrés par l'Esprit et envoyés par le Christ pour être dans le monde – dans ce monde concret d'aujourd'hui – « race élue, communion sacerdotale du roi, nation sainte, peuple que Dieu s'est acquis, pour proclamer les hauts faits de celui qui nous a appelés des ténèbres à sa merveilleuse lumière » (1 P 2, 9).

S'il en est ainsi, il faut que l'Église soit un temple mystérieusement habité et animé par l'Esprit Saint (1 Co 3, 16-17). L'Esprit Saint habite dans l'âme de tout croyant (Jn 14, 23), mais il habite surtout dans l'entière communauté chrétienne que nous appelons « Église »: « Ne savez-vous pas que vous êtes le temple de Dieu et que l'Esprit de Dieu habite en vous? » (1 Co 3, 16). De cette manière seulement pouvons-nous considérer l'Église comme « la demeure de Dieu avec les hommes » (Ap 21, 3).

Il y a encore un aspect de cette Église-temple qu'il convient de relever en ce moment, et c'est le fait qu'elle a été intégrée « dans la construction qui a pour fondement les apôtres et les prophètes, et Jésus Christ lui-même comme pierre angulaire ». Ainsi seulement, fondés sur les apôtres et animés par l'Esprit Saint, serons-nous une véritable « demeure de Dieu par l'Esprit » (Ép 2, 20-22). Le temple est le lieu de la présence du Seigneur, de la rencontre et de la communion. L'Église nous apparaît ainsi comme véritable alliance d'amour.

3. L'Église proclame et communique l'amour de Dieu

Mais l'Église est encore sacrement, c'est-à-dire signe et instrument de l'amour de Dieu pour les humains, parce que, constamment, elle *le proclame et le communique*. Telle est sa mission essentielle: annoncer de façon explicite et enseigner la Bonne Nouvelle de Jésus.

Le centre de son *Message* sera: « Dieu est notre Père et il nous aime. » Nous devons le proclamer sans cesse et en témoigner par la sérénité et la joie de nos vies. La synthèse de notre message évangélique, la voici:

- Dieu a tant aimé le monde qu'il lui a donné son Fils;
- le Christ est mort et ressuscité pour nous sauver;
- Dieu vient sans cesse vers nous;
- l'Esprit Saint répand l'amour en nos cœurs et témoigne que nous sommes fils et filles;
- par conséquent, nous devons aimer Dieu par-dessus toutes choses, et le prochain comme nous-mêmes.

Comme il nous est bon – surtout à certains moments de notre vie, d'obscurité et de recherche, de souffrance et de croix – de pouvoir nous redire à nous-mêmes: « le Père lui-même nous aime ! »

« Comme le Père m'a aimé, moi aussi je vous ai aimés ! » Nous, prêtres et évêques, nous devons penser: « Comme le Père a aimé le Christ, ainsi le Christ m'a aimé » ; donc, nous ne devons pas avoir peur, nous ne pouvons pas être tristes et angoissés. Il est normal que notre ministère rencontre ses préoccupations et ses problèmes, mais nous devons toujours être des témoins transparents et sereins d'un Dieu amour.

Le *sacrement*, particulièrement l'eucharistie, célèbre et communique l'amour de Dieu pour les humains, et rend possible la communion joyeuse et féconde entre le Père et les frères et sœurs. Chaque célébration eucharistique crie au monde: « Dieu est amour » et invite fortement les hommes et les femmes à la vraie fraternité universelle. Chaque sacrement dans l'Église, depuis le baptême jusqu'à l'onction des malades, est une communication de la grâce, c'est-à-dire de l'amour de Dieu, et une communion progressive entre Dieu et les humains.

Nous faisons l'expérience de l'amour du Père pour nous dans l'adoption filiale (1 Jn 3, 1), dans la joyeuse intimité de la prière (Mt 6, 16; Lc 11, 13), dans la Providence (Mt 6, 25-34), dans la miséricorde du pardon (Lc 15), dans la sérénité féconde de la croix (Ph 1, 29): « Il vous a fait la grâce de souffrir pour lui. » « Voyez quel grand amour le Père a eu pour vous. » « Toi, Père, tu es là. » « Soyez sans inquiétude..., le Père sait. » Que de choses – et quelles choses profondes – nous inspire le seul nom de « Père » ! Avec quelle force ce nom jaillissait du cœur et des lèvres du Christ, le Fils du Dieu vivant !

Dans la vie, tout se transforme – dans l'obscurité et la croix, dans la joie et l'espérance, dans la fragilité et le péché – quand nous croyons, quand nous avons expérimenté que, en Dieu, l'essentiel c'est l'amour. L'Église ne fait rien d'autre que d'exprimer et de communiquer cela: « Dieu est amour. » C'est pourquoi elle est le sacrement de l'amour de Dieu pour les humains. C'est pourquoi aussi elle exige de nous la joie et la paix, la fraternité évangélique et la véritable justice, la contemplation et la croix. Elle exige de nous la conversion. Vivre en chrétien, c'est nous laisser envahir par l'Esprit d'amour et nous livrer avec fidélité à l'amour. C'est l'unique façon pour entrer pleinement en communion et pour que notre joie soit complète (1 Jn 1, 4).

Il est important de faire l'expérience que notre ministère dans l'Église, parce qu'il est scellé par la croix, est un signe de prédilection divine spéciale : « Comme le Père m'a aimé, moi aussi je vous ai aimés » (Jn 15, 9 ; 17, 23.26). « Ce n'est pas vous qui m'avez choisi, c'est moi qui vous ai choisis » (Jn 15, 16).

Concluons cette méditation en tournant notre regard, une fois de plus, vers Marie, « image et commencement » de l'Église. En elle, Dieu a exprimé de façon privilégiée son immense amour pour les humains : « Sois joyeuse, toi qui as la faveur de Dieu » (Lc 1, 28), c'est-à-dire toi qui es l'aimée du Seigneur. Marie a conscience, et elle le proclame dans allégresse, que Dieu a fait des merveilles à travers la pauvreté de sa servante (Lc 1, 47-54). Précisément à cause de cela – parce qu'elle sent que Dieu l'aime, qu'il lui demande ce qui, humainement, n'a pas de sens, parce que, pour Dieu, rien n'est impossible –, Marie peut dire avec sérénité et joie : « Je suis la servante du Seigneur. Que tout se passe pour moi comme tu l'as dit ! » (Lc 1, 38).

V

À l'heure de la réconciliation

« Voici maintenant le moment tout à fait favorable.
Voici maintenant le jour du salut. »
(2 Co 6, 2)

Textes: 2 Co 5, 17 – 6, 2: cf. Rm 5, 10-11; Ép 2, 16; Col 1, 20-22; Mt 5, 23s.

Par cette évocation du « moment favorable », je voudrais commencer cette dernière méditation de notre premier jour de rencontre fraternelle avec Jésus, l'ami, le frère, le maître, le prêtre suprême et éternel. Je désire de tout cœur que ces jours soient de vrais moments de prière, de silence actif, « à l'écoute » de la Parole de Dieu, et d'engagement communautaire, pénétrant à l'intime du mystère de l'Église « sacrement du salut ». Le monde attend beaucoup de nous en ces jours – dans le sens d'un renouveau authentique et d'un engagement –; mais, plus encore, l'Église universelle, évêques, prêtres, religieux et laïcs, en espère autant. En somme, le Christ lui-même partage cette attente, lui, « le sauveur » qui nous a appelés dans un seul but: glorifier le Père en travaillant à la rédemption des humains.

« Voici maintenant le moment tout à fait favorable. Voici maintenant le jour du salut. » À la lumière de ces mots de saint Paul, je traiterai maintenant de « l'heure de la réconciliation ». Ce matin, nous avons d'abord parlé de « la fidélité à notre heure ». Nous devons découvrir la richesse et les périls, la joie et les souffrances de notre heure. C'est l'heure que le Père a adorablement préparée pour nous – pour moi, pour vous – afin que nous la vivions dans une plénitude de joie et de fécondité.

Mais cette heure, qui est nôtre, est particulièrement marquée, cette année, par l'exigence d'une rénovation profonde et d'une véritable réconciliation. C'est ce que le pape propose à toute l'Église. Et nous devons être les premiers à réaliser ce projet. Les premiers, nous devons nous renouveler en profondeur, dans l'Esprit, et nous réconcilier avec le Père et avec nos frères et sœurs. Il y a quelque chose dans notre vie personnelle, dans nos attitudes et nos actes, dans nos institutions, qui n'est pas totalement évangélique. Et nous devons avoir le courage de nous convertir. « Voici maintenant le moment tout à fait favorable. Voici maintenant le jour du salut » : parce que c'est l'Année sainte de la réconciliation, parce que nous sommes en carême, en chemin vers Pâques, parce que nous sommes entrés, avec Jésus, dans le désert pour réfléchir et prier pendant cette retraite providentielle.

Citons d'abord le texte intégral de saint Paul :

Si quelqu'un est en Christ, il est une nouvelle créature. Le monde ancien est passé, voici qu'une réalité nouvelle est là. Tout vient de Dieu, qui nous a réconciliés avec lui par le Christ et nous a confié le ministère de la réconciliation. Car de toutes façons, c'était Dieu qui en Christ réconciliait le monde avec lui-même, ne mettant pas leurs fautes au compte des hommes, et mettant en nous la parole de réconciliation. C'est au nom du Christ que nous sommes en embassade, et par nous, c'est Dieu lui-même qui, en fait, vous adresse un appel. Au nom du Christ, nous vous en supplions, laissez-vous réconcilier avec Dieu. Celui qui n'avait pas connu le péché, il l'a, pour nous, identifié au péché, afin que, par lui, nous devenions justice de Dieu (2 Co 5, 17-21).

Au moment favorable, je t'exauce, et au jour du salut, je viens à ton secours. Voici maintenant le moment tout à fait favorable. Voici maintenant le jour du salut (2 Co 6, 2).

Je désire mettre en relief trois aspects :

a) En premier lieu, *« la nouvelle création »*. « Si quelqu'un est en Christ, il est une nouvelle créature. » Tous parlent aujourd'hui – avec un langage et un sens différents, parfois même contradictoires – de « l'homme nouveau ». Qui est, pour nous, du point de vue de la foi, cette créature nouvelle ? *C'est la personne renouvelée dans le Christ par l'action de l'Esprit Saint.* Pour cette raison, cette personne a un « esprit filial » (dans son cœur, elle reconnaît Dieu comme Père, et elle l'aime), elle a un « esprit fraternel » (elle se sent solidaire de tous les humains et se met généreusement à leur service). C'est une personne « sincère » et franche, une personne « libre » (« c'est pour que nous soyons vraiment libres que le Christ nous a libérés » [Ga 5, 1]) ; une personne qui construit positivement l'histoire, avec le dynamisme de sa volonté libre et l'originalité irremplaçable *de sa foi.* « C'est lui qui nous a faits ; nous avons été créés en Jésus Christ » (Ép 2, 10).

Qu'en sera-t-il de nous à la fin de cette retraite, à la fin de ce carême ou de cette Année sainte ? L'Esprit Saint nous aura transformés : il nous aura enlevé notre cœur de pierre pour nous donner un cœur de chair (Éz 36, 26) : « Je vous donnerai un cœur neuf et je mettrai en vous un esprit neuf. »

Peut-être ne nous rendons-nous pas encore compte, nous-mêmes, de ce que signifie, pour le monde, notre totale transformation dans le Christ, l'authenticité de notre rénovation, la généreuse audace de notre réconciliation...

b) Le Seigneur nous a confié *« la parole et le ministère de la réconciliation »*. À la manière du Christ – venu dans le monde pour nous réconcilier avec le Père – et en prolongeant sa mission, nous disons aux frères et aux sœurs : « Laissez-vous réconcilier avec Dieu. » Le Seigneur a aussi placé entre nos mains fragiles le ministère – la diaconie ou le service – de la réconciliation. Au nom du Christ, nous pardonnons les péchés et nous célébrons l'eucharistie.

Mais cela entraîne pour nous trois exigences: nous devons prêcher la réconciliation (par un appel très fort à la conversion) et l'actualiser dans le sacrement; nous devons aussi nous convertir nous-mêmes en signes et instruments de communion. Un prêtre ne doit jamais séparer ou désunir; il doit être essentiellement agent de communion. Ainsi, en lui et par lui, comme présence du Christ, « le monde est réconcilié avec le Père ».

c) *Cette réconciliation vient de Dieu.* Initiative gratuite de sa part, elle est comme l'irruption de sa grâce en nous, dans le monde, chez les humains. « C'était Dieu qui, en Christ, réconciliait le monde avec lui-même. » C'est à nous d'accueillir cette réconciliation dans une pauvreté reconnaissante et de la répandre sur les autres: « Vous avez reçu gratuitement, donnez gratuitement » (Mt 10, 8).

La présente méditation est donc une synthèse de tout ce que nous avons dit aujourd'hui. Nous avons parlé du Christ, de l'Église, du salut. Le thème central demeure toujours l'Église. Nous avons contemplé le Christ vivant dans l'Église: l'Église est le sacrement du Christ pascal. Nous avons considéré l'Église comme sacrement de l'amour de Dieu pour les humains: le Christ est dans l'Église, réconciliant le monde avec le Père. Là réside la manifestation de l'amour de Dieu, l'urgente invitation à la conversion, l'espérance de la « création nouvelle » dans le Christ.

Quand nous parlons de l'Église comme « ministre de la réconciliation », comme ayant reçu de Dieu « la diaconie » ou « ministère de la réconciliation », nous voulons dire ce qui suit:

– l'Église révèle l'*amour gratuit* du Père dans le Christ: amour universel, immense, re-créateur. « Dieu est riche en miséricorde; à cause du grand amour dont il nous a aimés, alors que nous étions morts à cause de nos fautes, il nous a donné la vie avec le Christ » (Ép 2, 4-5). L'Église est le sacrement de l'amour de Dieu!

– l'Église redonne à l'être humain *l'amitié de Dieu*: elle met en nous la vérité qui nous rend libres, la sainteté – vie de Dieu – qui nous renouvelle. Ainsi, elle fait de nous des frères et des sœurs. Le sacrement de la réconciliation, que nous recevons et que nous donnons par le ministère de l'Église, nous rend fils et filles, frères et sœurs, et, par le fait même, amis de Dieu et des humains;

– nous parlons aussi d'une Église sainte, mais qui, en même temps, a besoin de constante purification (LG 8) et de conversion (UR 6 et 7). La réconciliation s'opère dans le cœur des humains – de tous les humains –, mais aussi à l'intérieur de toutes les structures et institutions de l'Église.

Je voudrais proposer maintenant, brièvement et schématiquement, trois points de méditation:

1. La réconciliation est un don du Père

Il s'agit là d'une pure initiative de l'amour gratuit de Dieu. Il faut donc l'accueillir avec gratitude, avec une humilité sincère et beaucoup de foi. À la mesure de la conscience sereine de notre pauvreté et d'une profonde expérience d'un Dieu amour qui a envoyé son Fils au monde non pour le juger, mais pour le sauver (Jn 3, 16-17), nous goûterons la paix de la réconciliation et la joie profonde d'une amitié nouvelle.

a) *Initiative divine:* la réconciliation est une manifestation et une irruption en nous de la *fidélité* de Dieu (*cf.* Ex 34, 6; Jn 1, 14). *Dieu est fidèle* (Ex 3, 14; 1 Th 5, 24). L'histoire d'Israël, comme l'histoire de l'Église et l'histoire du genre humain, est une merveilleuse et constante révélation d'un Dieu qui tient sa promesse en dépit de l'infidélité et du péché des humains, et dont la caractéristique première et essentielle est la fidélité. Dieu est celui qui ne fait jamais défaut, celui qui jamais ne manque à sa promesse ni ne trahit sa parole. Parce que l'essentiel en Dieu est l'amour et que ce qui caractérise l'amour, c'est la fidélité. «Je suis celui qui suis», dit le Seigneur, et cela signifie: «je suis le fidèle», «celui qui est sans cesse à vos côtés», «celui qui parcourt avec vous le magnifique chemin de l'histoire».

b) La réconciliation, c'est le geste d'amener l'être humain à la *communion avec Dieu*, à l'intimité de l'ami et du fils. Ce qui suppose de redécouvrir, comme une vérité toujours nouvelle, que Dieu est notre Père et qu'il nous aime. Cela suppose aussi de redécouvrir chaque jour que « tout être humain est notre frère ou notre sœur ». Ainsi, la réconciliation nous conduit à la *communion fraternelle*. Nous le savons tous, mais je tiens quand même à le répéter: « Dieu est notre Père et il nous aime. » Cette expérience change nécessairement la vie: elle nous rend plus sereins, plus joyeux, plus fraternels.

c) Mais cela exige la *conversion*. Le message du Christ, avec lequel nous avons commencé ce carême, est un message de conversion: « Convertissez-vous et croyez à l'Évangile » (Mc 1, 15). Cette Année de la réconciliation est aussi « l'Année de l'évangélisation » (Synode 1974). Évangéliser, c'est annoncer explicitement le Christ et appeler à la conversion et à la foi.

Tel fut le message central du *kérygme* apostolique: « Le Christ est mort et ressuscité. Nous en sommes témoins. Repentez-vous et croyez à la Bonne Nouvelle. » Pierre le prêcha au jour de la Pentecôte, rempli du courage, de la sagesse et de la puissance de l'Esprit Saint. Le thème de son discours – brève histoire du salut – se résume ainsi: « Que toute la maison d'Israël le sache avec certitude: Dieu l'a fait et Seigneur et Christ, ce Jésus que vous, vous avez crucifié. » Mais cela conduit à la conversion: « Le cœur bouleversé d'entendre ces paroles, ils demandèrent à Pierre et aux apôtres: ‹ Que ferons-nous, frères ? › Pierre leur répondit: ‹ Convertissez-vous; que chacun de vous reçoive le baptême au nom de Jésus Christ pour le pardon de ses péchés › » (Ac 2, 36-38).

« Repentez-vous »: tel fut le cri initial du carême et il continue à être l'appel quotidien de Dieu en ce temps de notre cheminement pénitentiel vers Pâques. « Revenez à moi de tout votre cœur avec des jeûnes, des pleurs, des lamentations. Déchirez vos cœurs, non vos vêtements, et revenez au Seigneur votre Dieu: il est bienveillant et miséricordieux, lent à la colère et plein de fidélité » (Jl 2, 12-13).

Cet appel à la conversion vaut pour nous aussi, évêques et prêtres. Mieux encore: il vaut particulièrement pour nous, «les ministres de la réconciliation». Notre vie doit être un retour progressif au Seigneur qui nous a aimés avec prédilection et qui nous envoie. La réconciliation suppose, pour nous aussi, une communion plus profonde et plus joyeuse avec le Père et avec nos frères et sœurs.

Ce processus de conversion exige de nous trois attitudes: conscience sereine du péché (en nous, dans le monde, dans l'Église), profonde expérience de la miséricorde du Père et joie de la foi, du salut, de la nouvelle création.

Ce sont trois attitudes indissolublement liées par la providence du Père. La réconciliation finit toujours dans la joie de la rencontre et de la fête, dans la maison paternelle (*cf.* Lc 15): «Dieu, rends-moi la joie d'être sauvé» (Ps 50). Mais cela suppose de reconnaître sereinement notre péché, sans angoisse ni désespérance. Il faut partir de notre condition de péché: «J'ai sans cesse mon péché devant moi» (Ps 50). «Si nous disons: ‹Nous n'avons pas de péché›, nous nous égarons nous-mêmes [...] nous faisons de lui un menteur et sa parole n'est pas en nous» (1 Jn 1, 8-10). Mais, à partir de la douloureuse expérience de notre misère, l'Esprit du Père nous ouvre à l'expérience joyeuse de son amour et de son pardon (*cf.* Ex 34, 6; Ép 2, 4s; 1 Jn 4, 7s).

2. La réconciliation nous vient par le Christ, médiateur

Dieu nous réconcilie *par* le Christ et *dans* le Christ. Le Christ est, essentiellement, «celui qui enlève le péché du monde» (Jn 1, 29). Le Christ est venu dans le monde pour nous réconcilier avec le Père et pour faire de nous des frères et des sœurs. Son message est un appel à la conversion et à la foi.

Au cœur de cette «réconciliation chrétienne» réside toujours l'amour du Père. «Dieu a tant aimé le monde qu'il a donné son Fils [...] non pour juger le monde, mais pour que le monde soit sauvé par lui» (Jn 3, 16-17). Tout le mystère du Christ, depuis son incarnation jusqu'à sa glorification dans le ciel et l'envoi de l'Esprit Saint, est un mystère de réconciliation.

Dans le Christ se réalise la communion entre le Père et les frères et sœurs. Mais il y a un temps fort – particulièrement fécond – de ce mystère de réconciliation par le Christ et en lui : sa *mort* et sa *résurrection*. Le Mystère pascal du Christ éclaire notre réconciliation et la rend possible. « Nous avons été réconciliés par la mort de son Fils » (Rm 5, 10) ; le Christ nous réconcilie « avec Dieu, Juifs et païens, en un seul corps, au moyen de la croix » (Ép 2, 16) ; Dieu nous a réconciliés « dans le corps périssable de son Fils, par sa mort » (Col 1, 22). C'est le sens de la fécondité de la croix pascale. C'est maintenant le seul chemin d'une réconciliation profonde et vraie. Cela vaut aussi pour nous : si, en vérité, nous voulons être des ministres fidèles de la réconciliation – par la Parole et par le sacrement –, nous devons vivre en amoureux de la croix, joyeusement crucifiés avec le Christ.

Un des aspects caractéristiques de cette réconciliation, opérée par le Christ et en lui, est l'*universalité* : elle embrasse tous les humains, tous les peuples, tous les péchés (2 Co 5 et Rm 5), toute la création. « Il a plu à Dieu [...] de tout réconcilier par lui [le Christ] et pour lui, et sur la terre et dans les cieux, ayant établi la paix par le sang de sa croix » (Col 1, 19-20). C'est là aussi le sens de la récapitulation définitive de toutes choses, celles du ciel et celles de la terre, sous un seul chef, le Christ, pour mener les temps à leur accomplissement (*cf.* Ép 1, 10). C'est pourquoi saint Paul nous invite à un optimisme pascal, austère mais joyeux : « Si, en effet, quand nous étions ennemis de Dieu, nous avons été réconciliés avec lui par la mort de son Fils, à plus forte raison, réconciliés, serons-nous sauvés par sa vie. Bien plus, nous mettons notre orgueil en Dieu, par notre Seigneur Jésus Christ par qui, maintenant, nous avons reçu la réconciliation » (Rm 5, 10-11).

3. Le ministère de l'Église prolonge cette réconciliation

Ce mystère de *réconciliation universelle*, commencé dans l'incarnation et porté à sa plénitude dans le Mystère pascal du Christ, *se prolonge maintenant dans l'Église,* « sacrement universel du salut ». « Par le ministère de l'Église », le « pardon et la paix » nous sont accordés. C'est le monde entier qui doit être réconcilié : les humains et les peuples. L'Église offre à tous le salut intégral dans le Christ.

D'une façon particulière, Dieu place entre nos mains, dans l'Église, « le ministère de la réconciliation ». C'est l'essence de notre ministère apostolique : la *Parole,* qui appelle à la conversion, nous est confiée, de même aussi le *sacrement,* qui « réconcilie avec Dieu et l'Église », et l'*eucharistie,* qui célèbre la réconciliation et réalise la communion.

C'est à la fois une grâce et une responsabilité : Dieu vient à nous, il nous consacre et nous envoie. Il met sur nos lèvres une parole qui brûle avec la force de l'Esprit (si nous savons être attentifs et disponibles), il nous donne le terrible pouvoir de lier et de délier (d'unir et de séparer, de sauver et de condamner) et il nous envoie célébrer le mystère de sa mort et de sa résurrection (ministère de communion), hâtant l'avènement de son Règne et annonçant sa venue de façon prophétique.

Nous arrivons au terme de cette méditation. Mais nous ne pouvons l'achever sans rendre grâce à Dieu de vivre en cette heure providentielle où la miséricorde du Père « nous oblige presque à la sainteté » (Paul VI). C'est notre heure : heure de grâce et de salut, heure de conversion et de réconciliation, heure de profond renouveau dans le Christ, par la sainteté. En nous, quelque chose doit changer : à l'intime de nous-mêmes, dans notre mentalité, dans nos attitudes, dans nos institutions.

Le monde attend de nous quelque chose de nouveau. Le Christ aussi l'attend, lui qui nous a choisis et qui nous a confié sa Parole et son ministère de réconciliation.

Nous déposons tout entre les mains de Notre Dame. Par le *oui* de Marie, la réconciliation commence : « Le nœud de la désobéissance d'Ève a été dénoué par l'obéissance de Marie. » « [...] en obéissant, elle est devenue cause du salut pour elle-même et pour tout le genre humain » (saint Irénée ; *cf.* LG 56). Les Pères aiment à désigner la Vierge comme « la Toute Sainte, celle qui est indemne de toute tache du péché, celle qui est façonnée et formée comme une nouvelle créature par l'Esprit Saint » (LG 56).

Marie nous ouvre le chemin de la réconciliation. Elle nous enseigne – et nous aide – à exercer avec une efficacité évangélique « le ministère de la réconciliation ».

VI

L'Église de l'événement de la Pentecôte

« Ils furent tous remplis d'Esprit Saint. »
(Ac 2, 4)

Texte : Ac 2, 1-11.

Poursuivant nos méditations sur l'Église, aujourd'hui, nous contemplerons l'*Église de l'événement de la Pentecôte.* J'insiste sur le mot « événement » parce que la Pentecôte n'est pas une simple célébration de la « personne » de l'Esprit Saint, mais bien, surtout, de la plénitude de la Pâque. Il s'agit, alors, d'un moment décisif de l'histoire de notre salut, du mystère du Christ et de son Église. Avec l'effusion de l'Esprit à la Pentecôte – premier fruit du Christ glorifié par la croix –, l'Église se « manifeste » (LG 2) en tant que communauté missionnaire et est définitivement constituée « sacrement universel du salut » (LG 48), et, de cette façon, envoyée par Dieu aux peuples (AG 1 et 4).

Lisons d'abord le texte biblique relatant la descente de l'Esprit Saint sur les disciples réunis dans le cénacle « avec Marie, la mère de Jésus » (Ac 1, 14) :

Quand le jour de la Pentecôte arriva, ils se trouvaient réunis tous ensemble. Tout à coup il y eut un bruit qui venait du ciel comme celui d'un violent coup de vent: la maison où ils se tenaient en fut toute remplie; alors leur apparurent comme des langues de feu qui se partageaient et il s'en posa sur chacun d'eux. Ils furent tous remplis d'Esprit Saint et se mirent à parler d'autres langues, comme l'Esprit leur donnait de s'exprimer.

Or, à Jérusalem, résidaient des Juifs pieux, venus de toutes les nations qui sont sous le ciel. À la rumeur qui se répandit, la foule se rassembla et se trouvait en plein désarroi, car chacun les entendait parler sa propre langue. Déconcertés, émerveillés, ils se disaient: « Tous ces gens qui parlent ne sont-ils pas des Galiléens? Comment se fait-il que chacun de nous les entende dans sa langue maternelle? Parthes, Mèdes et Élamites, habitants de la Mésopotamie, de la Judée et de la Cappadoce, du Pont et de l'Asie, de la Phrygie et de la Pamphylie, de l'Égypte et de la Libye cyrénaïque, ceux de Rome en résidence ici, tous, nous les entendons annoncer les merveilles de Dieu » (Ac 2, 1-11).

C'est là le miracle de la Pentecôte: entendre et annoncer dans notre propre langue – dans la langue actuelle et dans les diverses cultures des peuples – les merveilles immuables de Dieu. Il faut, pour cela, une effusion spéciale de l'Esprit Saint, qui est Esprit d'intériorité et de contemplation, de témoignage et de prophétie.

La Pentecôte, plénitude du Mystère pascal, marque le moment de « la manifestation » de l'Église « par l'effusion de l'Esprit Saint », et le commencement de la « mission » de l'Église comme « sacrement universel du salut ». Avec une expression merveilleuse, Paul VI la définit comme « la Noël de l'Église ». Le concile décrit les cinq étapes de l'Église « qui, préfigurée dans l'histoire du peuple d'Israël et l'ancienne Alliance, établie en ces temps qui sont les derniers, a été manifestée par l'effusion de l'Esprit et sera glorieusement achevée à la fin des siècles » (LG 2).

L'« événement » de la Pentecôte est constamment nouveau dans l'Église. Le Christ, glorifié à la droite du

Père, envoie toujours son Esprit vivificateur dans l'Église et dans le monde. Mais il existe, dans l'histoire, des moments spéciaux d'une particulière effusion de l'Esprit; par exemple, un concile, une Année sainte, un synode. L'Année sainte – rénovation intérieure et réconciliation – est placée sous le signe de l'Esprit: Esprit de nouveauté pascale et de communion, de grâce et de fraternité, de sainteté et de paix.

Le moment privilégié que nous vivons – moment de croix et de souffrance, mais aussi de possibilités et d'espérances – est, de plus, un moment particulier de l'Esprit Saint. Cela exige de nous, plus que jamais, une disponibilité humble et entière à son action, à sa lumière, à sa force, à sa communion, à son feu. J'aime souligner le symbolisme sous lequel l'Esprit se manifeste à la Pentecôte: le vent, le feu, les langues. C'est un symbole profondément missionnaire: intérieurement brûlés et transformés par le feu de l'Esprit, les apôtres seront poussés par le vent du même Esprit à porter la Bonne Nouvelle de Jésus, proclamant dans les différentes langues humaines les merveilles immuables et incessantes de Dieu.

Nous aussi, nous avons été choisis, consacrés et envoyés pour annoncer Jésus en ce moment privilégié de l'histoire d'une Église missionnaire, prophétique, évangélisatrice. C'est à nous qu'il revient de parler aux hommes d'aujourd'hui des invariables merveilles de Dieu. Il nous revient d'être témoins du Ressuscité, présence de l'Invisible. Cela exige de « nous remplir de l'Esprit Saint », qui nous donnera une double fidélité: à l'intégrité de la Parole de Dieu (sans l'altérer, sans la diminuer) et aux attentes croissantes des hommes et des femmes d'aujourd'hui (aptitude à les comprendre, à saisir leur mentalité et leurs problèmes, à assumer évangéliquement leurs différentes cultures). La Parole du Christ est une, immuable et divine: « Ma doctrine n'est pas de moi, mais du Père, qui m'a envoyé. » Mais elle doit être exprimée dans le langage nouveau et varié des peuples.

1. Les trois fruits de la Pentecôte

Voyons maintenant ce qui s'est passé à la suite de cette première Pentecôte chrétienne, quels en furent les fruits. Je distinguerais ceux-ci: confirmation apostolique, formation d'une communauté, commencement de la mission. Approfondissons un peu le sens de chacun:

a) Confirmation *apostolique,* c'est-à-dire l'institution des apôtres comme premiers témoins de la Pâque. Leur message sera simple: « Dieu a ressuscité Jésus – le juste, le saint, l'auteur de la vie –, que vous avez crucifié. » Leur désignation et leur force résideront en ceci: « Et nous en sommes témoins. » L'exigence de ce témoignage, comme premier fruit de la Pentecôte, entraînera la conversion définitive des apôtres: foi plus lucide, espérance plus ferme, charité plus ardente.

Nous savons que Jésus appela les apôtres « pour être avec lui et pour les envoyer prêcher» (Mc 3, 14), Mais le partage de la vie et de l'intimité de Jésus ne réussit pas à les transformer en témoins. Leur mentalité humaine demeura (« tes vues ne sont pas celles de Dieu, mais des hommes » [Mt 16, 23]), comme aussi leur peur et leur manque de foi (Mc 4, 40), leur jalousie et leur ambition (Lc 22, 24), leur scandale face à la croix et leur fuite (Mt 25, 56).

Il a fallu la force de l'Esprit pour opérer la transformation définitive vers une conversion plus profonde et un témoignage pascal plus lumineux et plus courageux. Nous ne nous étonnons pas de lire, dans les Actes des Apôtres, des paroles pleines de l'audace et de la force de l'Esprit, comme celles-ci: « Ce Jésus, Dieu l'a ressuscité, nous en sommes tous témoins » (Ac 2, 22). « Que toute la maison d'Israël le sache donc avec certitude: Dieu l'a fait et Seigneur et Christ, ce Jésus que vous, vous avez crucifié » (Ac 2, 36). « Il faut obéir à Dieu plutôt qu'aux hommes. Le Dieu de nos pères a ressuscité Jésus, que vous aviez exécuté en le pendant au bois. C'est lui que Dieu a exalté par sa droite comme Prince et Sauveur, pour donner à Israël la conversion et le pardon de ses péchés. Nous sommes témoins de ces événements, nous et l'Esprit Saint que Dieu a donné à ceux qui lui obéissent» (Ac 5, 29-32). «Les apôtres quittèrent donc le Sanhédrin, tout heureux d'avoir été trouvés dignes de subir des outrages pour le Nom» (Ac 5, 41).

L'Esprit Saint descendit sur les apôtres pour en faire les premiers «témoins de la résurrection». «Vous allez recevoir une puissance, celle du Saint-Esprit qui viendra sur vous; vous serez alors mes témoins» (Ac 1, 8). Pierre insistera sur cette force et cette exigence des témoins privilégiés qui partagèrent la vie de Jésus depuis le baptême de Jean jusqu'à la glorieuse ascension dans les cieux, qui mangèrent et burent avec lui après sa résurrection: «Dieu l'a ressuscité le troisième jour, et lui a donné de manifester sa présence, non pas au peuple en général, mais bien à des témoins nommés d'avance par Dieu, à nous qui avons mangé avec lui et bu avec lui» (Ac 10, 40-41). Cette intimité particulière avec le Seigneur – avoir partagé sa vie, vu ses signes et fait l'expérience de son amour – constitue une condition indispensable pour que Matthias «devienne avec nous témoin de sa résurrection» (Ac 1, 21-22).

Mais ces premiers témoins de la résurrection ont dû traverser trois étapes, lentes et douloureuses, de transformation: l'appel, la croix, la Pentecôte. Ce n'est qu'après cette dernière étape qu'ils furent définitivement marqués par l'Esprit de vérité et d'amour, transformés intérieurement et préparés pour le témoignage et la prophétie, ceux que Jésus avait appelés «pour être avec lui et pour les envoyer prêcher» (Mc 3, 14). Ils avaient accueilli l'exhortation du Maître: «C'est vous qui en êtes les témoins. Et moi, je vais envoyer sur vous ce que mon Père a promis. Pour vous, demeurez dans la ville jusqu'à ce que vous soyez, d'en Haut, revêtus de puissance» (Lc 24, 48-49). Ils étaient maintenant prêts à remplir le mandat confié par le Seigneur: «Allez par le monde entier, proclamez l'Évangile à toutes les créatures» (Mc 16, 15).

b) Formation d'une *communauté* de croyants et de témoins n'ayant «qu'un cœur et qu'une âme» (Ac 4, 32). Avant la Pentecôte, quand Jésus vivait, ceux qui le suivaient et croyaient en sa parole avaient formé autour de lui une forte communauté; mais c'était une communauté encore imparfaite, exposée à d'innombrables tensions et divisions. Le discours même de Jésus semblait trop dur et trop exigeant, apparemment dépourvu de sens et inadmissible: «Cette parole est rude! Qui peut l'écouter? [...] Dès lors, beaucoup de ses disciples s'en retournèrent et cessèrent de faire route avec lui» (Jn 6, 60.66). Il fallait «l'événement de la Pentecôte» pour fortifier la foi et pour établir une véritable «Église-communion», avec ce que la communion comporte de diversité dans les dons de l'Esprit et de profonde harmonie dans le Seigneur – dans l'édification de son Corps –, «car nous avons tous été abreuvés d'un seul Esprit» (1 Co 12, 13).

Celui qui fait que la communauté chrétienne devienne une «communion» vraie et féconde, quelque chose de plus profond que la simple coexistence, c'est l'Esprit Saint. Quand, à la Pentecôte, la communauté primitive reçoit l'Esprit Saint, il se forme une authentique fraternité évangélique entre les disciples de Jésus, «qui étaient assidus à l'enseignement des apôtres, à la communion fraternelle, à la fraction du pain et aux prières» (Ac 2, 42). Docilité à la Parole de Dieu, célébration de l'eucharistie et prières présidées par les apôtres, service commun généreux aux plus nécessiteux, telles sont les caractéristiques de cette communauté véritable (communion dans l'Esprit), qui s'exprime dans «la joie et la simplicité du cœur» et qui «jouit de la sympathie de tout le peuple». Et qui, de plus, est une communauté qui croît de jour en jour, en nombre et en qualité. Saint Luc nous offre trois descriptions, fondamentalement identiques, mais complémentaires, de cette communauté primitive, qui sera désormais le modèle le plus clair et le plus attirant d'une authentique communion évangélique en Jésus ressuscité, animée par l'Esprit de Dieu (*cf.* Ac 2, 42-47; 4, 32-35; 5, 12-16): unité des disciples autour de la Parole, de l'eucharistie, du service aux plus nécessiteux; témoignage apostolique de la résurrection de Jésus par la Parole accompagnée des signes prodigieux de l'Esprit; heureux accroissement de la communauté.

Quand nous songeons à cela, nous nous demandons: «Que devra-t-il se passer cette année dans l'Église?» Nous répondons: « Que l'Église soit vraiment ‹ communion fraternelle dans l'Esprit ›. » Nous parlerons cet après-midi de « l'Église-communion »; mais je souhaite déjà et je demande au Seigneur qu'il nous convertisse, nous qui formons l'Église, qu'il nous fasse vivre dans une authentique et profonde communion spirituelle, afin que soit visible le signe de notre mission et de la présence salvatrice de Jésus Christ. « Afin que le monde croie » que Jésus est l'envoyé du Père, et l'Église l'envoyée du Christ. Pour que cette communion existe, il est nécessaire d'ouvrir nos cœurs à une conversion, profonde et quotidiennement nouvelle, opérée en nous par l'Esprit Saint.

c) *Commencement de la mission.* La Pentecôte donne naissance à une Église missionnaire. À une Église qui « sort » du cénacle – où les apôtres sont revêtus de la force de l'Esprit – et qui « entre » dans le monde pour annoncer la Bonne Nouvelle de Jésus et être « sacrement universel du salut ». La mission commence à Jérusalem le jour même de la Pentecôte avec le fameux discours de Pierre qui annonce l'accomplissement de la prophétie de Joël (« Je répandrai mon esprit sur toute chair » [Jl 3, 1-5]) et qui proclame avec courage l'objet central du témoignage: « Que toute la maison d'Israël le sache donc avec certitude: Dieu l'a fait et Seigneur et Christ, ce Jésus que vous, vous avez crucifié » (Ac 2, 36).

Ensuite, grâce aux persécutions, la Parole de Dieu se répandra « de lieu en lieu » (Ac 8, 4), elle passera à travers la Judée et la Samarie, « jusqu'aux confins de la terre » (Ac 1, 8). « Allez par le monde entier, proclamez l'Évangile à toutes les créatures » (Mc 16, 15). L'événement de la Pentecôte, par la prodigieuse effusion de l'Esprit Saint qui permettait aux apôtres de proclamer les merveilles du Seigneur en diverses langues, leur donnait l'infaillible assurance de l'ultime promesse de Jésus: « Et moi, je suis avec vous tous les jours, jusqu'à la fin des temps » (Mt 28, 20). Le même Jésus lie la mission des apôtres à une assistance particulière et ininterrompue de l'Esprit Saint: « Comme mon Père m'a envoyé, à mon tour, je vous envoie [...] Recevez l'Esprit Saint » (Jn 20, 21-22). Personne ne peut annoncer efficacement Jésus, si ce n'est par la puissance de l'Esprit Saint. Et « nul ne peut dire ‹Jésus est Seigneur› que sous l'action de l'Esprit Saint » (1 Co 12, 3). Une Église missionnaire est essentiellement une Église qui est toujours avec Jésus – elle vit en sa compagnie depuis le début – et qui est conduite, par l'Esprit de vérité, à la vérité complète. « Lorsque viendra le Paraclet que je vous enverrai d'auprès du Père, l'Esprit de vérité qui procède du Père, il rendra lui-même témoignage de moi; et à votre tour, vous me rendrez témoignage parce que vous êtes avec moi depuis le commencement » (Jn 15, 26-27). L'Esprit Saint fait entrer les apôtres dans le mystère total et intime de Jésus, de sa personne et de ses enseignements. Ensuite, la mission commence: dans le monde juif (surtout pour Pierre) et dans le monde païen (Paul, principalement). L'Église s'insère comme ferment de salut, elle s'incarne dans les différentes cultures et annonce explicitement le Christ ressuscité. Les apôtres, conduits par l'Esprit Saint, saisissent que leur mission n'est pas de résoudre les problèmes humains, mais bien d'offrir le levain transformateur de l'Évangile. Ils comprennent qu'« il ne leur convient pas de délaisser la parole de Dieu pour le service des tables ». En conséquence, ils organisent d'autres ministères: ils imposent les mains à des hommes remplis de foi, d'Esprit et de sagesse, présentés par la communauté. « Quant à nous, nous continuerons à assurer le service de la Parole » (Ac 6, 1-8). Cette fidélité des apôtres à leur mission spécifique – prière et Parole – est pleine d'enseignements pour nous, apôtres des temps nouveaux, qui sommes facilement tentés par l'urgence des problèmes matériels ou par la solution des questions sociales. L'attitude des apôtres et des premiers disciples, fidèles à la mission reçue de Jésus, est plus profonde et, à la fois, plus réaliste: « Ceux donc qui avaient été dispersés allèrent de lieu en lieu, annonçant la bonne nouvelle de la Parole. C'est ainsi que Philippe, qui était descendu dans une ville de Samarie, y proclamait le Christ » (Ac 8, 4-5). Notre monde a besoin de vrais prophètes et de témoins courageux du Dieu invisible mais proche.

« Les apôtres, dit saint Augustin, prêchèrent la Parole de vérité et engendrèrent les Églises. » Remplis de l'Esprit

Saint, ils sortirent du cénacle pour annoncer Jésus, susciter la conversion, disposer les cœurs à la foi. Ainsi se forma l'Église.

Je pense que, pendant que les apôtres édifiaient l'Église par la Parole et le sacrement, Marie, la Vierge de l'espérance et de l'indéfectible fidélité intérieure à l'Esprit Saint, la construisait par le dedans. Ce sont des temps très marqués par l'action mystérieuse de l'Esprit Saint et la présence silencieuse de Notre Dame.

2. Ils furent tous remplis d'Esprit Saint (Ac 2, 4)

Ce qui s'est passé à la Pentecôte n'est pas un fait unique, isolé, qui ne peut se reproduire. Cela s'est renouvelé dans la Communauté primitive (*cf.* Ac 4, 31 ; 10, 44-48). Cela se produit aussi aujourd'hui, dans l'Église, quoique pas nécessairement avec les mêmes manifestations extérieures. L'Esprit travaille sans cesse en profondeur et dans le silence ; même, parfois, de façon extraordinaire.

Comme nous avons besoin de l'Esprit Saint en ce moment privilégié de l'Église et de l'histoire de l'humanité ! Nous avons besoin de l'Esprit de vérité, de l'Esprit de force, de l'Esprit d'amour.

a) *Esprit de vérité :* à une époque de tant d'incertitude, de tant d'obscurité, de tant de recherche, nous en avons particulièrement besoin ! Plus que jamais, nous, pasteurs, nous sommes conscients de notre impuissance, de notre pauvreté, de nos limites. Et pourtant nous devons être pour les autres – pour le monde entier – les maîtres qui indiquent le chemin, ceux qui confirment dans la vérité. Je pense que c'est là une des souffrances les plus grandes de ceux qui assument, aujourd'hui, quelque responsabilité dans l'Église. Je pense, par exemple, à la terrible responsabilité du pape et de ses collaborateurs immédiats de la curie romaine. L'assurance de la présence du Seigneur et de la permanente assistance de l'Esprit Saint n'enlève pas la crainte et ne supprime pas l'effort nécessaire pour chercher et demander, dialoguer, étudier et prier. Même là –

surtout là ! –, nous devons être pauvres : accepter nos limites et nous ouvrir, avec simplicité, à Dieu et aux autres.

Nous avons besoin de « l'Esprit de vérité », celui que le Christ a promis de nous envoyer d'auprès du Père pour être toujours avec nous, pour témoigner sans cesse de lui et faire de nous aussi des témoins, transparents et ardents, pour nous conduire « à la vérité tout entière » (*cf.* Jn 14, 16-17 ; 15, 26 ; 16, 23). Il est intéressant de constater que Jésus lie toujours cet « Esprit de vérité », qui demeure en nous, avec « l'autre Consolateur » (le premier est Jésus lui-même). Pour les moments durs et difficiles, nous avons besoin de la « consolation » qui nous vient de l'Esprit, afin de pouvoir, à notre tour, consoler nos frères et sœurs en humanité (*cf.* 2 Co 1, 3-7).

Nous avons besoin de l'Esprit de vérité, de la vérité recherchée, savourée, proclamée. Esprit d'intériorité et de prophétie, de contemplation et de témoignage. Plus que jamais, notre Église doit être l'Église de la Parole et de l'évangélisation, de la présence et de l'incarnation, du témoignage et de la prophétie. À cause de cela, elle doit être l'Église de l'intériorité profonde, de la prière, de la contemplation. L'Esprit Saint nous accordera ce don : il est avant tout l'Esprit d'intériorité qui engendra la Parole de Dieu dans le cœur plein de foi de Marie, même avant de l'engendrer dans son sein virginal. Cet Esprit d'intériorité nous amènera à la connaissance de Jésus dans la totalité de son mystère et la profondeur de ses enseignements ; en conséquence, il nous fera saisir le mystère de l'être humain, puisque, « en réalité, le mystère de l'homme ne s'éclaire vraiment que dans le mystère du Verbe incarné » (GS 22). L'Esprit de vérité nous fait comprendre en profondeur les angoisses et les espérances, les tristesses et les joies de nos contemporains, pour être en mesure de leur donner la réponse évangélique concrète ; il nous rend aptes à lire « les signes de Dieu » dans l'histoire et à transformer celle-ci en histoire du salut.

Quand nous parlons de l'Esprit de vérité, nous évoquons l'esprit de la sincérité et de la fidélité, l'esprit de la joie et de l'espérance, l'esprit de l'intériorité contemplative et du service généreux des frères et des sœurs. Nous devons conduire les humains au Christ. Il ne s'agit pas de prêcher un Christ étudié et appris, mais de communiquer un Christ connu dans la contemplation et assumé dans la croix.

b) *Esprit de force.* « Vous allez recevoir une puissance, celle de l'Esprit [...], vous serez alors mes témoins » (Ac 1, 8; *cf.* Ac 6, 10). Nous avons besoin de la force de l'Esprit contre le péril, si fréquent dans l'Église, de la fatigue, de la peur, du pessimisme. Ne l'oublions jamais: nous sommes les premiers témoins de la Pâque. Il ne nous est pas permis de nous dire vaincus et, découragés, de croiser les bras, de communiquer aux autres notre tristesse. La croix a toujours deux faces: savourons en silence la première, forte, obscure, difficile, pour que le monde goûte la joie, la résurrection, l'espérance de la seconde. Ne l'oublions pas: nous sommes des témoins de la Pâque.

Pour qu'il en soit ainsi, nous avons besoin de « la puissance de l'Esprit Saint ». Dans cette puissance, nous avons été consacrés prophètes et témoins. Grâce à elle, nous apprendrons à savourer la joie de la croix, la fécondité du détachement, la suprême liberté de la pauvreté. Elle nous donnera équilibre et audace. Elle affermira notre assurance dans les armes de l'Esprit, elle nous communiquera le courage de Dieu pour vaincre la fausse prudence de la chair et pour assumer, avec une force sereine, les responsabilités de notre mission face à Dieu et aux humains. Elle nous fait pauvres et simples, mais elle empêche que nous devenions lâches et que nous éprouvions la peur.

Le Seigneur nous exhorte à être forts: « Soyez pleins d'assurance, j'ai vaincu le monde! » (Jn 16, 33). « Que votre cœur cesse de se troubler et de craindre » (Jn 14, 27). Quel mystère que la peur! Nous la portons plantée en nous comme une épée. Elle nous affleure la peau et nous fait trembler. Le Christ l'a éprouvée au jardin (« il commença à ressentir tristesse et angoisse » [Mt 26, 37]; « il commença à ressentir frayeur et angoisse » [Mc 14, 33]). Tristesse, frayeur et angoisse! Le Seigneur a fait cette expérience dans sa « chair de péché »; mais il nous a demandé de ne pas succomber à la peur, d'être forts et sereins, joyeux et remplis d'espérance. Pour cette raison, il nous a demandé d'être radicalement pauvres. Pour cette raison, surtout, il nous a envoyé, d'auprès du Père, l'Esprit de force « qui reste avec nous et habite en nous » (Jn 14, 17; Rm 8, 9).

c) *Esprit d'amour:* il nous est nécessaire pour vivre à fond la charité pastorale, notre adhésion généreuse, totale et joyeuse au plan salvateur du Père, la joie de notre vocation et de notre consécration, la fécondité de notre service à l'Église universelle, à tous les humains qui espèrent. Notre vie et notre ministère se définissent comme un mystère d'amour, joyeux et total. Notre existence et notre mission ne se comprennent qu'à la lumière d'un Dieu amour. Notre mission ne peut être vécue dans sa plénitude de don et de service que si elle est animée par l'Esprit Saint, l'Esprit d'amour.

Ainsi, nous serons, dans l'Église, signes et instruments d'un Dieu qui aime, qui sert, qui donne sa vie. Nous serons aussi un cri prophétique pour ceux qui ne vivent que pour eux-mêmes, qui cherchent leurs intérêts ou qui croient que leur existence terrestre est complète et définitive. Nous sommes des hommes dont le signe prophétique se résume ainsi: Dieu est amour, il nous invite à vivre dans la fraternité évangélique, en communion universelle, en don absolu et créateur.

Une Église pénétrée de l'Esprit d'amour est une Église qui vit, inséparablement et simultanément, tournée vers le Père en esprit d'adoration et tournée vers le prochain dans la générosité du service. C'est une Église qui dépasse le dualisme dramatique entre foi et vie (GS 43) et qui célèbre la liturgie comme la source d'où émane sa force et comme le sommet auquel tend toute son activité apostolique et missionnaire (SC 10). C'est une Église qui vit « dans la sincérité de l'amour » (Rm 12, 9).

Quand l'Église est profondément envahie par cet Esprit d'amour, les différences continuent d'exister (elles sont nécessaires dans une Église-communion), mais il n'y a plus de divisions, parce que « nous avons tous été baptisés dans un seul Esprit» (1 Co 16, 13). Les tensions demeurent (inévitables, dans une Église en chemin), mais il n'y a pas de ruptures.

Il est particulièrement nécessaire, cet Esprit d'amour, en nous, les pasteurs, qui devons, dans l'Église principe de communion, être comme des signes de l'Esprit Saint qui est, «pour toute l'Église, principe d'unité dans la communion» (LG 13). Un pasteur dans l'Église, c'est quelqu'un qui, au nom du Seigneur, sait discerner et respecter, qui sait animer la fidélité et organiser les charismes. Pour cela, il doit nécessairement être un contemplatif, embrassant joyeusement la croix, et ouvert à ses frères et sœurs.

3. Signes d'une nouvelle Pentecôte

Des signes d'une nouvelle Pentecôte sont, sans aucun doute, perceptibles dans l'Église. Nous assistons, providentiellement, à une forte invasion de l'Esprit Saint dans l'Église et dans l'histoire. Cela nous remplit de confiance et nous engage...

En terminant, je signalerai brièvement la manière dont ces signes se présentent, à travers des exigences et des réalités précises de l'Église d'aujourd'hui:

a) une Église fortement *contemplative*: qui recherche le silence du désert et la fécondité de la Parole. Une Église qui essaie de vivre, comme Marie, «à l'écoute de la Parole de Dieu». Parce qu'elle est – ou veut être – l'Église du dialogue, de l'évangélisation, du service;

b) une Église évangéliquement *fraternelle*: qui tente un retour aux sources pour reproduire, dans des temps nouveaux et des cultures nouvelles, le schéma évangélique de la communauté primitive; qui comprend qu'il ne suffit pas de vivre en communauté, mais qu'il faut vivre en communion, comme signe du Christ, l'envoyé du Père. La communion est quelque chose de plus profond que la communauté, elle suppose l'assimilation de la Parole de Dieu, la participation à l'eucharistie et l'ouverture évangélique à ceux qui souffrent;

c) une Église joyeusement *servante des humains*, à partir de sa mission essentiellement « religieuse » (mais, par le fait même, pleinement humaine [GS, 11]). Rappelons que le premier et principal service offert par l'Église à l'humanité actuelle est sa propre vision évangélique de l'être humain et de son histoire, et le salut intégral de chacun : « pour nous, les humains, et pour notre salut » ;

d) une Église affermie uniquement par la *solidité de l'Esprit*, c'est-à-dire une Église qui ne s'appuie pas sur les pouvoirs temporels ni sur les talents des hommes, mais sur Dieu seul. Une Église, donc, qui vit essentiellement dans la pauvreté et l'espérance.

Concluons en contemplant de nouveau Marie, Mère de Jésus et de l'Église, notre Mère. Avec elle, nous devons demander au Père le don de son Esprit (Lc 11, 13). Nous devons, comme elle, nous laisser posséder et guider par l'Esprit. Avec Marie et en elle, nous devons communiquer, à nos frères et à nos sœurs, les fruits de l'Esprit : « amour, joie, paix » (Ga 5, 22).

VII

Église de la Trinité

« En ce jour-là, vous connaîtrez
que je suis en mon Père
et que vous êtes en moi et moi en vous. »
(Jn 14, 20)

« Moi en eux comme toi en moi. »
(Jn 17, 23)

« Et c'est grâce à lui [le Christ]
que les uns et les autres, dans un seul Esprit,
nous avons l'accès auprès du Père. »
(Ép 2, 18)

Texte: Ép 1, 3-14.

Quelle belle définition de l'Église: le Christ dans le Père, nous dans le Christ, et le Christ en nous ! Insérés dans le Christ – Fils de Dieu fait homme –, tous animés par l'Esprit Saint qui nous habite, nous entrons en heureuse communion avec le Père, c'est-à-dire avec toute la Trinité. L'Église exprime le mystère de la très sainte Trinité et y atteint son accomplissement. La fin de l'Église – comme celle du Christ – est de nous révéler le Père et de nous communiquer son Esprit, de nous introduire dans la vie de la Trinité, de nous conduire à sa vision.

Nous allons maintenant méditer sur « l'Église de la Trinité ». Un très beau thème, qui peut sembler un peu abstrait et lointain. Néanmoins, la sainte Trinité est la réalité la plus concrète, la plus proche, la plus intime de notre vie. Quand saint Paul s'écrie: « Je vis, mais ce n'est plus moi, c'est le Christ qui vit en moi » (Ga 2, 20), il fait preuve d'une expérience fondamentale et très profonde de la vie trinitaire en nous: l'Esprit nous configure profondément au Christ et nous fait entrer dans la vie du Père.

Nous formons une communauté qui prend son origine et atteindra son terme dans la Trinité. Saint Thomas nous dit que la Trinité est le principe et la fin de toute la vie chrétienne. Nous pouvons appliquer cela à l'Église: la Trinité est le principe et la fin de toute la vie de l'Église. L'Église naît de l'amour créateur du Père, de la mission rédemptrice du Fils et de l'activité sans cesse sanctificatrice de l'Esprit. L'Église s'accomplit dans la vision, mieux encore, dans la communion de la vie trinitaire.

Nous prenons comme texte de base pour notre réflexion d'aujourd'hui l'hymne célèbre de saint Paul, dans la lettre aux Éphésiens:

> *Béni soit Dieu, le Père de notre Seigneur Jésus Christ: Il nous a bénis de toute bénédiction spirituelle dans les cieux en Christ. Il nous a choisis en lui avant la fondation du monde pour que nous soyons saints et irréprochables sous son regard, dans l'amour. Il nous a prédestinés à être pour lui des fils adoptifs par Jésus Christ; ainsi l'a voulu sa bienveillance à la louange de sa gloire et de la grâce dont il nous a comblés en son Bien-aimé: en lui, par son sang, nous sommes délivrés, en lui, nos fautes sont pardonnées, selon la richesse de sa grâce. Dieu nous l'a prodiguée, nous ouvrant à toute sagesse et intelligence. Il nous a fait connaître le mystère de sa volonté, le dessein bienveillant qu'il a d'avance arrêté en lui-même pour mener les temps à leur accomplissement: réunir l'univers entier sous un seul chef, le Christ, ce qui est dans les cieux et ce qui est sur la terre. En lui aussi, nous avons reçu notre part, suivant le projet de celui qui mène tout au gré de sa volonté: nous avons été prédestinés pour être, à la louange de sa gloire, ceux qui ont d'avance espéré dans le*

Christ. En lui, encore, vous avez entendu la parole de vérité, l'Évangile qui vous sauve. En lui, encore, vous avez cru et vous avez été marqués du sceau de l'Esprit promis, l'Esprit Saint, acompte de notre héritage jusqu'à la délivrance finale où nous en prendrons possession, à la louange de sa gloire (Ép 1, 3-14).

C'est tout le plan du salut que nous décrit saint Paul, c'est le mystère sublime de l'Église. C'est pourquoi la constitution dogmatique *Lumen gentium* s'appuie sur ce texte, dans ses premiers numéros (2-4), quand elle veut nous révéler la « lumière du Christ » reflétée sur le visage de l'Église.

Ce texte est fondamental pour comprendre le Mystère de l'Église – en tant qu'Église de la Trinité –, pour le découvrir dans la foi et l'aimer. On y trouve décrits le dessein de salut du Père (3-6), l'œuvre rédemptrice du Fils (7-12) et l'action sanctificatrice de l'Esprit (13-14). Chacune des trois parties se termine par une invitation à la louange de la Trinité *« in laudem gloriæ gratiæ suæ »*.

Peut-être n'avons-nous pas expérimenté suffisamment, dans notre vie, l'efficacité de l'amour du Père, qui nous appelle à la sainteté, l'efficacité de l'action rédemptrice du Fils, qui nous libère du péché et récapitule en lui toutes choses, et l'efficacité de l'action re-créatrice de l'Esprit Saint, qui nous marque intérieurement de son sceau et qui nous prépare pour la rédemption définitive. Peut-être n'avons-nous pas pensé assez profondément que l'Église est image et communication de la Trinité, expression du Dieu unique, qui nous a créés et rachetés, et dont la vision directe nous rendra parfaitement heureux. Le ciel consistera en ceci : *« gaudium de Trinitate »*. L'Église est définie par le concile, avec les mots de saint Cyprien : « un peuple rassemblé dans l'unité du Père, du Fils et de l'Esprit Saint » (LG 4).

L'Église est, en définitive, « sacrement universel du salut » parce qu'elle est « Église de la Trinité ». Elles sont très belles, les paroles avec lesquelles *Lumen gentium* achève sa description du caractère missionnaire de l'Église : « C'est ainsi que l'Église prie et travaille tout ensemble, afin que le monde tout entier devienne le Peuple de Dieu, le Corps du

Seigneur et le Temple de l'Esprit Saint; et que, dans le Christ, Chef de tous les êtres, tout honneur et toute gloire soient rendus au Créateur et Père de toutes choses » (LG, 17).

L'Église est en cheminement jusqu'à ce qu'elle soit consommée dans l'unité de la Trinité sainte. Le salut définitif arrivera quand l'humanité entrera pleinement en communion avec la Trinité, lors du second avènement de Jésus.

Toute l'ecclésiologie de Vatican II est essentiellement trinitaire. Le concile lui-même, tout entier, est animé en profondeur par le dynamisme de l'Esprit Saint, Esprit du Christ et du Père. Il faudrait approfondir davantage (grâce à Dieu, on le fait déjà en partie) la théologie et la spiritualité de l'Esprit Saint. Paul VI souhaitait cet approfondissement comme fruit spécial de l'Année sainte.

Le deuxième chapitre de *Lumen gentium* est entièrement développé dans un climat trinitaire : c'est le Peuple de Dieu – famille de la Trinité – qui naît, marqué du sceau de la Trinité au baptême, et qui chemine ainsi vers la glorieuse unité consommée.

La nature et l'activité missionnaire de l'Église prennent racine dans la Trinité. « De sa nature, l'Église, durant son pèlerinage sur terre, est missionnaire, puisqu'elle-même tire son origine de la mission du Fils et de la mission du Saint-Esprit, selon le dessein de Dieu le Père » (AG 2).

Rappelons un très beau texte de saint Clément de Rome : « Ô merveille mystique ! Un est le Père de l'univers, un aussi le Verbe de l'univers, et un également, partout, le même Esprit Saint ; unique aussi est la mère Vierge ; c'est ma joie de la nommer *Église.* » L'Église de la Trinité, comme sa pensée nous enthousiasme et nous remplit de joie !

1. La Trinité comme principe et terme de l'Église

Essayons de pénétrer simplement, à la lumière de la parole révélée et de la doctrine du concile, cette réalité mystérieuse de notre Église : elle est *œuvre de la Trinité.*

Saint Paul, dans le texte que nous considérons, nous présente l'Église comme fruit de la bonté et de la sagesse du Père, de la mission rédemptrice du Fils et de l'activité sanctificatrice de l'Esprit Saint (Ép 1, 3-14). Le mystère de l'Église se trouve implicitement décrit dans le plan de salut de tous les humains. À la fin du chapitre, saint Paul relie directement l'Église au Christ: le Père «a tout mis sous ses pieds et il l'a donné, au sommet de tout, pour tête à l'Église qui est son corps, la plénitude de Celui que Dieu remplit lui-même totalement» (Ép 1, 22-23).

La constitution pastorale *Gaudium et spes*, pour définir la fin eschatologique de l'Église, rappelle ses origines trinitaires: «Née de l'amour du Père éternel, fondée dans le temps par le Christ Rédempteur, rassemblée dans l'Esprit Saint, l'Église poursuit une fin salvifique et eschatologique qui ne peut être pleinement atteinte que dans le siècle à venir» (GS 40).

Mais il y a un autre aspect intéressant: la Trinité, en tant que communion de vie divine, modèle l'Église – communion de foi, d'espérance et de charité – à son image et ressemblance; ainsi apparaît la diversité organique du Peuple de Dieu. C'est la réalisation de la prière sacerdotale de Jésus: «[...] qu'ils soient en nous, eux aussi», «[...] pour qu'ils soient un comme nous sommes un» (Jn 17, 21.22). Il n'y a pas de communion dans l'Église – entre les membres nombreux et différents du Peuple de Dieu – si ce n'est par une même insertion dans le Christ, qui est la tête, grâce à l'animation de l'Esprit. La communion fraternelle entre les humains et leur présence salvatrice dans le monde supposent et exigent une profonde communion de grâce et de foi, de prière et de croix, avec le Christ, dans l'unité de l'Esprit Saint. La très sainte Trinité est non seulement la figure de notre communion, mais encore sa source première et irremplaçable.

Comment se présente la communion dans la Trinité? À travers la distinction des personnes (le Père n'est pas le Fils, et le Fils n'est pas l'Esprit Saint), dans l'unité de l'essence ou de la nature. C'est la richesse dynamique de la très sainte Trinité. C'est sur ce modèle que le Christ organise son Église:

- avec *distinction des personnes*, dans le respect des charismes différents et des fonctions diverses;
- avec leur *unité fondamentale* par le baptême («tous, nous avons été baptisés dans un même Esprit»): dignité égale de fils de Dieu, vocation commune à la sainteté et à l'apostolat;
- avec leur dynamisme de *fécondité* et de nécessaire *don* mutuel: le Père communique le Fils, le Père et le Fils communiquent l'Esprit Saint; chacun de nous, dans l'Église, donne et reçoit.

Il y a encore quelque chose de plus dans cette ressemblance entre l'Église et la Trinité. Il y a un moment où la Trinité, infiniment riche et heureuse en elle-même, s'ouvre au monde (création et rédemption) dans une attitude de don généreux, de mission, de salut. L'Église fait de même: profondément habitée et animée par l'Esprit Saint, consciente de la présence en elle du Christ de la Pâque, elle s'insère généreusement dans le monde, comme sacrement universel de salut, et se convertit en «âme de la société» qui doit être réconciliée, dans le Christ, avec le Père.

Enfin, il y a un aspect – le définitif – dans lequel il importe de souligner la relation Église-Trinité: l'Église, comme communion dans la Trinité (LG 1), tend à l'unité consommée dans la *vision de la Trinité*. «Puisque la vocation dernière de l'homme est réellement unique, à savoir divine, nous devons tenir que l'Esprit Saint offre à tous, d'une façon que Dieu connaît, la possibilité d'être associé au mystère pascal» (GS, 22). C'est la vocation universelle – de tous les humains et de tous les peuples – d'entrer dans la vision de la Trinité par l'incorporation dans le Mystère pascal de Jésus! Dans l'ordre actuel du salut, opéré par la mort et la résurrection du Christ, il n'y a qu'un seule fin ultime: l'entrée de l'humanité dans la «Cité sainte, la Jérusalem nouvelle» (Ap 21-22). Nous serons pleinement heureux quand «viendra le Seigneur». Alors, de tous les peuples de la terre, se formera l'unique Peuple de Dieu, l'unique Corps du Christ, l'unique Temple de l'Esprit Saint *«in laudem gloriæ gratiæ suæ»*. Ce sera la révélation suprême de l'Homme nouveau – celui qui est venu nous réconcilier avec le Père par le moyen de la croix, celui qui est venu proclamer la Bonne Nouvelle de la paix à ceux qui étaient loin et à ceux qui étaient proches – et, en lui, la révélation de l'humanité nouvelle: «puisque, par le Christ, tous, sans distinction, [nous] avons accès au Père, dans un même Esprit» (Ép 2, 14-18).

2. L'Église comme révélation et communication de la Trinité

L'Église elle-même, dans sa structure de communion, est signe de la très sainte Trinité. Mais elle l'est en outre par sa prédication permanente sur la Trinité et par son essentiel Mystère sacramentel.

Il faudrait prendre le temps de méditer sereinement les paroles de Jésus à la dernière Cène (*cf.* Jn 14-17). L'Église prolonge la prédication de Jésus, une prédication remplie du mystère trinitaire. Le Christ nous parle «ouvertement du Père» et se présente lui-même comme égal au Père: «qui me voit voit le Père», «le Père et moi, nous sommes un», «je suis dans le Père et le Père est en moi». De plus, il nous découvre la perspective de l'Esprit Saint et nous promet un «autre Paraclet», «l'Esprit de vérité qui demeure auprès de nous et est en nous». Les derniers temps de la vie de Jésus sont remplis d'une profonde, émouvante et joyeuse manifestation de la Trinité.

Le Christ est venu nous apporter le salut. Mais le salut s'est présenté ainsi:

- il nous a révélé le Père et communiqué l'Esprit;
- il a introduit en nous la vie trinitaire;
- il nous a ouvert le chemin vers la vision de la Trinité;
- il a formé l'Église en communauté de fils et de filles, de frères et de sœurs, à l'image et ressemblance de la Trinité.

Les Actes des Apôtres – l'évangile de l'Esprit Saint et la plus authentique histoire de la primitive Église – nous transmettent la prédication apostolique, centrée simplement sur ceci: «Dieu a ressuscité Jésus et nous en sommes témoins.» Nous comprenons alors pourquoi les saints Pères disaient: « *Substancia Novi Testamenti Trinitas* », c'est-à-dire la Trinité est le cœur du Nouveau Testament.

Notons quelque chose de plus: le *mystère sacramentel* de l'Église est essentiellement trinitaire. L'Église est la communauté des fils et des filles, rendus conformes au Premier-né (Rm 8, 29), à l'intime desquels l'Esprit d'adoption crie toujours: « Abba ! Père ! »

Par l'eau et l'Esprit, nous sommes incorporés dans l'Église par le baptême. Puisque nous sommes devenus filles et fils adoptifs dans le Christ, l'Esprit crie en nous avec des gémissements inexprimables: *Abba !*; nous sommes des temples de la Trinité (*cælum summus*, disait saint Augustin), constitués héritiers de Dieu et cohéritiers du Christ. Nous avons été baptisés « au nom du Père, et du Fils, et de l'Esprit Saint », après avoir fait notre profession de foi dans le Père qui nous a créés, dans le Fils qui nous a rachetés, dans l'Esprit Saint qui nous donne vie, dans l'Église qui est une, sainte, catholique et apostolique. Dès lors, nous recevons, dans l'Église, « le sceau de l'Esprit Saint qui nous est donné ». Nous sommes *confirmés* dans notre adoption filiale – conduits à notre maturité chrétienne – par l'Esprit Saint afin que nous soyons témoins que le Père a ressuscité son Fils et l'a fait Seigneur (Ac 5, 30-32). Le Seigneur nous appelle à participer à la *fraction du pain*: l'eucharistie nous plonge dans la vie trinitaire, nous fait entrer plus profondément dans la communion avec la Trinité. Nous sommes appelés à la conversion (pénitence) et à la *réconciliation*: nous avons brisé, par le péché, l'unité avec Dieu et avec l'Église. Nous sommes invités maintenant à reconquérir l'amitié, à revenir à la communion et à nous enrichir de nouveau par une plus profonde communication de vie trinitaire. L'*onction des malades* nous insère davantage dans la communauté des croyants et nous prépare à la communion immédiate et définitive avec la Trinité.

Le mystère sacramentel de l'Église – du baptême au sacrement des malades – nous introduit dans la vie trinitaire, nous fait acquérir en elle une plus grande maturité pour devenir ses témoins et nous prépare à la vision bienheureuse de la Trinité.

3. L'Église comme temple de la Trinité

Très brièvement, je veux indiquer, pour qu'ils soient approfondis plus tard dans la méditation personnelle, les points suivants qui se réfèrent à un thème d'importance primordiale pour notre vie spirituelle et pour la réflexion que nous essayons de faire sur l'Église: l'Église, comme communauté des chrétiens habités par l'Esprit Saint, est tout entière temple de la Trinité.

En différentes occasions, le concile nous présente cette fameuse trilogie: « Peuple de Dieu, Corps du Christ, Temple de l'Esprit Saint. »

Saint Paul se réfère à la communauté tout entière des chrétiens – non seulement à chacun d'eux comme personne – quand il écrit: « Ne savez-vous pas que vous êtes le temple de Dieu et que l'Esprit de Dieu habite en vous? Si quelqu'un détruit le temple de Dieu, Dieu le détruira. Car le temple de Dieu est saint et ce temple, c'est vous » (1 Co 3, 16-17). Il est évident qu'ici saint Paul parle de l'Église de Dieu qui se construit à Corinthe comme temple sacré de l'Esprit, et qui a commencé par la semence de la prédication jetée en terre par l'Apôtre, arrosée par Apollos et menée à la croissance par Dieu lui-même. Paul dit que ce temple est sacré et qu'il peut être détruit. Comment? Ou par les divisions intestines de la communauté chrétienne, ou parce que les disciples ne s'appuient pas suffisamment sur l'unique fondement, Jésus Christ, ou parce que les « serviteurs » et « collaborateurs » de Dieu ne construisent pas, avec des matériaux solides et précieux, sur la seule pierre angulaire, le Christ.

Il s'agit ici de l'efficacité et de l'unité, de la fécondité et de la communion, du service ou ministère apostolique. Il revient aux apôtres – à nous, maintenant, en tant que leurs successeurs – de travailler « le champ de Dieu » et de construire « l'édifice de Dieu » (1 Co 3, 5-18). Il nous revient de former et de présider la communauté chrétienne comme temple de la Trinité, habité par l'Esprit, construit sur le roc qu'est le Christ, dédié à la gloire du Père.

C'est là aussi le sens des très belles paroles de saint Pierre à tous ceux qui ont été «élus selon le dessein de Dieu le Père, par la sanctification de l'Esprit, pour obéir à Jésus Christ et avoir part à l'aspersion de son sang» (1 P 1, 2), c'est-à-dire à tous ceux qui ont été «convoqués» pour former l'Église comme communauté de foi, d'espérance et d'amour. L'apôtre leur dit: «C'est en vous approchant de lui, pierre vivante, rejetée par les hommes mais choisie et précieuse devant Dieu, que vous aussi, comme des pierres vivantes, vous êtes édifiés en maison spirituelle, pour constituer une sainte communauté sacerdotale, pour offrir des sacrifices spirituels agréables à Dieu par Jésus Christ» (1 P 2, 4-5).

Comme Église, «nous sommes, nous, le temple du Dieu vivant, comme Dieu l'a dit: ‹Au milieu d'eux, j'habiterai et je marcherai, je serai leur Dieu et ils seront mon peuple›» (2 Co 6, 16).

Ailleurs, saint Paul ne s'adresse pas directement à la communauté, mais bien à ceux qui, personnellement, la composent: «Ne savez-vous pas que votre corps est le temple du Saint-Esprit qui est en vous et qui vient de Dieu?» (1 Co 6, 19). En conséquence, conclut l'Apôtre, nos corps ne nous appartiennent pas et ils doivent glorifier Dieu par leur pureté. Il existe un texte qui relie l'habitation de l'Esprit en nous à la glorification définitive: «Si l'Esprit de celui qui a ressuscité Jésus d'entre les morts habite en vous, celui qui a ressuscité Jésus d'entre les morts donnera aussi la vie à vos corps mortels, par son Esprit qui habite en vous» (Rm 8, 11).

Nous pouvons synthétiser brièvement la magnifique et profonde doctrine concernant l'Église comme temple de la Trinité: c'est toute la communauté chrétienne, habitée par le Père, le Fils et l'Esprit Saint, par le moyen de la grâce, de la foi, de la charité. Mais cette «inhabitation» de la Trinité rejoint la totalité du mystère de l'Église, et par conséquent, sa nature intime et toute sa structure visible, sacramentelle, institutionnelle. Il n'y a pas deux Églises: une habitée par l'Esprit Saint et l'autre gouvernée par les hommes. Il existe une unique épouse du Christ, qui prolonge mystérieusement son incarnation rédemptrice; tout entière, dans sa structure visible et limitée et dans sa mystérieuse réalité intérieure, elle est temple de la Trinité. Qui l'attaque ou la nie en l'un quelconque de ses aspects détruit le temple sacré de Dieu. En somme, il se détruit lui-même.

La *fidélité essentielle* de l'Église à la Parole de Dieu l'ouvre à la « source de l'amour » du Père et rend possible l'habitation de la Trinité en nous et dans la communauté chrétienne. « Si quelqu'un m'aime, il observera ma parole, et mon Père l'aimera ; nous viendrons à lui et nous établirons chez lui notre demeure » (Jn 14, 23). Comme Dieu se fait proche des humains, comme il se fait intime ! Mais tout dépend de notre fidélité, simple et quotidienne, à l'amour.

Le *ministère apostolique* (nous l'avons rappelé plus haut) construit le temple de Dieu, dans l'Esprit. Pour cela, il est nécessaire que les « serviteurs » – prêtres et évêques – « président » à l'amour et vivent généreusement « dans la sincérité de l'amour ». Ce qui suppose de mourir à soi-même et de vivre exclusivement pour Dieu dans le service évangélique des frères et des sœurs. Qui pense à soi et vit pour soi ne construit pas, dans la communion, le temple de la Trinité. Nous devons nous oublier – mourir à nous-mêmes – pour contempler Dieu dans les autres, pour sauver les autres en Dieu. « Puisque, par miséricorde, nous détenons ce ministère, nous ne perdons pas courage. Nous avons dit non aux procédés secrets et honteux, nous nous conduisons sans fourberie, et nous ne falsifions pas la parole de Dieu ; bien au contraire, c'est en manifestant la vérité que nous cherchons à gagner la confiance de tous les hommes en présence de Dieu » (2 Co 4, 1-2). Dieu nous a constitués ses *« collaborateurs »* (1 Co 3, 9) pour élever dans l'Église le temple de la Trinité, étant les « serviteurs » de tous par amour pour Jésus Christ (2 Co 4, 5). Nous sommes les ministres du Seigneur dans la Nouvelle Alliance de l'Esprit. « Si quelqu'un est en Christ, il est une nouvelle créature. Le monde ancien est passé, voici qu'une réalité nouvelle est là » (2 Co 5, 17).

La *vie nouvelle dans l'Esprit* fait que l'Esprit de Dieu *habite* en nous (Rm 8, 9-11), que le Christ *vit* en nous (Rm 8, 10 ; Ga 2, 20) et *habite en nos cœurs par la foi* (Ép 2, 17), et que le Père nous ressuscite dans le Christ par l'Esprit (Rm 8, 11). Puisque nous sommes renés à une vie nouvelle « par l'eau et l'Esprit » (Jn 3, 5), il habite à l'intime de nous-mêmes, l'Esprit de fils adoptifs qui nous fait appeler Dieu « Abba », c'est-à-dire « Père » (Rm 8, 15 ; Ga 4, 6), faisant de nous les héritiers de Dieu et les cohéritiers du Christ.

À l'intérieur d'une Église, temple de la Trinité, chaque membre salue ses frères et ses sœurs de ce souhait trinitaire, simple et signifiant : « La grâce du Seigneur Jésus Christ, l'amour de Dieu, et la communion du Saint-Esprit soient avec vous tous ! » (2 Co 13, 13).

Comme toujours, tournons les yeux vers Marie. Nous la voyons plus belle que jamais : l'œuvre la plus parfaite de la Trinité, après l'humanité de Jésus. Nous la sentons plus proche que jamais : elle vit en nous, adorant en silence la Trinité. Dieu a mis en elle ses délices, il l'a constituée temple vivant de son Fils, il en a fait, mystérieusement, l'épouse de l'Esprit Saint. Il n'a jamais existé une créature égale – pleine de grâce, de foi, d'amour – où la Trinité sainte ait posé plus dignement le regard. Le Dieu trois fois saint a habité pleinement en elle et l'a préparée pour la vision consommée de la Trinité. Il convient de penser qu'en Marie, surtout, la très sainte Trinité réside en son commencement et en son terme. Temple privilégié de la Trinité, Marie est, pour cette raison, « image et commencement de ce que sera l'Église en sa forme achevée ».

Le Père en fait un objet de « prédilection » dans l'amour : « Sois joyeuse, toi qui as la faveur de Dieu, le Seigneur est avec toi » (Lc 1, 28). « L'Esprit Saint la couvre de son ombre. » Conséquemment, le « saint » qui naîtra d'elle « sera appelé Fils de Dieu » (Lc 1, 35). Telle est sa prérogative et sa dignité : « être la mère du Fils de Dieu, la fille préférée du Père et le temple de l'Esprit Saint » (LG 53).

Dans le silence contemplatif et attentif de Marie, adorons la Trinité et communiquons au monde le fruit du salut, de la joie et de la paix.

VIII

Église-communion

« Notre communion est communion
avec le Père et avec son Fils, Jésus Christ.»
(1 Jn 1, 3)

Textes : 1 Co 12, 4-30 ; Ép 4, 1-16 ; Rm 12.

Aujourd'hui, nous méditerons sur l'Église-communion ; l'Église est essentiellement, *koinonia,* c'est-à-dire communion. Le concile la définit comme « un sacrement ou, si l'on veut, un signe et un moyen d'opérer l'union intime avec Dieu et l'unité de tout le genre humain » (LG 1).

Saint Jean, dans le prologue de sa première lettre, décrit la Parole de vie qui était auprès de Dieu (« tournée vers le Père »), le Verbe que nous avons vu de nos yeux, que nous avons contemplé, que nos mains ont touché ; le Verbe de vie qui s'est manifesté pour que nous voyions et rendions témoignage, pour que nous l'annoncions à d'autres afin qu'eux aussi entrent en communion avec nous (les témoins) et que notre communion soit avec le Père et son Fils, Jésus Christ. Au centre de cette communion se trouve le Christ, venu nous réconcilier avec le Père et nous communiquer le don de son Esprit. Tout cela nous est révélé pour que notre joie soit complète (*cf.* Jn 1, 1-4).

C'est la joie de la proximité de Dieu (de l'Emmanuel: du « Dieu-avec-nous »), la joie de la contemplation et du témoignage, la joie de la communion. L'Église est essentiellement communion.

Jamais on n'a autant parlé de communion dans l'Église qu'aujourd'hui; jamais ne se sont autant multipliées les divisions, jamais les tensions n'ont été aussi fortes et aussi irréductibles.

Mais le Seigneur nous a créés pour la joie de la communion. Prêtres, il nous a appelés pour que nous formions la communion et que nous y présidions. C'est là notre identité et notre mission: nous sommes les ministres, les serviteurs, de la communion ecclésiale. Précisément à cause de cela, nous devons apprendre à mourir: la communion ne se construit qu'à partir d'une mort. Le Christ nous réconcilie « par le sang de sa croix » (Col 1, 20).

Revenons à l'Église mystère de communion. Pour guider notre méditation, je propose trois textes connus de tous: 1 Co 12, 4-30; Ép 4, 1-16; Rm 12. Ce sont des textes très riches de doctrine et remplis de conséquences, morales et spirituelles, claires.

Abordons le premier (1 Co 12, 4-30). Saint Paul écrit à une communauté divisée et vivant des tensions douloureuses:

- à propos des dirigeants: Paul, Apollos, Pierre, le Christ... (*cf.* 1 Co 1). « Peut-être le Christ est-il divisé? Peut-être Paul a-t-il été crucifié pour vous? » Cet esprit de parti a toujours existé dans l'Église et continue de lui causer beaucoup de tort. Le Christ seul mérite d'être suivi et écouté, seul il mérite qu'on meure pour lui;
- à propos des états de vie: mariage et virginité (1 Co 7);
- à propos des charismes (1 Co 12).

C'est une situation très fréquente et très douloureuse, dans notre Église. Il y a des gens qui croient posséder la plénitude du charisme, qui se sentent maîtres de la vérité et de Jésus Christ, champions de la foi et de l'orthodoxie. Ce sont des personnes avec qui il est impossible de vivre ou de dialoguer parce qu'elles sont la négation même de la communion.

La *koinonia* est essentielle à l'Église. Nous ne ferons pas, toutefois, une analyse technique de la communion. Nous signalerons seulement sa *réalité* (ses niveaux), son *principe intérieur* et ses *exigences* ou fruits.

Fondamentalement, la communion nous est présentée dans :

a) *l'allégorie de la vigne* (Jn 15). Les discours de la dernière Cène et la prière sacerdotale expriment une même chose : ils sont une révélation de la communion, une invitation à la communion, une requête de communion. On trouve exprimées ici l'intimité, la fécondité et la force unitive de l'amour. La communion exige une profonde immanence à Jésus : « Demeurez en moi comme je demeure en vous » (Jn 15, 4). « Comme le Père m'a aimé, moi aussi je vous ai aimés : demeurez dans mon amour » (Jn 15, 9) ;

b) *l'analogie du corps* (1 Co 12) : unité, diversité, participation solidaire. Tous, « vous êtes le corps du Christ » (1 Co 12, 27). La communion exige une profonde activité de la part de l'Esprit qui nous unit à la Tête : « Car nous avons tous été baptisés dans un seul Esprit pour être un seul corps [...] Nous avons tous été abreuvés d'un seul Esprit » (1 Co 12, 13) ;

c) *la réalité du Peuple de Dieu :* « Je deviendrai un Dieu pour eux, et eux, ils deviendront un peuple pour moi » (Jr 31, 33). La communion exige fidélité à l'alliance.

« En effet, le corps est un, et pourtant il y a plusieurs membres ; mais tous les membres du corps, malgré leur nombre, ne forment qu'un seul corps : il en est de même du Christ » (1 Co 12, 12).

L'essentiel dans le texte de saint Paul est ce qui suit :

- la diversité des charismes et des fonctions (le pluralisme des membres);
- l'harmonie fondamentale dans l'Esprit;
- la coresponsabilité et la participation active de tous: « Il y a donc plusieurs membres, mais un seul corps. L'œil ne peut dire à la main: ‹Je n'ai pas besoin de toi›, ni la tête dire aux pieds: ‹Je n'ai pas besoin de vous› » (1 Co 12, 20-21).

Ils sont variés, les dons attribués gratuitement par l'Esprit pour l'édification du Corps même du Christ. La réalité mystérieuse d'une Église-communion suppose nécessairement cette très riche diversité (le pluralisme dans l'unité est légitime) et exige une harmonie fondamentale dans l'Esprit et une active participation de tous les membres dans l'Église. Il est important d'insister sur ce sens de la coresponsabilité qui fonde le dialogue et l'intercommunication entre les différents membres. « L'œil ne peut dire à la main: ‹Je n'ai pas besoin de toi.› » Le prêtre ne peut dire aux laïcs: « Je n'ai pas besoin de vous. » L'évêque ne peut dire à ses prêtres: « Je n'ai pas besoin de vous. » La communion dans l'Église exige la solidarité de tous et la réponse généreuse de chacun. C'est la richesse, la fécondité et la joie de la communion ecclésiale.

Il y a encore quelque chose: « La Tête (le Christ) ne peut nous dire: ‹Je n'ai pas besoin de vous.› » Nous sommes maintenant, par une mystérieuse volonté du Père, instruments du salut. C'est notre grandeur et notre responsabilité. Dieu a créé le monde, mais il a laissé aux humains la responsabilité de continuer la création. Le Christ a racheté le monde, le réconciliant avec le Père, mais il a ensuite invité les hommes à participer à son œuvre de re-création. Personne ne se sauve maintenant si ce n'est par le Christ (Ac 4, 12). Mais le Christ ne sauve, normalement, qu'à travers notre généreux zèle apostolique.

1. La réalité de la communion

« Christi populus non potest scindi » (saint Cyprien, *De UE* 7). « Le Peuple de Dieu ne peut être divisé. » Il existe des tensions positives dans l'Église qui font croître le Corps

du Christ jusqu'à sa maturité, mais il existe aussi des tensions inutiles et négatives (qui procèdent de la superficialité et de l'égoïsme) qui détruisent ou paralysent l'Église. Personne ne peut affirmer être le seul à vivre la pleine fidélité évangélique. La communion suppose un grand dépouillement et un grand oubli de soi-même, un sentiment radical de pauvreté, une certaine insécurité personnelle qui nous porte à prier, à consulter, à demander de l'aide.

Mais, *qu'est-ce que vivre en communion?* C'est faire l'expérience de la joie et de la fécondité de l'Esprit qui construit lui-même l'Église du Christ:

– par le *ministère des apôtres et l'action animatrice de l'Esprit Saint.* Ce sont les deux principes avec lesquels le Christ édifie son Église: l'Esprit Saint habite et anime la communauté ecclésiale, intégrée « dans la construction qui a pour fondement les apôtres et les prophètes, et Jésus Christ lui-même comme pierre maîtresse » (Ép 2, 20). Aujourd'hui, on parle trop superficiellement de l'Église institutionnelle comme opposée à l'Église du charisme, comme si ce n'était pas le même Christ qui a fondé l'Église sur la foi et l'amour de Pierre et du collège apostolique, et qui a envoyé, d'auprès du Père, l'Esprit qui l'animerait;

– avec *des fonctions et des charismes différents.* Nous devons rendre grâce au Seigneur quand nous rencontrons un véritable charisme; c'est un don de l'Esprit que nous devons recevoir avec pauvreté et offrir aux autres, « en vue du bien de tous » (1 Co 12, 7), avec générosité et joie: « N'éteignez pas l'Esprit, ne méprisez pas les dons de prophétie; examinez tout avec discernement: retenez ce qui est bon » (1 Th 5, 19-21);

– dans *divers peuples et continents.* Qu'il est bon de penser, en ces jours, à la merveilleuse unité de l'Église universelle représentée parmi nous! Ici, nous sommes réunis, prêtres, évêques et cardinaux, provenant de peuples divers et de cultures différentes, pour prier en union avec notre Père commun, pour accueillir, unis au pape, principe visible de communion dans l'Église universelle, la même Parole du Seigneur. L'Église du Christ qui vit à Rome est la même

Église de Dieu qui chemine à Paris ou à Mar del Plata. Il est bon de penser à la physionomie propre de chaque Église particulière et à sa vocation propre ! Il s'agit de pénétrer l'identité de chaque Église particulière et de découvrir la réalisation progressive en chacune de l'Église universelle ;

– héritant de la *richesse du passé,* vivant intensément le *présent* et préparant avec responsabilité l'*avenir.* C'est la continuité, par l'œuvre constamment nouvelle de l'Esprit, dans l'unique Église du Christ. Nous ne commençons pas maintenant une Église totalement originale, totalement neuve. L'Église de Vatican II est substantiellement identique à celle de Vatican I et à celle de Trente ; mais il y a une œuvre d'intériorisation et de plénitude par laquelle l'Esprit de Dieu fait resplendir, plus simple et plus lumineux, le visage du Christ, lumière des peuples sur l'Église de toujours.

Nous pouvons maintenant considérer les *trois moments* de la communion dans le Christ et dans son Église : l'Incarnation rédemptrice, le Mystère pascal et la Pentecôte.

L'Incarnation rédemptrice : « Le Verbe s'est fait chair et il a habité parmi nous » (Jn 1, 14). Ainsi commence le mystère d'une communion salvatrice très profonde entre Dieu et l'être humain. Marie est au centre de cette communion : « Le nœud de la désobéissance d'Ève a été dénoué par l'obéissance de Marie ; ce que la vierge Ève lia par son incrédulité, la foi de la vierge Marie le délia » (saint Irénée ; *cf.* LG 56). Le Christ vient au monde comme « alliance de la multitude et lumière des nations » (És 42, 6), comme communion et prophétie. Il vient comme « médiateur d'une meilleure alliance » (Hé 8, 6). Dieu est dans le Christ « réconciliant le monde avec lui-même » (2 Co 5, 19). La réalité du Christ, « Sauveur du monde » (Jn 4, 42), se prolonge dans le mystère de l'Église, « sacrement universel du salut ». En elle aussi, nous les prêtres, particulièrement, nous sommes établis comme serviteurs de la communion et prophètes des nations.

Le Mystère pascal : « En lui (dans le Christ), par son sang, nous sommes délivrés, en lui, nos fautes sont pardonnées, selon la richesse de sa grâce » (Ép 1, 7). Le Mystère pascal de Jésus est, par définition, le mystère de la «Nouvelle Alliance» en son sang (1 Co 11, 25). Ainsi se noue indéfectiblement la communion entre l'humanité et Dieu. Le Christ «est notre paix: de ce qui était divisé, il a fait une unité. Dans sa chair, il a détruit le mur de séparation: la haine [...] pour créer en lui un seul homme nouveau, en établissant la paix, et les réconcilier avec Dieu tous les deux [les Juifs et les païens] en un seul corps, au moyen de la croix» (Ép 2, 14-16). Grâce au Christ, «les uns et les autres, dans un seul Esprit, nous avons accès auprès du Père» (Ép 2, 18). Le moment central et le plus fort de notre communion, c'est la croix. Pour cette raison, l'Église, quand elle célèbre, dans l'eucharistie, la Pâque de Jésus, vit le moment le plus profond et le plus fécond de sa communion. Et elle exige que nous soyons des personnes de communion: «Celui qui mangera le pain ou boira la coupe du Seigneur indignement se rendra coupable envers le corps et le sang du Seigneur» (1 Co 11, 27).

La Pentecôte: «Ils furent tous remplis d'Esprit Saint et se mirent à parler d'autres langues» (Ac 2, 4). La Pentecôte – plénitude de la Pâque – est le mystère de l'unité et de la communion (à l'opposé de la dispersion et de la confusion de Babel), mystère d'une Église pleinement envahie par l'Esprit d'amour qui fait que la multitude n'ait plus «qu'un cœur et qu'une âme» (Ac 4, 32) et que la première communauté chrétienne se caractérise par sa fidélité commune «à l'enseignement des apôtres, à la communion, à la fraction du pain et aux prières» (Ac 2, 42). L'Église, devenue parfaite communion dans le Christ, par l'Esprit Saint, s'ouvre évangéliquement au monde, s'y insère de façon missionnaire et dépose, dans le cœur des humains, la Bonne Nouvelle du Royaume, les germes de la nouvelle création.

Cette communion, pour être vraie, doit se réaliser à trois niveaux: avec le Christ pascal, à l'intérieur du peuple sacerdotal, avec la totalité des humains et dans leur histoire.

a) *Avec le Christ de la Pâque:* «Demeurez en moi comme je demeure en vous» (Jn 15, 4). C'est la condition indispensable pour vivre et donner du fruit. La croissance de l'Église (son authentique rénovation) s'opère dans la mesure d'une configuration au Christ, progressive et profonde. La véritable vitalité de l'Église est sa sainteté, et celle-ci se réalise par l'action du Père, qui nous « a prédestinés à être conformes à l'image de son Fils, afin que celui-ci soit le premier-né d'une multitude de frères » (Rm 8, 29). C'est à toute l'Église – communauté de foi, d'espérance et d'amour – que s'applique l'expression de saint Paul : « Avec le Christ, je suis un crucifié ; je vis, mais ce n'est plus moi, c'est Christ qui vit en moi » (Ga 2, 19-20).

Vivre dans le Christ, vivre du Christ, vivre pour le Christ ! C'est là que doit commencer toute communion dans l'Église. Il faut passer par le Christ – qui est la porte (Jn 10, 9) –, par la Parole, la croix et l'Esprit. Personne ne peut vivre profondément dans le Christ si le Père ne lui en fait le don : « Nul ne peut venir à moi si le Père qui m'a envoyé ne l'attire » (Jn 6, 44). Pour cela, tant de pauvreté et de dépouillement intérieur sont nécessaires ! On vit dans le Christ par une foi informée par la charité (le Christ habite par la foi dans nos cœurs [Ép 3, 17]), par la profondeur de la contemplation, par la sérénité de la croix et par la fécondité de l'Esprit Saint. La communion dans l'Église, comme la communion salvatrice avec les humains et leur histoire, est un fruit de cette communion profonde avec le Christ de la Pâque, c'est-à-dire le fruit d'une insertion progressive dans la mort et la résurrection du Seigneur.

b) *À l'intérieur du peuple sacerdotal et prophétique de Dieu* (LG II). « La communauté chrétienne est signe de la présence de Dieu dans le monde » (AG 15). Nous sommes tous un unique Peuple de Dieu : nous avons en commun la dignité chrétienne de fils et de filles de Dieu, la vocation à la sainteté et la responsabilité apostolique. Saint Augustin, dans un très beau texte que le concile reproduit, nous dit : « Si ce que je suis pour vous m'effraie, être avec vous me console. Car pour vous je suis évêque et avec vous je suis chrétien. Le premier titre est celui de la dignité dont je suis revêtu, et le second, celui de la grâce. L'un ne me présente que des dangers, l'autre est pour moi un gage de salut » (*cf.* LG 31).

Il ne s'agit pas seulement d'une communion affective, mais de quelque chose de plus profond : d'une communion de mode sacramentel. Le baptême nous a faits membres d'un même peuple royal, sacerdotal et prophétique. Nous avons tous reçu un même Esprit d'adoption (Rm 8, 15), nous avons tous été oints par le Saint (1 Jn 2, 20).

Cette communion fraterno-sacramentelle suppose ce qui suit :

– découvrir *son identité spécifique* et être fidèle à sa vocation. Il ne s'agit pas d'uniformiser le Peuple de Dieu, ni d'annuler les charismes, ni de démocratiser l'Église. Le même Seigneur qui nous a donné son Esprit a fondé son Église sur le collège des apôtres présidé par Pierre. Chacun, dans le Corps du Christ qu'est l'Église, doit être fidèle à son charisme et à sa mission. Tout ce qu'accomplit un membre de l'Église doit être ecclésial, mais tout ce qui est ecclésial ne doit pas être réalisé également par chacun des membres de l'Église ; il y a quelque chose qui revient à l'évêque, ou au prêtre, ou au religieux, et quelque chose qui revient exclusivement au laïc. S'engager directement dans une tâche temporelle, sociale, économique ou politique, est normalement une exigence ecclésiale pour les laïcs ; pour les pasteurs, la responsabilité ecclésiale est autre ;

– découvrir, respecter et encourager *les charismes différents* (*cf.* LG 12) ;

– vivre dans la joie *la kénose du Christ* (Ph 2, 1-11). Cela est essentiel pour la communion. Si nous n'apprenons pas à mourir un peu chaque jour, nous ne bâtirons jamais la communion. Il faut mourir à soi-même pour naître dans le cœur des autres. De cette manière seulement se fait la communion véritable.

c) *Avec la totalité des humains et leur histoire* (*cf.* LG 16 ; GS 3). L'Église entre dans le monde comme « âme et ferment de la société » (GS 40). Mais il faut que l'Église soit vraiment Christ, c'est-à-dire sel, lumière, levain de Dieu. Elle ne doit pas être une Église désincarnée, en marge de l'histoire humaine, ni une Église identifiée au monde. La mission de l'Église n'est ni sociale ni politique, mais bien religieuse (GS 42); mais, justement parce qu'elle est religieuse, elle est, « par le fait même, pleinement humaine » (GS 11). Ce qui est évangélique a une dimension profondément humaine.

Une Église-communion vit dans une attitude contemplative permanente, dans la joie de la fraternité évangélique et dans un don généreux de soi aux frères et aux sœurs. Elle vit en Dieu, mais sans se désintéresser des humains. De la profondeur de la contemplation, elle s'insère de façon salvatrice dans l'histoire, lit les signes des temps, y découvre les traces de pas du Seigneur et construit activement le Règne de la vérité, de la justice et de l'amour.

2. Le principe de la communion

Évoquons brièvement l'action de l'Esprit Saint, qui est « principe d'unité dans la communion » (LG 13). Il est l'Esprit de sainteté et de vie, qui habite dans l'Église et dans le cœur des fidèles comme dans un temple; en eux, il prie et témoigne de leur adoption filiale, il dirige l'Église et l'enrichit de ses fruits, il la guide à la vérité tout entière et il la « réunit dans la communion et le ministère » (LG 4).

C'est l'Esprit qui nous conduit à une pleine intériorisation du mystère du Christ et de ses paroles, il est le « lien de la Trinité » et le nœud de la réconciliation. C'est lui, « don du Père et du Fils », qui répartit les dons comme il lui plaît et comme l'édification du Corps le requiert. Vivre en communion, c'est se laisser envahir par l'Esprit d'amour qui nous habite et nous unit. Il est le principe intérieur et irremplaçable de l'unité dans l'Église. Nous, qui avons été particulièrement oints par l'Esprit, dans l'ordination sacerdotale et épiscopale, nous sommes des signes visibles de l'Esprit en communion. À nous qui avons reçu le ministère sacerdotal est confiée, à des degrés divers, cette mission: être signes de l'Esprit Saint afin de réaliser la communion dans le Christ. En cela réside, essentiellement et concrètement, notre identité: le prêtre est l'homme choisi par le Christ et consacré par l'Esprit Saint pour bâtir la communion dans l'Église et y présider. Pour cette raison, il doit être, par définition, un homme de communion, un homme qui prie vraiment, qui aime avec sincérité et qui n'a pas peur de donner sa vie pour ses amis. Tout simplement, un homme de Dieu.

3. Exigences de la communion dans l'Église

Je voudrais indiquer schématiquement trois aspects qui se présentent comme exigences fondamentales de la communion.

Identité et pluralisme: chacun doit être fidèle à sa propre identité, à son être propre dans l'Église, à sa mission irremplaçable. Il faut découvrir les chemins authentiques de l'Esprit, offrir et recevoir, dans la pauvreté, des dons différents. Cela nous rappelle, comme nous le disions précédemment, que tout ce que nous faisons doit être ecclésial, mais que tout ce qui est ecclésial n'est pas nécessairement nôtre; il faut respecter et animer les champs particuliers avec leurs tâches obligatoires et exclusives. Tout est Église. Mais il y a une manière d'être Église pour un évêque et une autre pour le religieux; une manière pour le prêtre et une autre pour le laïc engagé. Un laïc appartenant à un institut séculier a aussi « sa façon propre d'être Église »: vivre à fond et avec joie sa « sécularité consacrée ». La communion ecclésiale est détruite quand les membres de l'Église oublient (ou subissent des pressions pour oublier) leur identité propre. Un religieux, par exemple, a du prix dans l'Église plus pour ce qu'il est que pour ce qu'il fait. Son identité comme « tel » religieux (contemplatif ou actif, dominicain, jésuite ou franciscain) doit être soulignée et vécue comme un don sacré de l'Esprit à l'Église.

Autorité et obéissance: ceci doit se comprendre dans le contexte dynamique de la communion. Il s'agit, en définitive, d'une fidélité sans réserve au plan de Dieu. Celui qui préside une communauté doit aider les membres à découvrir avec clarté les chemins du Seigneur et à les suivre avec fidélité. L'autorité est conçue comme un service d'animation et de communion. Elle est nécessaire dans l'Église, mais à la manière du Christ, qui « est venu non pour être servi, mais pour servir et donner sa vie en rançon pour la multitude » (Mt 20, 28). L'obéissance est une manière d'entrer, par des sentiers de foi et d'anéantissement, en communion avec la volonté de Dieu, à l'intérieur d'une communauté qui vit selon son plan. Autorité vécue comme service et obéissance mûre et responsable sont deux manières, complémentaires et indispensables, de vivre la communion.

Institution et charisme: l'Église est une communion organiquement structurée et animée intérieurement par l'Esprit. C'est le même Esprit qui anime l'Église et la rend essentiellement « sacrement » : signe visible et mystérieuse réalité divine. « La société constituée d'organes hiérarchiques et le Corps mystique du Christ, le groupement visible et la communauté spirituelle, l'Église terrestre et l'Église déjà pourvue des biens célestes, ne doivent pas être considérés comme deux entités; ils constituent bien plutôt une seule réalité complexe formée d'un élément humain et d'un élément divin. Ainsi, par une analogie qui n'est pas sans valeur, elle est comparable au mystère du Verbe incarné » (LG 8).

En terminant, interrogeons-nous sur les attitudes et les structures de communion dans l'Église. Nos attitudes sont-elles réellement de communion ? Est-ce qu'elles favorisent la communion, la créent ou l'expriment ? Vivons-nous authentiquement les trois niveaux de communion (avec le Christ, avec les autres membres du Peuple de Dieu, avec toutes les personnes de bonne volonté qui cherchent et espèrent) ? Demandons-nous aussi si nos structures officielles de communion dans l'Église (conseil presbytéral, conseil pastoral, synode) sont véritables, c'est-à-dire si elles sont profondément animées par l'Esprit Saint...

Toute la vie sacramentelle alimente notre communion : le baptême nous plonge dans le mystère pascal du Christ et nous incorpore dans la communauté ; la confirmation nous communique le don de l'Esprit et nous marque comme témoins de la communion ; l'ordre nous consacre au service de la communion ; le mariage est signe de la communion du Christ avec son Église ; l'onction des malades les réincorpore à la communauté ou les prépare à la communion définitive.

Marie nous invite à la communion. En elle, remplie de l'Esprit Saint, se réalise véritablement la communion: de Dieu avec l'être humain, de la contemplation avec le service, de la croix avec la joie de l'espérance. Réfugions-nous dans le cœur de Marie, nous y apprendrons à vivre, comme Église, en profonde communion avec le Christ, dans une véritable fraternité évangélique et en communion salvatrice avec nos frères et nos sœurs.

IX

Église en mission

« Comme mon Père m'a envoyé,
à mon tour je vous envoie. »
(Jn 20, 21)

Textes : Mt 28, 16-20 ; cf. Mc 16, 14-20.

À la fin de cette deuxième journée de nos exercices spirituels, de notre rencontre avec Jésus, nous allons méditer sur l'Église en mission. L'Église est essentiellement missionnaire. Nous pourrions dire, pour lier cette méditation à la précédente, que le thème de la mission découle directement de la communion : il s'agit d'une communion dynamique. De plus, le troisième niveau de la communion exige une insertion profonde et salvatrice dans le monde.

« Comme le Père m'a envoyé, à mon tour je vous envoie » (Jn 20, 21). La mission du Christ – par conséquent, la nôtre – suppose trois éléments : l'amour, l'universalité, l'onction de l'Esprit Saint. Jésus relie les deux affirmations suivantes : « Comme le Père m'a aimé, moi aussi je vous ai aimés » (Jn 15, 9) et « Comme mon Père m'a envoyé, à mon tour je vous envoie » (Jn 20, 21).

Dans sa prière sacerdotale, Jésus dit au Père: « Comme tu m'as envoyé dans le monde je les envoie dans le monde »(Jn 17, 18) et « Tu les as aimés comme tu m'as aimé » (Jn 17, 23).

L'amour est origine et source de la mission: « Dieu a tant aimé le monde qu'il a donné son Fils, son unique [...]. Dieu n'a pas envoyé son Fils dans le monde pour juger le monde, mais pour que le monde soit sauvé par lui » (Jn 3, 16-17). Pour notre mission, il est très important de savoir que nous sommes choisis par amour et envoyés au monde non pour détruire, mais pour édifier; non pour condamner, mais pour sauver.

La mission du Christ – donc la nôtre – est universelle: le Christ est venu sauver l'être humain tout entier et tous les humains.

Au début de la mission de Jésus, il y a l'onction de l'Esprit: « L'Esprit du Seigneur est sur moi parce qu'il m'a conféré l'onction pour annoncer la Bonne Nouvelle aux pauvres. Il m'a envoyé proclamer aux captifs la libération » (Lc 4, 18). Nous aussi, choisis par amour et envoyés pour annoncer au monde d'aujourd'hui la Bonne Nouvelle du salut, nous sommes « consacrés » et « animés » par l'Esprit Saint.

Éclairons cette méditation par le texte classique de la mission: Mt 28, 16-20 (*cf.* Mc 16, 14-20):

> *Quant aux onze disciples, ils se rendirent en Galilée, à la montagne où Jésus leur avait ordonné de se rendre. Quand ils le virent, ils se prosternèrent, mais quelques-uns eurent des doutes. Jésus s'approcha d'eux et leur adressa ces paroles: « Tout pouvoir m'a été donné au ciel et sur la terre. Allez donc: de toutes les nations faites des disciples, les baptisant au nom du Père et du Fils et du Saint Esprit, leur apprenant à garder tout ce que je vous ai prescrit. Et moi, je suis avec vous tous les jours jusqu'à la fin des temps »* (Mt 28, 16-20).

Il s'agit d'un texte éminemment *pascal*: c'est la dernière des manifestations du Christ ressuscité. Avant de monter vers le Père, Jésus confie sa propre mission à ses disciples « jusqu'à la fin des temps ».

Soulignons, dans ce texte (et en celui de Marc 16), les points suivants :

– c'est une *mission universelle* : « Allez par le monde entier, proclamez l'Évangile à toutes les créatures » (Mc 16, 15). C'est tout l'être humain, ce sont tous les humains, tous les peuples, tous les continents, qui doivent être évangélisés. À tous, la Bonne Nouvelle de Jésus doit être annoncée ;

– elle naît de *la souveraineté du Christ, le Seigneur* de l'histoire : « Tout pouvoir m'a été donné, au ciel et sur la terre. » C'est un fruit pascal de l'anéantissement du Christ : « C'est pourquoi Dieu l'a souverainement élevé [...] et toute langue confesse que le Seigneur, c'est Jésus Christ, à la gloire de Dieu le Père » (Ph 2, 9-11). Marc dira que « le Seigneur Jésus, après leur avoir parlé, fut enlevé au ciel et s'assit à la droite de Dieu » (Mc 16, 19) ;

– elle a un *sens fortement trinitaire* : la mission sera une annonce explicite de la Trinité, parce que toutes les nations seront baptisées « au nom du Père et du Fils et de l'Esprit Saint » ;

– elle renferme une *exigence de foi* : « Celui qui croira et sera baptisé sera sauvé, celui qui ne croira pas sera condamné » (Mc 16, 16). C'est le point central de la prédication de Jésus, depuis le début de son ministère : « Le temps est accompli, et le règne de Dieu s'est approché : convertissez-vous et croyez à l'Évangile » (Mc 1, 15). En somme, notre mission dans l'Église est d'annoncer explicitement Jésus et son Règne, de provoquer la conversion et d'inviter à la foi ;

– elle tend à l'*incorporation sacramentelle* à une communauté : « baptisez-les », « celui qui croira et sera baptisé ». Le salut se trouve à l'intérieur d'une communauté. Dieu, qui peut nous sauver individuellement, a voulu sanctifier et sauver les humains en constituant un Peuple (LG 9) ;

– elle assure une *présence permanente de Jésus* : « Je suis avec vous tous les jours jusqu'à la fin du monde. » Telle est la sécurité consolante de tous les envoyés. Quand Dieu confie une mission (Abraham, Moïse, David, les prophètes, Marie, Paul), il engage toujours sa présence mystérieuse et efficace : « Va où je t'envoie ; je vais avec toi. » Quelle sérénité pour les missions difficiles ! Mais, en même temps, quelle responsabilité ! Le Christ vit et agit dans l'Église. Il faut le laisser transparaître et travailler. Que ce soit lui, dans son Église, le premier évangélisateur, l'envoyé du Père pour le salut du monde.

L'Église de la Pâque est essentiellement missionnaire. Quand, à la plénitude de la Pâque – à la Pentecôte –, l'Esprit Saint descend sur les disciples réunis avec Marie, la Mère de Jésus, l'Église missionnaire se forme. Les apôtres furent remplis de l'Esprit Saint, ils sortirent du cénacle, s'engagèrent dans le monde et commencèrent à proclamer, en diverses langues, « les merveilles de Dieu » (Ac 2, 11). Le miracle de la Pentecôte – nous l'avons déjà rappelé – produit ces trois fruits : la conversion définitive des apôtres, la formation d'une vraie communauté chrétienne et le dynamisme missionnaire de l'Église. Parler d'une Église en mission, c'est, pour cette raison, parler de la Pentecôte, évoquer l'Esprit Saint.

Quand nous traitons d'une Église missionnaire, nous devons avoir trois choses présentes à l'esprit :

– un *Christ* qui l'*envoie* et qui *vit* en elle. L'Église ne peut dévier de sa mission. Elle doit être fidèle à son envoi. « Partout où je t'envoie, tu y vas ; tout ce que je te commande, tu le dis ; n'aie peur de personne : je suis avec toi [...]. Ainsi, je mets mes paroles dans ta bouche » (Jr 1, 7-9). C'est la fidélité foncière du Fils envers son Père : « Mon enseignement ne vient pas de moi mais de celui qui m'a envoyé » (Jn 7, 16). « Je ne fais rien de moi-même : je dis ce que le Père m'a enseigné. Celui qui m'a envoyé est avec moi : il ne m'a pas laissé seul, parce que je fais toujours ce qui lui plaît » (Jn 8, 28-29). Cela procure une grande sécurité à l'envoyé – mais cela lui impose aussi une terrible responsabilité – de savoir que sa mission doit se réduire à transmettre une présence et un message reçus. Le Christ est, à la fois, notre sécurité, notre richesse et notre limite. Le Christ entier, le Christ seul ;

– un *monde concret* (personnes et peuples) qui attend le *salut intégral*, la libération complète, dans le Christ. Cela exige de nous une fidélité dynamique – et, parfois, porteuse de risques et remplie de la force de l'Esprit – à la situation nouvelle, difficile et pleine d'espérance, que vivent nos peuples. Ce sont des personnes de cultures différentes. Une Église missionnaire doit être fidèlement attentive à cette diversité, et maintenir, en même temps, son inébranlable fidélité à Jésus Christ;

– une *tâche précise*: annonce explicite du Royaume qui provoque une conversion et appelle à la foi. C'est le sens profond de l'*évangélisation*: proclamer ouvertement Jésus et les exigences radicales de son Royaume.

Quand nous parlons d'une *Église en mission*, nous l'entendons en deux sens, intimement liés et complémentaires: nous parlons d'une Église « envoyée » et de « la mission évangélisatrice » de l'Église.

Je m'arrêterai maintenant à trois points: le Christ, « l'envoyé du Père »; l'Église, envoyée par le Christ, et les exigences de la mission.

1. Le Christ, « l'envoyé du Père »

C'est un thème fréquent en saint Jean: « le Père m'a envoyé »; depuis le commencement: « Dieu n'a pas envoyé son Fils dans le monde pour juger le monde, mais pour que le monde soit sauvé par lui » (Jn 3, 17). « Ma nourriture, c'est de faire la volonté de celui qui m'a envoyé » (Jn 4, 34). « Je ne suis pas venu de moi-même. Celui qui m'a envoyé est véridique [...]. Moi, je le connais parce que je viens d'auprès de lui et qu'il m'a envoyé » (Jn 7, 28-29). À la fin de sa vie, Jésus décrira ainsi le secret de la vie éternelle: « [...] c'est qu'ils te connaissent, toi, le seul vrai Dieu, et celui que tu as envoyé, Jésus Christ » (Jn 17, 3).

Pénétrons un peu plus avant dans ce mystère du Christ oint par l'Esprit, envoyé pour le salut intégral de l'être humain, se mouvant constamment dans la sphère du Père.

a) *Le Christ, oint par l'Esprit:* au commencement de la mission de Jésus, se situe une profonde et très spéciale consécration de l'Esprit. Déjà, le prophète Ésaïe le présentait comme «l'oint» de l'Esprit, envoyé par le Seigneur pour «porter le joyeux message aux humiliés, panser ceux qui ont le cœur brisé, proclamer aux captifs l'évasion, aux prisonniers l'éblouissement» (És 61, 1; Lc 4, 18; És 42, 1). C'est l'Esprit qui couvre de son ombre le sein virginal de Marie, de qui naîtra le Saint (Lc 1, 35). C'est l'Esprit qui se manifestera, au baptême, sous la forme d'une colombe (Lc 2, 32), quand Jésus sera sur le point de commencer son ministère apostolique. C'est l'Esprit qui marque la spontanéité personnelle avec laquelle le Seigneur s'achemine vers sa propre immolation (Hé 9, 14). Trois moments clefs de la vie de Jésus – incarnation, théophanie du Jourdain, Mystère pascal –, fortement marqués par une présence particulière de l'Esprit Saint. Toute la vie et toutes les activités du Seigneur sont placées sous la conduite de l'Esprit: le désert, la mission, la croix. «Jésus, rempli de l'Esprit Saint, revint du Jourdain et il était dans le désert, conduit par l'Esprit» (Lc 4, 14). «Il exulta sous l'action de l'Esprit Saint et dit: ‹Je te loue, Père, Seigneur du ciel et de la terre›» (Lc 10, 21).

On ne peut concevoir la mission de Jésus sans cette forte action de l'Esprit. Dans la vie personnelle et dans la tâche apostolique de toute personne vraiment «envoyée par le Père», comme Jésus, il doit y avoir une action profondément rénovatrice de l'Esprit Saint. Notre mission dans l'Église – pour le salut du monde – est valable dans la mesure où elle naît de la volonté du Père et se poursuit sous la conduite de l'Esprit. De cette façon seulement nous sommes «missionnaires de Dieu» pour le bien des humains.

b) *Pour le salut intégral.* Il est essentiel de concevoir la mission de Jésus dans le contexte du salut universel et du salut intégral de l'être humain. Jésus n'est pas venu pour être un révolutionnaire politique ou un agitateur de masses; Jésus est venu pour nous donner la vie en abondance (Jn 10, 10), pour nous conduire au Père, pour nous rendre immensément heureux dans la connaissance expérimentale de la Bonne Nouvelle du Royaume, pour nous arracher à l'esclavage du péché et de la mort, pour nous rendre définitivement libres (Ga 5, 1). Justement pour cela, Jésus assuma, dans son incarnation, tout l'humain, excepté le péché, et le racheta sur la croix. Jésus a profondément aimé l'être humain. Les trois amis de Béthanie (Marthe, Marie et Lazare) ne sont pas des cas isolés, ni la femme pécheresse, ni le jeune homme riche, ni les trois apôtres de prédilection (Pierre, Jacques et Jean). Jésus a intensément aimé l'être humain, tous les humains. Il avait une affection spéciale pour les enfants, les pauvres, les malades et les pécheurs, mais il aimait intensément tout le monde. C'est qu'il était venu pour nous sauver tous, intégralement: âme et corps, temps et éternité.

Pour comprendre le Christ, « l'envoyé du Père », il faut partir de ses propres paroles à Nicodème: « Dieu a tant aimé le monde qu'il a donné son Fils, son unique, pour que tout homme qui croit en lui ne périsse pas mais ait la vie éternelle. Car Dieu n'a pas envoyé son Fils pour juger le monde, mais pour que le monde soit sauvé par lui » (Jn 3, 16-17). La mission du Fils procède de l'amour du Père: il est envoyé pour sauver, non pour condamner.

Le sens même du nom de Jésus indique déjà, dans la bouche de l'ange, sa mission: « Tu lui donneras le nom de Jésus, car c'est lui qui sauvera son peuple de ses péchés » (Mt 1, 21). Jean le Baptiste le désigne comme celui « qui enlève le péché du monde » (Jn 1, 29).

Jésus est venu nous apporter le salut intégral: il prêche le Règne de Dieu aux foules qui le suivent et se préoccupe de multiplier les pains pour elles afin d'apaiser leur faim; quand on lui présente un paralytique, en le descendant par le toit, il guérit d'abord son âme: « Confiance, mon fils, tes péchés te sont pardonnés », mais, immédiatement, il guérit aussi son corps: « Lève-toi, prends ta civière et va dans ta maison » (Mt 9, 1-8). C'est l'être humain tout entier qui doit être sauvé. Les foules s'approchent « pour l'entendre et se faire guérir de leurs maladies » (Lc 6, 18). Le Christ se charge de bien centrer sa mission; ce qui importe, en définitive, c'est la vie éternelle et la gloire du Père. Le texte de

Luc est très éloquent: « On parlait de lui de plus en plus et de grandes foules s'assemblaient pour l'entendre et se faire guérir de leurs maladies. Et lui se retirait dans les lieux déserts, et il priait » (Jn 5, 15-16). Dans sa mission salvatrice – qui comprend l'annonce explicite de la Bonne Nouvelle –, Jésus nous enseigne la primauté du Père, du Règne, de la prière.

Le même schéma de salut global – avec la primauté de la prière et de l'intimité avec le Christ – préside à l'élection et à la mission des apôtres: « Il monte dans la montagne et il appelle ceux qu'il voulait. Ils vinrent à lui et il en établit douze pour être avec lui et pour les envoyer prêcher avec pouvoir de chasser les démons » (Mc 3, 13-15). Les disciples de Jésus devront prêcher et guérir les infirmes, mais, en même temps, ils devront vivre dans une prière incessante, « tournés vers le Père ».

c) *Dans la sphère du Père.* La mission salvatrice de Jésus se déroule précisément de la façon suivante: tout se fait en la présence adorable du Père. La vie et la mission de Jésus restent définitivement inscrites dans les mystérieuses paroles de l'adolescent perdu et retrouvé dans le Temple: « Ne saviez-vous pas qu'il me faut être chez mon Père ? (Lc 2, 49). Jamais Jésus ne s'écarte du cadre de la volonté du Père. Sa doctrine n'est pas de lui mais du Père. Sa mission, il ne l'invente pas, il la reçoit du Père. D'où nous voyons que Jésus se meut constamment dans le champ de la volonté du Père: « Ma nourriture, c'est de faire la volonté de celui qui m'a envoyé et d'accomplir son œuvre » (Jn 4, 34). « Moi, je ne puis rien faire de moi-même: je juge selon ce que j'entends et mon jugement est juste parce que je ne cherche pas ma volonté, mais la volonté de celui qui m'a envoyé » (Jn 5, 30). « Je suis descendu du ciel pour faire, non pas ma propre volonté, mais la volonté de celui qui m'a envoyé » (Jn 6, 38; *cf.* de plus, d'autres textes comme Jn 7, 16-18; 8, 22-29; 12, 44-50).

Il est indispensable de comprendre cela pour notre mission dans l'Église. Nous n'inventons pas nous-mêmes la doctrine ni la prophétie; nous les transmettons simplement, après avoir assimilé intimement la doctrine et la parole de

Jésus. Nous pouvons leur prêter notre accent, mais nous ne pouvons pas les modifier. Nous ne pouvons pas davantage changer notre mission essentielle d'évangélisation et de salut intégral ; il faut mourir à nos propres goûts et aux pressions qui peuvent nous venir du dehors, pour demeurer inébranlablement fidèles à la mission reçue. Nous ne pouvons la modifier, comme nous ne pouvons la cacher, ni la limiter. À la fin de notre vie, nous pourrons dire, comme le Seigneur : « Père, je t'ai glorifié sur la terre, j'ai achevé l'œuvre que tu m'avais donné à faire » (Jn 17, 4). Comme Jésus, nous aussi nous pourrons passer sereinement de ce monde au Père, si nous avons conscience d'avoir été fidèles : « Tout est achevé » (Jn 19, 30).

Mais le fait, pour Jésus, de se mouvoir dans la sphère exclusive du Père suppose une immanence vitale et continue au Père, un « face à face » ininterrompu avec le Père, « dans le sein du Père ». « Ne crois-tu pas que je suis dans le Père et que le Père est en moi ? [...] Croyez-moi, je suis dans le Père et le Père est en moi » (Jn 14, 10-11). Le Christ a une conscience vive de la présence agissante du Père en lui ; il a aussi conscience de toujours devoir regarder le Père, l'écouter, lui parler. Il n'y a pas de solitude possible pour le Christ, même si tous l'abandonnent : « Vous me laisserez seul. Mais je ne suis pas seul, le Père est avec moi » (Jn 16, 32). Non seulement il est en lui, mais il se reflète et transparaît en lui : le Christ est l'« image du Dieu invisible » (Col 1, 15). Pour cette raison, il peut dire en vérité : « Celui qui m'a vu a vu le Père » (Jn 14, 9).

2. L'Église envoyée par le Christ

À la lumière des attitudes du Christ, nous comprendrons mieux le mystère d'une Église envoyée par le Christ. « Comme le Père m'a envoyé, à mon tour je vous envoie. » Tout ce que nous avons dit du Christ, l'envoyé du Père, s'applique à l'Église, envoyée par le Christ : consécration, accompagnement par l'Esprit, pour le salut intégral de tous les humains et de tous les peuples, se mouvant toujours dans la sphère du Christ qui l'envoie : « *Christus in Ecclesia, Ecclesia in Christo.* » « *Qui videt Ecclesiam, videt Christum.* »

« Le Christ dans l'Église, l'Église dans le Christ. » « Qui voit l'Église voit le Christ. »

Le mystère d'une Église missionnaire, nous le trouvons merveilleusement exposé par le concile, particulièrement dans le décret « sur l'activité missionnaire de l'Église ». Rappelons-en le début : « Envoyée par Dieu aux peuples pour être ‹ le sacrement universel du salut ›, l'Église, en vertu des exigences intimes de sa propre catholicité, et obéissant au commandement de son Fondateur (*cf.* Mc 16, 15), est tendue de tout son effort vers la prédication de l'Évangile à tous les hommes » (AG 1).

Il est important, ici, de souligner ce qui suit :

– *l'Église est envoyée par Dieu :* elle est missionnaire par essence. « De sa nature, l'Église, durant son pèlerinage sur terre, est missionnaire, puisqu'elle-même tire son origine de la mission du Fils et de la mission du Saint-Esprit, selon le dessein de Dieu le Père. Ce dessein découle de ‹ l'amour dans sa source ›, autrement dit de la charité du Père... » (AG 2). La mission de l'Église naît donc des missions divines du Fils et de l'Esprit Saint et de l'amour créateur du Père. Tel devra toujours être le sceau de la mission, là résident sa richesse et sa responsabilité. Il ne peut y avoir de mission dans l'Église qui ne plonge ses racines dans la Trinité ;

– *elle est envoyée aux peuples et à tous les humains :* elle peut avoir des urgences déterminées ou des options pastorales prioritaires (les pauvres ou les jeunes, par exemple), mais la mission évangélisatrice de l'Église doit rejoindre tous les humains et tous les peuples. Personne ne peut demeurer exclu de l'annonce explicite de Jésus et de l'avènement de son Royaume ;

– *pour être « le sacrement universel du salut » :* c'est-à-dire signe et instrument du salut intégral que le Christ nous a apporté, et cela, pour tous les humains sans exception. Il y a des moments historiques ou des circonstances particulières, pour un continent, qui appellent l'Église de façon plus pressante, comme présence vivante du Seigneur, à être « sel de la terre et lumière du monde » (Mt 5, 13-14), c'est-à-dire à s'insérer plus généreusement et plus audacieusement dans toutes les structures et institutions, dans toutes les communautés ou tous les groupes qui composent l'existence quotidienne, dans le but de « sauver et rénover toute créature, afin que tout soit restauré dans le Christ, et qu'en lui les hommes constituent une seule famille et un seul peuple de Dieu » (AG 1).

Ainsi, l'Église missionnaire procède de l'amour du Père, du Fils, de l'Esprit. « Comme le Père m'a aimé » (Jn 15, 9). « Comme le Père m'a envoyé » (Jn 20, 21). « Comme tu m'as aimé » (Jn 17, 23-26). « Comme tu m'as envoyé » (Jn 17, 18).

C'est l'amour du Père, « l'amour dans sa source », qui envoie le Fils. C'est l'amour du Père et du Fils qui envoie l'Esprit Saint. C'est aussi de cette façon que naît l'Église « envoyée », l'Église missionnaire : celle des apôtres et des témoins. Envoyée à un monde concret (ici et maintenant) dans lequel elle doit « s'incarner » comme présence salvatrice du Seigneur, qu'elle doit « assumer » avec ses angoisses et ses espérances, elle est appelée à « transformer », de l'intérieur, dans le Christ.

La mission de l'Église suppose les trois étapes de la rédemption opérée par Jésus : s'incarner dans une culture concrète et déterminée, assumer généreusement la douleur et la joie des humains, faire que toutes choses tendent à être récapitulées dans le Christ (Ép 1, 10). Dans ce sens, être envoyé signifie accueillir le mandat, éprouver l'urgence de sortir, d'aller (Mt 28, 19), de s'insérer évangéliquement dans le monde, de devenir solidaire de tous les humains, surtout de ceux qui souffrent ; de leur annoncer le Royaume de vérité et d'amour, de justice et de paix ; de les inviter tous à la conversion et à la foi, de s'engager avec tous à construire un monde plus fraternel et plus humain.

L'Église est envoyée par le Christ pour annoncer et implanter le Règne. Nous donnons maintenant au mot « mission » le sens d'une fonction particulière, d'une tâche originale et irremplaçable de l'Église. Elle doit prêcher l'Évangile de Jésus (« Malheur à moi si je n'annonce pas l'Évangile » [1 Co 9, 16]), annoncer explicitement Jésus

Christ, découvrir « le germe divin » déposé en tout humain (GS 3 ; AG 9), rendre manifestes les exigences du Royaume. Ce n'est pas la tâche propre de l'Église de réorganiser le monde (les techniciens de la politique, de la sociologie, de l'économie sont là pour cela), mais elle doit lui offrir la « vision globale » (Paul VI) de l'être humain et de l'histoire. La mission de l'Église est « salvifique et eschatologique » (GS 40), elle est essentiellement « religieuse et, par le fait même, souverainement humaine » (GS 11).

La proclamation du Royaume ne se confond pas avec la croissance de la cité temporelle (GS 39). Mais il y a les exigences évangéliques de justice, de paix, d'amour, qui émanent de l'intime de la foi, et qui, par l'action de l'Esprit, transforment radicalement l'histoire.

La mission de l'Église – sa fonction première – est l'évangélisation. Évangéliser, c'est annoncer explicitement Jésus, la venue de son Règne de sainteté, c'est inviter à la conversion et à la foi. Toutefois, la préoccupation évangélique pour la promotion humaine intégrale appartient intimement à l'évangélisation.

3. Exigences de la mission

Il faudrait méditer longuement sur la mission des Douze (Lc 9, 1-16) et des soixante-douze disciples (Lc 10, 1-11). Jésus les envoie deux à deux (il les veut en communion), détachés et pauvres (« Ne prenez rien pour la route, ni bâton, ni sac, ni pain, ni argent » [Lc 9, 3]), avec la charge exclusive de proclamer le Royaume de Dieu et de guérir, d'annoncer et d'apporter la paix à chaque maison. « Ils partirent et allèrent de village en village, annonçant la bonne nouvelle et faisant partout des guérisons » (Lc 9, 6).

Qui décide, aujourd'hui, d'assumer une mission sur la terre doit être essentiellement *fidèle à Jésus Christ*. Il doit savoir qu'il ne va pas inventer la mission, mais la réaliser ; il ne va pas prêcher ses propres idées, mais l'Évangile ; il ne va pas construire une société temporelle, mais présenter Jésus Christ à la société. L'envoyé doit se mouvoir exclusivement dans la sphère du Christ qui l'envoie, et sentir fortement et sereinement sa présence: « Je suis avec vous tous les jours, jusqu'à la fin des temps » (Mt 28, 20). Si nous voulons être d'authentiques missionnaires, nous devons être entièrement fidèles au Royaume, aux exigences profondes de Jésus, à la totalité de son Évangile.

Être véritablement *pauvres* et vivre en joyeuse attitude de *service* (Lc 9, 57-61). Le principal service est de communiquer Jésus Christ, à tout instant, de nous donner généreusement aux autres, d'en être solidaires, de leur transmettre la paix, la joie, l'espérance; de leur ouvrir les chemins du bonheur et de la vie, de les faire entrer dans le dynamisme re-créateur des béatitudes. Nous devons vivre dans une pauvreté réelle: détachés et libres, simples et humbles, avec une soif sereine de Dieu, ouverts à la communion et au dialogue.

Une dernière exigence pour la mission est de réaliser pleinement la *communion*, être des personnes de communion. L'Église est précisément cela: « communauté fraternelle missionnaire ». Cette communion doit s'établir aux trois niveaux suivants:

– intimité féconde avec le Christ qui envoie: intimité vécue dans la contemplation et la croix, sous la conduite de l'Esprit Saint;

– authentique fraternité évangélique manifestée dans la simplicité et la joie, la compréhension et le dialogue, le don et le service, la réconciliation et le pardon;

– généreux engagement dans le monde qui doit être racheté en Jésus Christ: être présence salvatrice de Jésus parmi les humains, être ferment de Dieu pour la construction d'un monde nouveau dans la justice, l'amour et la paix. « L'action missionnaire assume et renforce toute trace de bien, dans les peuples et les cultures » (GS 17).

Achevons cette réflexion en nous tournant encore vers Notre Dame. Contemplons Marie, image et commencement de l'Église missionnaire, faisons nôtres son intériorité contemplative, son absolue fidélité à la Parole, sa joyeuse promptitude pour le service. Ici, c'est le mystère de la visitation qui nous inspire (Lc 1, 39-56). Marie reçoit la Parole et elle en fait don : elle se lève, se met rapidement en route, entre dans la maison d'Élisabeth et la salue ; elle lui communique la rédemption et chante le *Magnificat*, elle sert sa cousine, puis retourne chez elle. Marie est à ce moment la Vierge du chemin et de l'espérance, la Vierge de la pauvreté et du service, la Vierge de la fidélité et de la mission : « Bienheureuse celle qui a cru ! » (Lc 1, 45). Elle nous aide à réaliser notre mission dans la joie et à former une authentique Église missionnaire.

X

L'Église de la nouveauté pascale

« Nous menons nous aussi une vie nouvelle. »
(Rm 6, 4)

Textes : Col 3, 1-15 ; Ép 2, 11-23 ; 4, 20-24 ; Rm 6, 3-11.

La première méditation, aujourd'hui, portera sur « l'Église de la nouveauté pascale », c'est-à-dire une Église qui naît de la Pâque nouvelle, qui proclame et célèbre la nouveauté de la Pâque. La Pâque, en effet, nous place essentiellement devant « la nouveauté » : l'Homme Nouveau qui est le Seigneur Jésus ressuscité, « la création nouvelle » par l'Esprit, « les cieux nouveaux et la terre nouvelle ». La vigile pascale célèbre la nouveauté, la lumière nouvelle, l'eau nouvelle, le pain nouveau. Surtout, elle célèbre « l'Homme Nouveau » (le Christ ressuscité) et la naissance de « la créature nouvelle » dans le Christ « par l'eau et l'Esprit » (Jn 3, 5).

Tous parlent aujourd'hui de « l'homme nouveau ». De qui s'agit-il ? Tous réclament une nouvelle société, un monde nouveau : un monde plus humain et plus fraternel, établi dans la justice, l'amour et la paix. La « nouveauté » véritable – profonde et définitive – est celle qu'apporte l'Esprit Saint: il est l'Esprit de la vérité et de la consolation, de la vigueur et de la communion, l'Esprit qui fait « toutes choses nouvelles ». C'est pourquoi, quand nous parlons d'un monde nouveau, d'une société nouvelle, de structures nouvelles, nous pensons d'abord à des cœurs nouveaux, à l'être humain nouveau que nous apporte chaque année la Pâque et qui est fruit de l'Esprit Saint, qui nous configure au Christ ressuscité. Les évêques latino-américains affirmaient à Medellin: « Nous n'aurons pas un continent nouveau sans structures nouvelles; surtout, il n'y aura pas de continent nouveau sans des personnes nouvelles qui, à la lumière de l'Évangile, sauront être véritablement libres et responsables » (M 1, 3).

Saint Paul nous invite à nous « dépouiller du vieil homme et à revêtir l'homme nouveau, créé selon Dieu, dans la justice et la sainteté qui viennent de la vérité » (Ép 4, 22-24; Col 3, 9-11). La « nouveauté pascale » de la vie chrétienne est un thème favori de l'Apôtre. « Du moment que vous êtes ressuscités avec le Christ, recherchez ce qui est en haut, là où se trouve le Christ, *assis à la droite de Dieu*; c'est en haut qu'est votre but, non sur la terre. Vous êtes morts, en effet, et votre vie est cachée avec le Christ en Dieu. Quand le Christ, votre vie, paraîtra, alors vous aussi, vous paraîtrez avec lui en pleine gloire. » (Col 3, 1-4). C'est un texte éminemment pascal; il nous parle de la Pâque du Christ ressuscité, de notre propre pâque personnelle par le baptême et de la Pâque définitive de l'histoire quand le Christ « se manifestera ». Saint Paul décrit les inévitables tensions de cette vie nouvelle dans l'Esprit; c'est une vie nouvelle qui se réalise sur la terre, mais qui est centrée sur le ciel; elle se développe à l'intime de l'être humain, mais elle s'achemine vers sa manifestation; elle exige de rechercher constamment les choses de Dieu, mais sans se désintéresser des frères et des sœurs. Les tensions dont il est question peuvent être surmontées par « la sincérité de l'amour » (Rm 12, 9) et « la joie de l'espérance » (Rm 12, 12).

La « nouveauté pascale » exige que l'on « revête le Christ » (Ga 3, 27), l'Homme Nouveau, et que l'on « vive en plein accord » (Ph 2, 2). Il serait long de décrire maintenant toutes les caractéristiques de cette « créature nouvelle en Jésus Christ » par l'action de l'Esprit Saint, parce qu'il faudrait décrire toute la vie chrétienne. Je voudrais toutefois souligner les aspects sur lesquels saint Paul insiste : la filiation adoptive et la liberté intérieure, la mort au péché, dans le Christ, et la vie nouvelle pour Dieu, en Jésus Christ (*cf.* Rm 6, 3-11 ; Col 3, 1-15 ; Ép 2, 11-23 ; 4, 20-24). « Si quelqu'un est en Christ, il est une nouvelle créature » (2 Co 5, 17). « Car c'est lui qui nous a faits ; nous avons été créés en Jésus Christ pour les œuvres bonnes, que Dieu a préparées d'avance, afin que nous nous y engagions » (Ép 2, 10).

Le Christ est le véritable « Homme Nouveau » (Ép 2, 15 ; 4, 24). « Image du Père » (Col 1, 15) et ressuscité par la puissance de son Esprit (Rm 8, 11), le Christ nous apporte ce qui est définitivement nouveau : ce qui est intérieur et éternel. Avec lui, commencent « les temps nouveaux », qui sont déjà les temps définitifs.

Mais « la nouveauté » dans le Christ n'est pas « rupture », elle est « accomplissement », « plénitude » et « intériorité ». « Je ne suis pas venu abroger, mais accomplir » (Mt 5, 17s). « Si votre justice ne dépasse pas celle des scribes et des pharisiens, vous n'entrerez pas dans le Royaume des cieux. » Il y a une justice externe : celle de la loi elle-même. Il y a une justice plus profonde : celle de l'Esprit. C'est cette dernière, surtout, que Jésus nous enseigne et qu'il nous apporte. Le sermon sur la montagne est un exemple de la nouveauté manifestée par Jésus : « Vous avez appris [...] mais moi, je vous dis. » Le Christ porte à sa plénitude ce que Dieu a commencé dans l'Ancien Testament ; pardessus tout, il y introduit l'intériorité de l'Esprit. La nouveauté, c'est l'Esprit que le Seigneur répand sur l'Église, à la Pentecôte, et qui devient notre « principe intérieur ». Le Christ nous ouvre une perspective nouvelle : le Père ; il nous donne une loi nouvelle : l'amour ; il nous infuse un principe nouveau : l'Esprit. Et il nous enseigne une nouvelle manière de prier : « Notre Père... »

Cela nous fait comprendre la nouveauté dans l'Église. Ce n'est pas précisément « le fantaisiste », le « totalement original », ni même « le simplement moderne ou actuel ».

La nouveauté dans l'Église est le retour aux « sources évangéliques », la réponse aux exigences « intérieures de l'Esprit », la simple fidélité à la « vocation universelle à la sainteté » (*cf.* LG chap. 5). La nouveauté dans l'Église est toujours « accomplissement » et « prophétie », « plénitude et intériorité ». Il peut y avoir certaines attitudes de rénovation dans l'Église qui soient de simples tentatives d'« adaptation » ou de « modernisation » : elles détruisent l'ancien, sans semer le nouveau dans l'Esprit. Seul un authentique processus de conversion, né d'une profonde humilité et d'un amour de Dieu sincère, peut préparer des temps nouveaux pour l'Église. Nous aurons une Église nouvelle quand il y aura beaucoup d'êtres humains, simples et pauvres, qui seront prêts à s'effacer et à donner leur vie, qui s'efforceront de méditer la parole de Dieu et qui la mettront en pratique, qui n'auront pas peur des irrésistibles exigences de l'Esprit et qui se mettront toujours au service généreux et caché des frères et des sœurs.

Indiquons brièvement ce que serait cette « Église de la nouveauté pascale ».

1. Église renouvelée par l'Esprit

D'abord, il s'agit d'une Église *sans cesse renouvelée* par l'Esprit de la Pentecôte, dans une fidélité totale et joyeuse au Christ et à l'être humain, à l'Esprit et aux temps, au plan du Père et aux attentes des peuples. Une Église qui se renouvelle quotidiennement dans la totalité de ses membres, avec de très fortes exigences intérieures de conversion. Par conséquent, une Église dont la prière est de plus en plus profonde, une Église de plus en plus fraternelle dans la charité évangélique, de plus en plus ouverte au monde dans le service du salut intégral. Une Église qui vit toujours à l'écoute de la Parole de Dieu, comme Marie, et qui est continuellement attentive aux besoins et aux requêtes des humains. L'Esprit de Dieu appelle et conduit à la conversion : au changement profond de mentalité et de cœur. Mais l'expérience immédiate de la misère et de la douleur des frères et des sœurs est aussi un appel constant à être des créatures nouvelles dans le Christ, par l'Esprit :

« désinstallées » et pauvres, contemplatives et servantes, amantes de Dieu et sensibles à la souffrance des autres. Une Église sans cesse renouvelée par l'Esprit est une Église qui manifeste et communique aux humains la présence salvatrice du Christ de la Pâque : dans la profondeur de la contemplation, dans la joie de la charité, dans la générosité du service.

C'est encore une Église qui *assume le changement* dans le « discernement et la force de l'Esprit Saint », qui examine, évalue et adapte ses structures accidentelles pour que le Christ soit plus clairement manifesté. C'est une Église qui vit les « exigences intérieures de l'Évangile » et les « audaces transformantes de l'Esprit Saint ». Il ne s'agit pas d'assumer le changement pour le changement ; il faut examiner ses racines profondes et le chemin intérieur de l'Esprit. Un des signes des temps est le changement rapide, profond, universel (GS 4) ; il faut le discerner dans la lumière et avec la force de l'Esprit. Il ne faut pas avoir peur du changement. Peut-être une des choses qui a fait le plus de tort à l'Église, en ces dernières années, a-t-elle été la hâte superficielle dans certains changements – qui, en certains cas, ont touché des valeurs essentielles –, mais il est vrai que la peur du changement nuit aussi à l'Église : c'est un manque de confiance dans le Christ de la Pâque et une crainte des exigences intérieures de l'Esprit. Parfois, ces exigences ne sont pas comprises, par excès d'assurance personnelle, c'est-à-dire par manque de pauvreté et de contemplation. Qui est véritablement pauvre sait prier, qui prie sait discerner dans l'Esprit la nécessité et l'urgence du changement.

Beaucoup de choses ont changé depuis le concile. Mais je me demande si ces changements ont été véritablement profonds et si nous avons été les premiers changés, c'est-à-dire les premiers touchés par l'Esprit. Nous pouvons avoir une liturgie merveilleuse, mais si nous ne célébrons pas intérieurement le Mystère pascal dans notre vie quotidienne, à quoi nous sert le changement ? Nous pouvons obtenir des structures plus simples dans l'Église ; mais si nous ne sommes pas, nous-mêmes, radicalement, plus pauvres et plus simples, à quoi servent les structures nouvelles? Nous voulons une Église pauvre, servante des pauvres. Mais le changement doit commencer en nous-mêmes: être véritablement simples et humbles, détachés des biens et des ambitions, disposés à nous oublier et à servir.

Une Église renouvelée par l'Esprit est une Église qui recherche sa *propre identité*, sa physionomie particulière et sa *vocation première*. L'Église universelle est composée de la richesse variée des Églises particulières. Dans chacune de ces Églises, le Christ se fait présent d'une manière concrète et différente. En chacune d'elles se réalise l'Église universelle. Il convient de souligner le mystère de l'Église particulière; il importe de la comprendre dans sa situation historique et de favoriser sa fidélité à sa mission en parfaite communion avec l'Église universelle et avec son principe visible d'unité, le pape.

2. Église qui tend à la formation de la créature nouvelle

L'Église de la nouveauté pascale est une Église qui tend à la formation de la créature nouvelle par la Parole et le sacrement. C'est là le fruit de sa mission essentiellement évangélisatrice. La créature nouvelle, c'est la personne recréée dans le Christ Jésus, par l'Esprit: à l'image de Dieu, vraiment libre, sincère, fraternelle. C'est la personne qui jouit d'une relation nouvelle à Dieu (il est son Père), à l'être humain (il est son frère, sa sœur), aux choses (elles lui sont soumises: «Tout est à vous, mais vous êtes à Christ et Christ est à Dieu» [1 Co 3, 22-23]). C'est la personne, agente de sa propre histoire, réalisatrice, dans l'Esprit, de sa vocation divine unique.

Nous pourrions dire beaucoup de choses de cette «créature nouvelle». Je soulignerai seulement ceci: la créature nouvelle est toujours le fruit d'une conversion radicale, sous une forte mouvance de l'Esprit; elle se sent libre et responsable de sa vocation et de sa mission, parce qu'elle est image de Dieu et enfant de Dieu; elle se sent continuellement appelée à vivre pour les autres dans un don profond et total de service. La créature nouvelle est toujours joyeuse, sereine et réfléchie. Elle vit simplement ouverte et disponible à deux choses: à la parole de Dieu et aux exigences des frères et des sœurs. La créature nouvelle est sincère et loyale, sacrifiée et serviable, engagée à construire la paix et à chercher les chemins d'une réconciliation authentique.

La jeunesse actuelle est particulièrement sensible aux exigences profondes et aux valeurs positives de cette créature nouvelle. Par conséquent, une occasion incomparable s'offre à l'Église de la promouvoir et de la réaliser.

3. Église attentive à la nouveauté de l'histoire

L'Église de la nouveauté pascale est attentive à la nouveauté de l'histoire: la jeunesse. Nous voyons actuellement, surtout dans certains pays, le phénomène d'une jeunesse nouvelle: plus sérieuse et plus profonde, plus joyeuse et plus sereine, plus engagée dans l'Église et dans l'histoire. Des vocations apostoliques formidables naissent, les vocations sacerdotales et religieuses augmentent, les jeunes interrogent normalement les adultes sur les modalités et les sources de la prière, sur Jésus Christ, l'Église et l'être humain. Ils ne veulent pas simplement vivre dans le monde, ils se sentent appelés à le transformer selon les exigences de l'Évangile et veulent vivre tournés vers Dieu; et, conséquemment, ils se veulent fortement engagés envers l'être humain.

C'est un des signes des temps les plus notables dans l'Église d'aujourd'hui. Même les personnes qui ne sont pas tellement d'Église le remarquent. C'est un signe évident d'espérance. Il y a une jeunesse nouvelle, nombreuse et authentique, dont les caractéristiques pourraient se décrire ainsi: jeunesse heureuse et normale qui célèbre joyeusement la vie comme don de Dieu; jeunesse sérieuse et profonde qui réfléchit et cherche, qui a faim de Dieu et prie avec intensité; jeunesse qui sent l'appel de Dieu à participer activement à la vie de l'Église et à la construction d'un monde nouveau. Cette jeunesse frappe fortement aux portes de l'Église et au cœur de ses pasteurs. C'est pour l'Esprit Saint une façon très claire de nous appeler à une plénitude de vie intérieure et de service, de secouer notre médiocrité, de nous libérer de notre désespérance. « Redressez-vous et relevez la tête, car votre délivrance est proche » (Lc 21, 28).

L'Église met ses espoirs dans cette jeunesse ; elle ne peut ni l'ignorer ni la décevoir. Mais elle constate aussi la présence de jeunes prématurément fatigués et vieillis, déçus des adultes, de l'Église et de ses institutions (ils désireraient un Christ sans Église et une Église sans structures), agressivement marqués par l'injustice qui existe dans le monde et douloureusement tentés de suivre des chemins de violence. Ils sont porteurs, eux aussi, d'un appel de l'Esprit à notre travail pastoral. Nous ne pouvons les condamner superficiellement, sans faire un effort pour les écouter et les aider à comprendre les vrais chemins de l'Évangile et les exigences profondes de la foi.

L'Église assume ainsi la nouveauté de l'histoire et contribue à sa rédemption dans le Christ. La jeunesse actuelle a faim de prière, elle y aspire. Elle cherche dans l'Église des maîtres d'oraison et une limpide transparence de Jésus : « Nous voulons voir Jésus » (Jn 12, 21).

Rappelons, en terminant, ces paroles que les Pères conciliaires ont adressées aux jeunes dans leur message final : « L'Église, quatre années durant, vient de travailler à rajeunir son visage, pour mieux répondre au dessein de son Fondateur, le grand Vivant, le Christ éternellement jeune. Et, au terme de cette imposante ‹ révision de vie ›, elle se tourne vers vous. C'est pour vous, les jeunes, pour vous surtout, qu'elle vient, par son concile, d'allumer une lumière : lumière qui éclaire l'avenir, votre avenir » (Messages du concile, 8 décembre 1965).

La jeunesse est un signe de l'Église elle-même : jeune en permanence, par la présence de Jésus Christ en elle ; appelée à une rénovation continuelle par l'Esprit ; claire manifestation de l'avenir, déjà commencé dans son ministère.

Que Marie nous vienne en aide ! Elle est l'image de la « nouvelle création ». Elle a été « façonnée et formée comme une nouvelle créature par l'Esprit Saint» (LG 56). Totalement indemne du péché et signe, en sa glorification pascale, du définitivement nouveau. Elle nous accompagne dans la réalisation d'une Église qui soit véritablement dans la ligne de la nouveauté de Jésus et qui soit pleinement l'Église de la nouveauté pascale.

XI

Église, lumière des nations

« Le Christ est la Lumière des nations. »
(LG 1 ; Lc 2, 32)

Textes : És 42, 1-9 ; 49, 1-6.

Une Église nouvelle, de la nouveauté de l'Esprit Saint, doit nécessairement être « lumière des nations ». La constitution dogmatique sur l'Église commence ainsi : « Le Christ est la Lumière des Nations ; aussi, en annonçant l'Évangile à toute créature, le saint concile réuni dans l'Esprit Saint désire-t-il ardemment illuminer tous les hommes de la lumière du Christ qui resplendit sur le visage de l'Église » (LG 1).

Nous méditerons maintenant sur l'Église « lumière des nations ». En elle, nous découvrirons particulièrement notre mission de prêtres, appelés spécialement par le Seigneur pour être « lumière » et « alliance ». Nous le ferons à l'aide de ces deux textes, qui nous décrivent la mission du Serviteur de Yahvé (És 42, 1-9 ; 49, 1-6) :

Voici mon serviteur que je soutiens, mon élu que j'ai moi-même en faveur, j'ai mis mon Esprit sur lui. Pour les nations, il fera paraître le jugement, il ne criera pas, il

> *n'élèvera pas le ton, il ne fera pas entendre dans la rue sa clameur; il ne brisera pas le roseau ployé, il n'éteindra pas la mèche qui s'étiole; à coup sûr, il fera paraître le jugement. Lui ne s'étiolera pas, lui ne ploiera pas, jusqu'à ce qu'il ait imposé sur la terre le jugement, et les îles seront dans l'attente de ses lois. Ainsi parle Dieu, le Seigneur, qui a créé les cieux et qui les a tendus, qui a étalé la terre porteuse de ses rejetons, donné respiration à la multitude qui la couvre et souffle à ceux qui la parcourent. C'est moi le Seigneur, je t'ai appelé selon la justice, je t'ai tenu par la main, je t'ai mis en réserve et je t'ai destiné à être l'alliance de la multitude et la lumière des nations, à ouvrir les yeux des aveugles, à tirer du cachot le prisonnier, de la maison d'arrêt, les habitants des ténèbres. C'est moi le Seigneur, tel est mon nom; et ma gloire, je ne la donnerai pas à un autre, ni aux idoles la louange qui m'est due. Les premiers événements, les voilà passés, et moi j'en annonce de nouveaux, avant qu'ils se produisent, je vous les laisse entendre* (És 42, 1-9).

Nous nous arrêterons particulièrement à cette affirmation: «Je t'ai destiné à être l'alliance de la multitude et la lumière des nations.» La mission de l'Église, comme celle du Christ, est d'annoncer la Bonne Nouvelle du salut et d'établir la communion des humains entre eux et de l'humanité entière avec le Père. C'est là aussi notre mission comme prêtres: annoncer Jésus et être principe de communion dans l'Église. Telle est notre identité sacerdotale: être prophètes des merveilles de Dieu et signes clairs et efficaces de son amour miséricordieux.

Quand on dit que l'Église, comme le Christ, est «lumière» et «alliance», on touche l'intimité de son mystère, l'essence de sa mission. Il y a des moments privilégiés de l'histoire où ces aspects se font particulièrement clairs et exigeants. Il est clair, par exemple, que les humains aujourd'hui se tournent vers l'Église parce qu'ils ont besoin de sa «parole» et de son «ministère de réconciliation» (2 Co 5, 18-19). C'est pourquoi nous ne pouvons les frauder par des paroles superficielles et vides, sans contenu et sans ardeur prophétique, ou par des activités exclusivement humaines, qui ne conduisent pas à une réconciliation vraie, à une paix stable, à une communion pleine et définitive. Aujourd'hui plus que jamais, nous, prêtres, devons être prophètes de la Lumière et ministres de la communion. En un mot, nous devons être les hommes de l'Esprit.

De l'intérieur du Mystère de l'Église – sacrement du Seigneur ressuscité –, la mission essentielle de l'Église, l'*évangélisation du monde*, s'ouvre à nous et elle nous presse. C'est l'urgence de l'Église *missionnaire*. Pour cette raison, il faut « écouter religieusement et proclamer hardiment la parole de Dieu » (DV 1). Pour cette même raison, on doit se sentir envoyé par Dieu aux peuples essentiellement – « comme sacrement universel du salut » – « pour prêcher l'Évangile à tous les hommes » (AG 1). Pour cette raison, enfin, il faut assumer les angoisses et les espérances de tout le monde, à qui doit être annoncée la Bonne Nouvelle du salut (GS 1). C'est-à-dire, parce que l'Église est « lumière des nations », qu'elle doit s'ouvrir à la Parole de Dieu, la méditer sans cesse et la proclamer avec la force de l'Esprit; mais elle doit aussi s'insérer évangéliquement dans l'histoire, se faire solidaire de la souffrance et de l'espérance du monde, et laisser dans le cœur des humains la présence salvatrice de Jésus.

Le thème de la « lumière » est très beau et il est central dans la Bible. Avec lui s'ouvre et se clôt l'Écriture. La première chose que Dieu crée, c'est la lumière: « Et Dieu dit: ‹ Que la lumière soit ! › Et la lumière fut. Dieu vit que la lumière était bonne. Dieu sépara la lumière de la ténèbre. Dieu appela la lumière ‹ jour › et la ténèbre, il l'appela ‹ nuit ›. Il y eut un soir, il y eut un matin: premier jour. » (Gn 1, 3-5). À la fin, quand l'histoire arrivera à son terme et que le Royaume sera remis au Père, « la Cité sainte, la Jérusalem céleste » (Ap 21, 2) descendra du ciel et alors, il « n'y aura plus de nuit, nul n'aura besoin de la lumière du flambeau ni de la lumière du soleil, car le Seigneur Dieu répandra sur eux sa lumière » (Ap 22, 5; *cf.* 21, 23).

L'histoire du salut est l'histoire de la lumière: annoncée par les prophètes, incarnée en Jésus Christ, repoussée par les ouvriers du mal, réalisée par les fils et filles de Dieu, communiquée par les apôtres et les témoins, définitivement victorieuse sur les ténèbres.

Dans la nuit de Noël, nous rappelons les merveilleuses paroles d'Ésaïe, le prophète de l'espérance: «Le peuple qui marchait dans les ténèbres a vu une grande lumière. Sur ceux qui habitaient le pays de l'ombre, une lumière a resplendi. Tu as fait abonder leur allégresse, tu as fait grandir leur joie» (És 9, 1-2). Le thème de la lumière est intimement lié à celui de la joie: la lumière est essentiellement joie.

À l'Épiphanie, le même prophète nous annonce l'arrivée de la lumière et nous invite à marcher dans l'espérance et la fidélité: «Mets-toi debout et deviens lumière, car elle arrive, ta lumière: la gloire du Seigneur sur toi s'est levée [...]. Les nations vont marcher vers ta lumière et les rois vers la clarté de ton lever» (És 60, 1.3).

Arrive la «plénitude des temps» et commence l'histoire de la Lumière qui nous vient par Marie. «Au commencement était le Verbe, et le Verbe était tourné vers Dieu et le Verbe était Dieu [...] En lui était la vie et la vie était la lumière des hommes, et la lumière brille dans les ténèbres et les ténèbres ne l'ont point comprise [...] Le Verbe était la vraie lumière qui, en venant dans le monde, illumine tout homme» (Jn 1, 1.4-5.9). Quand Jésus naît à Bethléem de Judée, les bergers, qui montaient la garde, pendant la nuit, auprès de leur troupeau, virent comme «la gloire du Seigneur les enveloppant de lumière» (Lc 2, 9). Peu après, le vieux prophète du Temple s'exclamera, joyeux et reconnaissant: «Mes yeux ont vu ton salut, que tu as préparé face à tous les peuples: lumière pour la révélation aux païens et gloire d'Israël ton peuple» (Lc 2, 29-32).

Le thème de la lumière est central dans la vie et le ministère du Christ. En définitive, l'histoire de Jésus est la lutte de la Lumière contre les ténèbres, sa disparition provisoire, au soir de sa passion et de sa mort, et sa victoire finale lors de la résurrection. Jésus l'explique dans son dialogue avec Nicodème: «Et le jugement le voici: la lumière est venue dans le monde et les hommes ont préféré l'obscurité à la lumière parce que leurs œuvres étaient mauvaises. Celui qui fait la vérité vient à la lumière pour que ses œuvres soient manifestées, elles qui ont été accomplies en Dieu » (Jn 3, 19.21).

Non seulement Jésus nous apporte la lumière, mais il est lui-même la Lumière qui conduit à la vie : « Je suis la lumière du monde. Celui qui vient à ma suite ne marchera pas dans les ténèbres ; il aura la lumière qui conduit à la vie » (Jn 8, 12). Jésus relie le thème de la vie à celui de la lumière (« la vie était la lumière des hommes » [Jn 1, 4]). Entrer dans la lumière, c'est entrer dans la vie. Être baptisé, c'est recevoir la lumière. C'est pourquoi on donne au nouveau baptisé, né à la vie nouvelle par l'eau et l'Esprit Saint, un cierge allumé, symbole de son existence illuminée par le Christ-Lumière. C'est pourquoi aussi, dans la grande nuit de la vigile pascale – la nuit de la résurrection et du baptême –, on chante solennellement la Lumière : « La Lumière du Christ, glorieusement ressuscité, dissipe les ténèbres de l'esprit et du cœur. »

Au moment de la guérison de l'aveugle de naissance, Jésus introduit le miracle par cette affirmation : « Aussi longtemps que je suis dans le monde, je suis la lumière du monde » (Jn 9, 5). La guérison elle-même est un symbole de quelque chose de plus profond : l'illumination intérieure par la grâce et la foi.

Seul le Christ est la Lumière ; nous ne sommes que les témoins de la lumière (Jn 1, 8). Mais vient un moment où, devenant participants de sa vie par le baptême, nous sommes introduits dans sa propre lumière. Voilà pourquoi il nous exhorte et pourquoi il engage tous ses disciples : « Vous êtes la lumière du monde. Que votre lumière brille aux yeux des hommes, pour qu'en voyant vos bonnes actions ils rendent gloire à votre Père qui est aux cieux » (Mt 5, 14.16).

Saint Paul – qui avait expérimenté profondément les effets transformateurs d'« une lumière venue du ciel » (Ac 9, 3) – nous invite à rejeter « les œuvres de ténèbres » et à revêtir « le Seigneur Jésus Christ » (Rm 13, 12). Il existe des temps privilégiés, comme les nôtres, où cette urgence est plus grande. Aussi, l'Apôtre nous rappelle-t-il une exigence: «Autrefois, vous étiez ténèbres; maintenant vous êtes lumière dans le Seigneur. Vivez en enfants de lumière. Et le fruit de la lumière s'appelle: bonté, justice, vérité» (Ép 5, 8-9). Le monde a droit à cette claire transparence des chrétiens, dont l'existence doit être un défi quotidien aux ténèbres de l'égoïsme et de la violence, de l'injustice et de l'oppression, du mensonge et du manque de fidélité; dans un tel monde, blessé et en recherche, il nous est demandé de briller «comme des sources de lumière» et de lui porter «la parole de vie» (Ph 2, 15-16).

Le thème de la lumière réapparaît, dans la première lettre de saint Jean, intimement lié à l'idée d'un Dieu lumière, père et amour, et aux exigences de la charité fraternelle: «Dieu est lumière, et de ténèbres, il n'y a pas trace en lui. Si nous marchons dans la lumière comme lui-même est dans la lumière, nous sommes en communion les uns avec les autres, et le sang de Jésus, son Fils, nous purifie de tout péché» (1 Jn 1, 5.7). Il y aurait avantage à méditer lentement toute cette première lettre de saint Jean.

Le thème de la lumière traverse ainsi toute la Sainte Écriture, depuis la première page jusqu'à la dernière. Il est normal qu'il en soit ainsi, parce que la lumière est synonyme de vie, de sécurité, de joie, de paix, d'espérance, de salut. En résumé, elle est synonyme de Jésus Christ, notre Seigneur et notre Sauveur.

En conséquence, je propose simplement comme synthèse trois points: le Christ Lumière du monde; nous-mêmes, lumière dans le Seigneur; la manière d'être fils et filles de la lumière.

1. «Je suis la lumière du monde» (Jn 8, 12)

Nous contemplerons le Christ: sa personne, son œuvre, sa parole. Nous tenterons de pénétrer son mystère de Fils de Dieu fait homme, de Parole de Dieu faite chair pour éclairer toute personne venant dans ce monde. Par l'intériorisation du mystère du Christ Lumière, nous comprendrons mieux notre grandeur et notre responsabilité. Le monde actuel attend la bonté, la justice et la vérité de la part de créatures nouvelles, de chrétiens et de chrétiennes authentiques, qui peuvent ouvrir des chemins de joie et d'espérance, parce qu'ils savent exprimer et communiquer la présence toujours vivante de Jésus Christ, « Lumière du monde » et « sauveur de tous les humains ».

La *personne* même du Christ est Lumière : elle nous révèle le Père, nous conduit au Père. « Il est l'image du Dieu invisible » (Col 1, 15), « resplendissement de sa gloire et expression de son être » (Hé 1, 3). Jésus rend présent et concret l'amour du Père : « Celui qui m'a vu a vu le Père » (Jn 14, 8). Voir le Christ – même dans sa réalité historique souffrante et pauvre, mais pleine d'amour et de fidélité –, c'est voir le Père. Le Christ est l'unique chemin pour aller au Père : « Personne ne va au Père si ce n'est par moi » (Jn 14, 6). Entrer dans l'intimité du Christ, c'est entrer dans son silence et embrasser sa croix, s'identifier à lui comme adorateur du Père et rédempteur des humains. « Je suis le chemin, la vérité, la vie. » Il est l'unique accès à la bergerie : « Je suis la porte : si quelqu'un entre par moi, il sera sauvé » (Jn 10, 9). La personne de Jésus est une vivante transparence du Père : « Je suis dans le Père et le Père est en moi » (Jn 14, 10). Le Christ est venu pour nous rendre l'amour de Dieu plus proche. Ainsi, la simple présence de Jésus, sereine et forte, subjugue les multitudes, pénètre et change les cœurs, indique des chemins nouveaux. Le regard de Jésus, rempli d'amour (Mc 10, 21) ou de reproche (Lc 22, 61), met en lumière une vocation et appelle à la suite radicale ou à la conversion.

Les *œuvres* de Jésus – ses miracles – manifestent la lumière, annoncent au peuple que le règne de Dieu vient de les atteindre (Lc 11, 20), elles témoignent que Jésus est venu du Père (Jn 10, 25) et que la lumière a brillé sur les peuples qui marchaient dans les ténèbres (És 9, 1). Toute la vie de Jésus – sa naissance, sa mort et sa résurrection, son ascension dans les cieux et la venue de l'Esprit Saint à la Pentecôte – est marquée du signe de la lumière, est un chemin vers la Lumière, une constante et profonde communication de lumière. Toute l'activité de Jésus – sa tâche cachée et ses gestes quotidiens, la prédication du Règne et la multiplication des pains, la guérison des malades et la résurrection des morts – est une manifestation de la Lumière; elle révèle que Jésus est le Fils de Dieu, « lumière née de la lumière, vrai Dieu né du vrai Dieu ». Le Mystère pascal de Jésus – sa mort et sa résurrection – sera la victoire définitive de la Lumière: « La lumière brille dans les ténèbres et les ténèbres ne l'ont point comprise » (Jn 1, 5).

Les *paroles* du Christ sont lumière: elles nous découvrent les secrets du Père, nous annoncent le Règne, proclament le salut, tracent le chemin vers la Vie. Elles nous appellent à la conversion et à la foi, parce que le Règne s'est approché (Mc 1, 15). Chaque parole de Jésus est une magnifique révélation de Dieu, une communication de confiance en la bonté et en la miséricorde du Père. Elles nous dévoilent non seulement l'intimité de Dieu, mais encore sa profonde communion d'amour avec nous. « Le Père lui-même vous aime » (Jn 16, 27); cette seule vérité illumine notre pauvreté et rompt notre solitude. Comme aussi celle-ci: « Dieu a tant aimé le monde qu'il a donné son Fils, son unique, pour que tout homme qui croit en lui ne périsse pas mais ait la vie éternelle » (Jn 3, 16). Cette dernière vérité, assimilée à fond, peut changer une vie; elle est, en définitive, une synthèse de l'Évangile. Le mystère de la croix et de la mort demeure sereinement éclairé par l'affirmation solennelle de Jésus: « Si le grain de blé tombé en terre ne meurt pas, il reste seul; si, au contraire, il meurt, il porte du fruit en abondance » (Jn 12, 24). Chaque parole du Seigneur est une lumière nouvelle sur notre chemin. Il y a des phrases simples et claires qui peuvent servir de thème de méditation pour toute une vie. On ne peut lire rapidement l'Évangile; une seule page peut alimenter notre méditation pendant plusieurs années. Les paroles du Christ sont lumière: elles invitent à la sérénité, produisent en nous la joie, nous confirment dans l'espérance. Elles nous indiquent la nature et la valeur du Royaume (les paraboles: Mt 13), l'esprit des fils et des filles du Royaume (les béatitudes: Mt 5), la loi du Royaume (l'amour: Mt 22).

2. « Vous êtes la lumière du monde » (Mt 5, 13)

Les paroles du Christ ont été adressées à tous ceux et celles qui forment l'Église. C'est l'Église tout entière, en laquelle Jésus continue sa mission, qui est envoyée pour être sel de la terre et lumière du monde: pour propager la foi et le salut du Christ, pour conduire tous les humains à la foi, à la liberté et à la paix du Christ par l'exemple de la vie et par la prédication (AG 1 et 5). Toute l'Église – dans la totalité de ses membres – manifeste le Christ, « Lumière des nations » ; elle engendre quotidiennement, dans la conscience des humains, la lumière de la vérité, de l'amour et de la grâce, elle conduit à la rencontre définitive avec la Lumière.

L'Église réalise tout cela par la parole et le témoignage. Toute chrétienne, tout chrétien est prophète et témoin, à condition de vivre pleinement dans le Christ qui est la Lumière. Pour être « lumière du monde », deux choses sont nécessaires: être vraiment « lumière dans le Seigneur » (Ép 5, 8) – vivre en lui par la foi et la charité, la contemplation et la croix – et vivre évangéliquement présent aux frères et aux sœurs: « Une ville située sur une hauteur ne peut être cachée » (Mt 5, 15).

Par la *parole*: c'est le sens de la foi et de la prophétie dans la communauté chrétienne (LG 12). Toutes les chrétiennes, tous les chrétiens, « possédant une onction reçue du Saint » (1 Jn 2, 20), accèdent à « la vérité tout entière » (Jn 16, 13) et sont envoyés par le Christ au monde pour proclamer « la Bonne Nouvelle à toute la création » (Mc 16, 15). D'où l'urgence du caractère missionnaire de l'Église: « à chacun des disciples du Christ incombe, pour sa part, la charge de jeter la semence de la foi » (LG 17). « De chez vous, en effet, la parole du Seigneur a retenti et la nouvelle de votre foi en Dieu s'est répandue partout » (1 Th 1, 8). Il ne s'agit pas de grands discours ni de techniques humaines, il s'agit simplement de transmettre, avec la simplicité du pauvre et la force de l'Esprit, la « sagesse du Christ crucifié » (1 Co 2).

Par le *témoignage*: la parole est efficace, même dans sa simplicité, si elle s'accompagne du témoignage. La prophétie se traduit en gestes de vie clairs. Nous tous, chrétiens et chrétiennes, nous devons être lumière, témoins de la lumière, comme signe clair de la présence du Seigneur. Cela exige trois choses en particulier: pauvreté et simplicité de vie, prière profonde et sincère, véritable fraternité évangélique. C'était de cette façon que la communauté primitive, animée en profondeur par l'Esprit Saint, manifestait la présence de Jésus ressuscité.

Être pauvres et simples! La simplicité évangélique est une véritable transparence de la lumière. Ceux qui ont une âme de pauvres possèdent le don d'éclairer les consciences et de les apaiser. C'est que le vrai pauvre est sacrement de Jésus (Paul VI le rappelait aux paysans de Colombie). De même, la prière authentique nous fait entrer dans la lumière et nous rend transparents de Jésus. Une personne de prière est toujours un prophète: les paroles qu'elle dit et les gestes qu'elle pose naissent d'une profonde sérénité intérieure qui ne peut qu'être fruit de l'Esprit Saint. Quand on s'est livré à une prière profonde, on fait toujours du bien au prochain, on l'éclaire et on le pacifie. Évoquons, enfin, la valeur de la fraternité évangélique: vivre dans l'amour, c'est vivre en Dieu qui est Lumière. C'est pourquoi elles font tellement de bien, les communautés qui vivent profondément et simplement une véritable communion dans l'Esprit: « un seul cœur et une seule âme ». Qui s'en approche a l'impression d'avoir rencontré de nouveau, et plus profondément, le Seigneur. De la même façon, quand une personne rencontre quelqu'un ayant une capacité particulière d'aimer dans le Seigneur, elle semble retrouver sa propre capacité de sourire, de se réjouir, de devenir sereine.

Quand on vit vraiment en Jésus – « la vraie Lumière qui, en venant dans le monde, illumine tout homme » (Jn 1, 9) –, on devient nécessairement « lumière du monde » (Mt 5, 14). Alors, une parole (la plus simple), un geste (le plus quotidien) révèlent la lumière, la communiquent et permettent d'y pénétrer profondément.

3. Vivez en enfants de lumière

C'est une conséquence de ce qui précède. Si nous sommes « lumière dans le Seigneur », nous devons marcher dans la lumière, accomplir les œuvres de la lumière. À la suite du Christ, qui est « la Lumière véritable », insérés dans le monde – sans être du monde – pour que la lumière « brille pour tous ceux qui sont dans la maison » (Mt 5, 15), nous sommes témoins de la Lumière par la virginité consacrée, le célibat sacerdotal. Disons quelques mots, brièvement et schématiquement, de ce mode concret d'être « fils de la lumière » à l'intérieur d'une Église qui est tout entière « lumière des nations ».

Le chrétien est appelé à « suivre » Jésus, « Lumière véritable ». Un appel spécial s'adresse aux prêtres, aux religieux, à toute âme consacrée, pour suivre le Christ d'une façon radicale. Une manière spéciale d'« être lumière dans le Seigneur » et, par conséquent, de « vivre dans la lumière » est exigée d'eux.

D'abord, *par la foi* : « les hommes qui un jour ont reçu la lumière » (Hé 6, 4) par le baptême ont été gratifiés du don de la foi. Vivre dans la lumière signifie regarder le monde et l'histoire à la lumière de la foi, interpréter les événements à partir de la foi et lire en profondeur les signes des temps. Cela signifie surtout intérioriser, à la lumière de la foi, la Parole de Dieu et le Mystère du Christ ; savoir comprendre le plan salvateur de Dieu sur nous et l'accepter avec une joyeuse docilité. Par la foi, nous sommes insérés plus profondément dans le Christ, qui est la Lumière, et nous apprenons à savourer la joie de la croix. Pour marcher dans la lumière, nous devons répéter constamment, avec les apôtres : « Seigneur, augmente en nous la foi » (Lc 17, 5).

Ensuite, *par la prière* : quand on prie bien, on entre directement en contact avec la Lumière, qui est le Christ ; elle nous éclaire et nous pacifie. Après avoir prié avec sérénité, nous voyons beaucoup mieux et beaucoup plus loin. La Parole de Dieu nous pénètre, elle nous aide à simplifier nos problèmes et à apaiser nos angoisses. C'est à l'intérieur de la prière que le Seigneur nous répète cette exhortation consolante: «Pourquoi avez-vous si peur? Vous n'avez pas encore de foi?» (Mc 4, 40). La prière nous rend particulièrement transparents de Dieu. Une âme qui monte vers Dieu dans la prière descend ensuite de la montagne, comme Moïse, «la peau du visage devenue rayonnante en parlant au Seigneur» (Ex 34, 29). «L'âme élevée vers Dieu brille de sa lumière ineffable», dit saint Jean Chrysostome. Elle peut, de cette façon, communiquer le fruit de sa contemplation: «communiquer aux autres la vérité contemplée» (saint Thomas). Qui prie bien emploie toujours des paroles simples et claires, comme s'il participait de la transparence de Dieu.

Enfin, *par la charité*: «Si nous marchons dans la lumière comme lui-même [Dieu] est dans la lumière, nous sommes en communion les uns avec les autres» (1 Jn 1, 7). Vivre dans la charité, c'est marcher dans la lumière. «Dieu est lumière», «Dieu est amour», dit saint Jean. Quand l'amour de Dieu est sincère et unique – amour de Dieu par-dessus toutes choses, et du prochain comme nous-mêmes –, tout est vécu dans la clarté. «Celui qui prétend être dans la lumière, tout en haïssant son frère, est toujours dans les ténèbres. Qui aime son frère demeure dans la lumière, et il n'y a rien pour le faire trébucher» (1 Jn 2, 9-10).

Tout s'éclaire dans notre vie – même si persistent encore les ombres du mystère propres à ceux qui sont en chemin – quand nous avons une forte expérience d'un Dieu amour qui nous envahit et nous invite à vivre dans la joie sereine et profonde de l'amour.

Si nous suivons vraiment le Christ, «vraie Lumière», par la foi, la prière, la charité, nous vivrons dans la lumière, nous serons lumière pour les personnes qui cherchent et qui nous regardent. Elles ont le droit d'exiger de nous les signes et les fruits de la lumière.

Cela suppose que, vitalement greffés sur le Christ, qui est la Lumière, nous nous approchions aussitôt des humains, que nous nous insérions dans le monde, sans être du monde, pour que la lumière «brille pour tous ceux qui sont dans la maison» (Mt 5, 15).

Avant tout, il s'agit d'être une *présence du Christ* limpide et transparente. La simplicité de nos gestes et la véracité de notre vie doivent révéler le Christ. « Si la lumière qui est en toi est ténèbres, quelles ténèbres ! » (Mt 6, 23).

Il nous est demandé de communiquer les fruits de la lumière : « bonté, justice, vérité » (Ép 5, 9). Être, en toute simplicité, bons, justes et vrais ! Il nous est demandé d'irradier le signe de la lumière : la certitude de la vie, la joie du salut, la paix de la rencontre du Seigneur. La lumière est symbole de sérénité, de joie, d'espérance. Seules peuvent la communiquer les personnes qui vivent le Mystère pascal, qui aiment la croix et qui sont profondément contemplatives.

Il y a une manière spéciale et privilégiée d'être « lumière dans le Seigneur » et de communiquer la clarté de la lumière au prochain : c'est celle des personnes qui vivent le charisme de la chasteté consacrée, du célibat sacerdotal. Le Seigneur nous a choisis pour être *témoins consacrés* de la Lumière. Parce que la chasteté consacrée nous unit au Seigneur, de façon indivisible et définitive, elle nous rend particulièrement transparents à Dieu et aux humains.

Le célibat sacerdotal – la chasteté consacrée, en général – est un témoignage clair et privilégié : du Christ indissolublement uni à l'Église ; de l'absolu de Dieu, du Règne, de l'éternel ; de la vie nouvelle dans l'Esprit qui annonce la rédemption à venir ; de la sainteté de l'Église ; des biens invisibles et définitifs, déjà présents dans l'histoire.

« La pratique de la continence parfaite et perpétuelle pour le Royaume des cieux » est « signe et stimulant de la charité pastorale, elle est une source particulière de fécondité spirituelle pour le monde » (PO 16). Par elle, nous nous consacrons au Christ « d'une manière nouvelle et insigne » et nous sommes plus libres pour nous « consacrer, en Lui et par Lui, au service de Dieu et des hommes ». Quand la chasteté consacrée est vécue en plénitude d'amour – oblation totale au Père et don généreux au prochain –, elle est source de joie profonde et rayonnante. C'est une manière spéciale de vivre et d'exprimer le Mystère pascal, avec tout ce qu'il contient de mort et de résurrection, d'anéantissement, de plénitude et de vie. Le célibat sacerdotal est un don du Père à l'Église. Il faut le recevoir avec humilité et gratitude, le vivre dans la joie de l'amour, intensifier la clarté de sa lumière par l'intimité de la prière.

Concluons, une fois encore, comme nous le faisons toujours, en tournant notre regard vers Marie, Notre Dame, la Mère de l'Église. Nous la contemplons maintenant comme « Notre Dame de la Lumière » : celle qui nous a apporté la Lumière, celle qui, à Bethléem, a allumé cette Lumière pour le monde entier, celle qui nous introduit quotidiennement dans la Lumière du Christ, par la puissance de l'Esprit Saint qui descendit sur elle comme « Lumière de la félicité parfaite ». Nous la contemplons comme « Notre Dame de la Lumière », à cause de sa virginité maternelle, à cause de la plénitude de sa foi et de la profondeur de sa contemplation, à cause de l'ardeur de sa charité et de son accueil serein de la croix. Marie est lumière. Elle nous a donné la Lumière. Que par elle la lumière brille en nos âmes et qu'elle éclaire notre chemin d'espérance !

XII

Une Église prophétique

« Je fais de toi un prophète pour les nations. »
(Jr 1, 5)

Texte : Jr 1, 4-10.

Ce thème est intimement lié au précédent. Nous avons parlé ce matin de l'Église « lumière des nations » ; nous méditerons maintenant sur l'« Église prophétique ». Il ne s'agit pas de quelque chose de rare, d'extraordinaire, de réservé à quelques-uns. Il s'agit de la mission évangélisatrice de l'Église, propre à toute chrétienne, à tout chrétien, en tant qu'ils participent à la mission de Jésus Christ.

Il y a des périodes de l'histoire au cours desquelles le Seigneur suscite admirablement des prophètes spéciaux. Ce sont des personnes particulièrement consacrées et habitées par l'Esprit de Dieu – à cause de leur intuition et de la force de leur courage – qui proclament, uniquement au nom de Dieu, « les merveilles de Dieu ». Il existe aujourd'hui de tels prophètes dont notre monde a besoin.

À l'intérieur de l'Église – le Peuple de Dieu tout entier a part « à la fonction prophétique du Christ » (LG 12) –, l'Esprit Saint suscite des vocations particulières de prophètes et des manières spéciales d'exercer la prophétie. Par exemple, les évêques l'exercent d'une façon, comme « docteurs authentiques » de la foi et « témoins de la vérité divine et catholique » (LG 25); les religieux le font d'une autre manière, eux dont la seule présence « témoigne de la vie nouvelle et éternelle acquise par la rédemption du Christ et annonce la future résurrection et la gloire du Royaume céleste » (LG 44).

Pour la présente méditation, nous choisissons le texte très significatif de la vocation prophétique de Jérémie:

> *La parole du Seigneur s'adressa à moi: « Avant de te façonner dans le sein de ta mère, je te connaissais; avant que tu ne sortes de son ventre, je t'ai consacré; je fais de toi un prophète pour les nations. » Je dis: « Ah! Seigneur Dieu, je ne saurais parler, je suis trop jeune. » Le Seigneur me dit: « Ne dis pas: Je suis trop jeune. Partout où je t'envoie, tu y vas; tout ce que je te commande, tu le dis; n'aie peur de personne: je suis avec toi pour te libérer – oracle du Seigneur. » Le Seigneur, avançant la main, toucha ma bouche, et le Seigneur me dit: « Ainsi je mets mes paroles dans ta bouche. Sache que je te donne aujourd'hui autorité sur les nations et sur les royaumes, pour déraciner et renverser, pour ruiner et démolir, pour bâtir et planter »* (Jr 1, 4-10).

Quoiqu'il s'agisse ici d'une vocation spéciale, on y trouve quand même des éléments qui peuvent s'appliquer à tous ceux qui, d'une manière ou d'une autre, participent à la mission prophétique du Christ. J'en considérerai particulièrement trois: la consécration du prophète, l'expérience de la crainte et l'assurance du Seigneur.

a) *La consécration du prophète* (v. 5): « Avant de te façonner dans le sein de ta mère, je te connaissais; avant que tu ne sortes de son ventre, je t'ai consacré; je fais de toi un prophète pour les nations. » C'est Dieu qui choisit et appelle le prophète, le constitue et le consacre, l'affecte à une tâche et l'envoie. Personne ne s'institue prophète, ni ne trace son propre chemin, ni n'invente ses paroles: « Partout où je t'envoie, tu y vas; tout ce que je te commande, tu le dis » (Jr 1, 7). Cela donne beaucoup d'assurance au prophète, mais en même temps, cela augmente sa responsabilité : il doit être strictement fidèle à celui qui l'envoie. Le prophète est consacré par le Seigneur, avec l'onction de l'Esprit, il est transformé et sanctifié, il est immolé à la vérité. Être prophète n'est pas une chose facile ; cela suppose une vocation au martyre. Jérémie éprouvera la tentation de fuir sa mission, parce qu'elle est rude et difficile, parce qu'elle entraîne persécution et croix ; mais il sent que le Seigneur l'a séduit, qu'il est arrivé à ses fins et que la fuite est devenue impossible (Jr 20, 7). Sa confession est humble et pleine de sens : « Quand je dis : ‹ Je n'en ferai plus mention, je ne dirai plus la parole en son nom ›, alors elle devient au-dedans de moi comme un feu dévorant, prisonnier de mon corps ; je m'épuise à le contenir, mais je n'y arrive pas » (Jr 20, 9).

b) *L'expérience de la crainte* (v. 6) : « Ah ! Seigneur Dieu, je ne saurais parler, je suis trop jeune. » L'expérience sereine de la crainte est un bon signe du prophète véritable. Qui se sent trop sûr ou trop satisfait dans son agressivité et dans sa dénonciation n'est pas prophète du Seigneur. L'humilité, la pauvreté, la crainte sont des caractéristiques du vrai prophète. Cette même crainte – devant le sacré de la prophétie et la rébellion du peuple –, Ésaïe et Ézéchiel l'ont aussi ressentie. Il est nécessaire que le Seigneur leur donne l'assurance de son choix et l'expérience de son accompagnement : « Je serai avec toi. »

c) *L'assurance du Seigneur* (v. 8-9) : « N'aie peur de personne : je suis avec toi pour te libérer [...]. [...] Ainsi, je mets mes paroles dans ta bouche. » C'est la même assurance que le Seigneur donne à Ézéchiel : « Écoute, fils d'homme, n'aie pas peur d'eux et n'aie pas peur de leurs paroles » (Éz 2, 6). Le Seigneur garantit toujours sa présence auprès de l'envoyé. Le processus est le suivant : « Va, n'aie pas peur, je serai avec toi. » C'est l'assurance de la présence spéciale du Seigneur quand il envoie ses disciples évangéliser : « Et moi, je suis avec vous tous les jours jusqu'à la fin des temps » (Mt 28, 20).

À la lumière de la Parole du Seigneur, nous réfléchirons brièvement sur les trois points suivants : l'urgence de l'évangélisation, le sens de la prophétie, les exigences pour le prophète.

1. Urgence de l'évangélisation, de la parole, de la prophétie

Il est nécessaire d'annoncer le Christ au monde, de proclamer son Règne de vérité et de grâce, de justice, d'amour et de paix. La Bonne Nouvelle de Jésus est attendue, surtout par les jeunes ; ils ont faim de « la sagesse de la croix ». Mais ils sentent le besoin de rencontrer des personnes « pleines de foi et d'Esprit Saint » (Ac 5, 6) qui ne transmettent pas une doctrine humaine, mais une « sagesse de Dieu » (1 Co 2, 7) ; des personnes qui parlent de la part de Dieu, à partir de l'expérience de son amour, et avec la force de l'Esprit Saint.

La Parole de Dieu est accueillie dans la pauvreté et le silence, elle est assimilée avec une joyeuse disponibilité et proclamée ensuite avec l'ardeur irrésistible des vrais prophètes. Ainsi, le chemin est ouvert à la foi, à son approfondissement et à son intériorisation, à sa maturité et à son engagement. On a besoin d'évangélisateurs qui annoncent ouvertement « la Bonne Nouvelle de Jésus » (Ac 8, 35). « La foi vient de la prédication et la prédication, c'est l'annonce de la parole du Christ » (Rm 10, 17).

Toute l'Église est engagée – surtout en ces temps de l'histoire – dans sa tâche d'évangélisation. Plus que jamais, elle sent l'urgence du mandat du Christ : « Allez par le monde entier, proclamez l'Évangile à toutes créatures » (Mc 16, 15), et l'urgence de l'attente des humains : « Comment croiraient-ils en lui, sans l'avoir entendu ? Et comment l'entendraient-ils, si personne ne le proclame ? » (Rm 10, 14). Plus que jamais, l'Église s'écrie avec saint Paul : « Malheur à moi si je n'annonce pas l'Évangile ! » (1 Co 9, 16).

Cette urgence, le prêtre la ressent avec une particulière acuité. Le concile dit : « Les prêtres, comme coopérateurs des évêques, ont pour première fonction d'annoncer l'Évangile de Dieu [...] pour faire naître et grandir le peuple de Dieu » (PO 4). Mais la mission prophétique du Christ se réalise encore «par le moyen des laïcs dont il fait aussi ses témoins et qu'il remplit du sens de la foi et du don de sa parole afin que la force de l'Évangile resplendisse dans la vie quotidienne, familiale et sociale» (LG 35).

Les jeunes sentent, d'une part, le besoin de rencontrer aujourd'hui de vrais prophètes qui leur parlent de Jésus Christ et des exigences de son Règne, qui leur enseignent à lire, à la lumière de la foi, les signes des temps et à découvrir, dans l'histoire, la présence du Seigneur ressuscité, qui enflamment leur cœur de l'ardeur de l'Esprit et, enfin, qui leur ouvrent des chemins d'espérance. Ils sentent le besoin de témoins authentiques qui leur transmettent simplement la sagesse de l'Évangile: davantage par ce qu'ils sont que par ce qu'ils disent. D'autre part, ils sentent aussi la responsabilité personnelle d'être signes du Dieu vivant dans le monde d'aujourd'hui, témoins lumineux et ardents prophètes. Ils éprouvent la joie, mais sentent aussi la forte responsabilité, de transmettre d'Évangile aux autres jeunes qui cherchent dans l'obscurité et qui sont dans l'attente.

Aujourd'hui, nous percevons les urgences d'une nouvelle évangélisation qui fasse croître et mûrir la foi, qui la purifie et qui l'engage dans l'histoire. Il ne peut s'agir que d'une évangélisation authentique et intégrale: proclamation ardente et explicite de Jésus, le sauveur du monde, le Seigneur de l'histoire, l'envoyé du Père pour que nous ayons la vie par lui. Ce n'est pas l'annonce désincarnée et froide de Jésus Christ, le Fils de Dieu; mais ce n'est pas non plus la présentation d'un Christ fait homme pour revendiquer les droits de son peuple, se transformant en leader politique ou en révolutionnaire social. Ce n'est pas ce Christ qui est né de Marie, la pauvre; lui, il a prêché les béatitudes et il est mort sur la croix. Ce n'est pas là le Christ de l'Incarnation et de la Pâque. Ce n'est pas là le Christ envoyé du Père pour réconcilier le monde avec lui et récapituler en lui toutes choses.

Le véritable sens d'une évangélisation intégrale est celui-ci: annonce *explicite* de la *totalité* de l'Évangile qui entraîne la conversion et apporte la foi. Jésus proclame ainsi la Bonne Nouvelle de Dieu: «Le temps est accompli et le règne de Dieu s'est approché : convertissez-vous et croyez à l'Évangile » (Mc 1, 15). Il ne suffit pas de prêcher partiellement l'Évangile ; c'est la totalité du message de Jésus qui nous intéresse. Nous ne pouvons rogner les exigences du Seigneur : son appel à la prière, son invitation à la croix, son commandement de l'amour. Les problèmes naissent dans l'Église quand on interprète ou accommode partiellement les Paroles du Seigneur et ses gestes de rédemption.

Mais l'Évangile conduit nécessairement à l'eucharistie. Il est orienté essentiellement vers elle. On ne peut séparer Évangile et sacrement, mission évangélisatrice et fonction liturgique, Parole de Dieu et eucharistie. Heureusement, aujourd'hui, nous avons mis en valeur la Parole de Dieu dans la liturgie : de fait, il n'existe pas de sacrement qui ne soit introduit par la proclamation et la contemplation de la Parole. Mais la réalisation et la plénitude de la Parole, c'est l'eucharistie. Pour cette raison, le prêtre, comme le Christ, est, en même temps, prophète et célébrant : simultanément, il annonce et célèbre la Pâque de Jésus.

Cependant, l'évangélisation intégrale exige quelque chose de plus : l'annonce explicite de la totalité de l'Évangile engage la foi des chrétiens dans la construction positive de l'histoire. Mûrir dans la foi, c'est s'engager profondément, avec le Christ et avec l'être humain, mieux encore, avec le Christ, rédempteur de l'être humain. La foi ne peut pas se limiter à une confession abstraite de la Trinité sainte ; elle doit nous amener à découvrir constamment les « traces de Dieu » *(vestigia Dei)* dans la nature et dans l'histoire, l'« image de Dieu » *(imago Dei)* dans l'être humain. Évangéliser, c'est annoncer le Règne de Dieu déjà présent (« le Règne de Dieu est au milieu de vous ») ; mais ce Règne est essentiellement « Règne de vérité et de vie, de sainteté et de grâce, de justice, d'amour et de paix » (préface de la fête du Christ Roi). Une évangélisation totale exige nécessairement une promotion humaine intégrale ; mais on ne peut procurer une formation humaine intégrale (de toute la personne et de toutes les personnes) si ce n'est à partir de la totalité de l'Évangile proclamé et célébré.

2. Sens de la prophétie

Demandons-nous maintenant ce que signifie être prophète. Parce que, aujourd'hui, les prophètes se multiplient superficiellement et il est difficile d'être prophète; cela inclut nécessairement deux choses: fidélité à l'Esprit et vocation au martyre. Essayons d'approfondir un peu, à la lumière de la Parole de Dieu, le sens de la prophétie.

Fondamentalement, nous concevons la prophétie comme *proclamation, dans l'Esprit, des invariables merveilles de Dieu* (Ac 2, 11). Le prophète annonce l'approche du Règne, la présence du Christ, la réalité du salut; de là, la nécessité de la conversion et de la foi. À peine survenu l'événement salvateur de la Pentecôte, saint Pierre rappelle les paroles du prophète Joël: « Dans les derniers jours, je répandrai mon Esprit sur toute chair, vos fils et vos filles seront prophètes » (Ac 2, 17; Jl 3, 1-5). Le prophète ne parle pas en son nom propre, et ses paroles ne sont pas exclusivement humaines: l'Esprit parle par lui et met sur ses lèvres les paroles du Seigneur. En définitive, le prophète annonce que Dieu est là, qu'il s'est révélé dans le Christ pour nous sauver, qu'il nous a fait don de son Esprit pour nous renouveler. Le prophète annonce toujours la « Bonne Nouvelle », même s'il lui revient parfois de menacer de calamités, de dénoncer des injustices, d'appeler fortement à la conversion.

Nous entendons aussi la prophétie comme *interprétation salvatrice de l'histoire.* Le prophète lit dans les événements « le passage du Seigneur ». Il enseigne à découvrir le dessein salvateur de Dieu dans l'histoire des humains et des peuples. Pour cette raison, le prophète doit nécessairement être un contemplatif: c'est seulement à partir de Dieu que l'on peut lire et interpréter correctement l'histoire. Aujourd'hui, nous avons besoin de vrais prophètes: qui nous aident à cheminer dans la foi et qui nous gardent sereins dans l'espérance; qui nous fassent découvrir, dans les événements les plus pénibles et les plus absurdes, le passage du Seigneur et son dessein providentiel d'amour. Le Seigneur est là et nous embrasse dans l'amour. Le Seigneur est ressuscité, il vit et il fait route avec nous. Nous avons besoin de personnes vraiment envahies par l'Esprit Saint, qui nous enseignent le sens de la croix et qui nous ouvrent des chemins d'espérance. Qu'elles nous disent, par expérience personnelle, que Dieu nous aime et que, pour cette raison, il nous invite à vivre dans l'amour, la simplicité, la joie.

Enfin, nous concevons la prophétie comme *appel évangélique à la conversion.* C'est le sens de la « dénonciation prophétique ». Nous avons l'obligation de dénoncer les injustices, de signaler concrètement les situations de péché. Le prophète ne le fait pas par haine ou par vengeance. Il le fait simplement à cause des exigences fondamentales du Règne: « Le règne de Dieu s'est approché; convertissez-vous et croyez à l'Évangile » (Mt 1, 15). C'est pourquoi le vrai prophète commence par annoncer explicitement Jésus et par proclamer l'approche de son Règne, il explique les exigences intérieures de ce Règne et appelle fortement à la conversion. C'est ce que fait Jean le Précurseur quand il répond concrètement aux gens qui lui demandent: « Que nous faut-il donc faire ? » Il leur dit: « Si quelqu'un a deux tuniques, qu'il partage avec celui qui n'en a pas; si quelqu'un a de quoi manger, qu'il fasse de même » (Lc 3, 10.11).

Aujourd'hui, nous avons besoin de sagesse et de courage prophétique pour « dénoncer » les situations et les attitudes qui s'opposent à la pleine réalisation de notre vocation divine. Mais toute « dénonciation prophétique » doit être faite à partir de l'annonce de l'approche du Règne et de ses exigences intérieures, à partir de la passion de l'Esprit qui appelle à la conversion et dans la perspective essentielle de l'espérance eschatologique. Telle est la mission et la tâche des prophètes, dans l'Ancien Testament, et des apôtres, dans le Nouveau. C'est toujours la Parole de Dieu qui précède, l'appel à la conversion suit, et l'assurance de la bonté miséricordieuse du Seigneur nous confirme dans sa fidélité et dans la joie de notre espérance.

3. Exigences de la prophétie

Nous avons dit qu'être prophète n'est ni facile ni commode. Sans oublier que la prophétie suppose un appel et une consécration, et qu'elle conduit, normalement, au martyre.

Une triple fidélité est exigée du vrai prophète: fidélité à la parole qui est Dieu, à la Parole qui s'est faite chair, à la passion de l'Esprit Saint, dans son Église.

a) *Fidélité à la Parole qui est Dieu* (Jn 1, 1). La première exigence pour un prophète est sa parfaite fidélité à celui qui l'envoie. Il ne peut inventer sa doctrine ni improviser son discours. Un vrai prophète vit, comme Marie, « à l'écoute de la Parole de Dieu ». En conséquence, il est un être de silence, de prière, de contemplation. Il aime le désert et s'y retire pour écouter et goûter le Seigneur. Le prophète n'« invente » pas son message; il le « reçoit » dans le silence et le « transmet » avec la clarté et la force de l'Esprit.

Quand les prophètes évoquent leur vocation, ils disent toujours: « La Parole de Dieu est venue sur moi » ou « Je mets mes paroles dans ta bouche », « Ce que je te commande, tu le diras », « Je ne parle pas en mon nom », « Ma doctrine n'est pas de moi, mais de celui qui m'a envoyé. » Il peut y avoir une double infidélité à la Parole: ou ne pas avoir le courage de la transmettre dans toute sa clarté et dans toute son exigence, ou utiliser nos propres formules humaines, parfois brillantes, parfois agressives, dépourvues de la force transformante de la Parole de Dieu. Seul convertit et édifie le prophète qui, dans la simplicité et avec la passion de l'Esprit, transmet la sagesse de la croix.

Cela suppose une pénétration constante et savoureuse de la Parole de Dieu, à la manière du pauvre: « Je te loue, Père, Seigneur du ciel et de la terre, d'avoir caché cela aux sages et aux intelligents et de l'avoir révélé aux tout petits » (Lc 10, 21). Il faut une grande pauvreté et une profonde attitude de contemplation, comme Marie. La Parole de Dieu vient à elle parce qu'elle est pauvre, parce qu'elle la reçoit dans le silence et « la garde dans son cœur » (Lc 2, 51). Pauvreté et contemplation sont des attitudes fondamentales d'un vrai prophète, qui ne peut dire « sa parole », ni réaliser « son œuvre », mais l'œuvre de celui qui l'a envoyé.

La fidélité à la Parole qui est Dieu suppose aussi une réponse personnelle et généreuse à ses exigences. Le prophète est un témoin: il annonce ce qu'il a vu et entendu

(1 Jn 1, 3), ce qu'il a contemplé et expérimenté, dans sa rencontre personnelle avec la Parole. Il y a un moment intermédiaire entre la venue intérieure de la Parole et sa manifestation extérieure: le moment où le prophète se livre, dans la joie, et sans condition, à cette Parole. « Je suis la servante du Seigneur. Que tout se passe en moi comme tu l'as dit» (Lc 1, 38). C'est pourquoi Marie est proclamée bienheureuse par son propre Fils: « Heureux ceux qui écoutent la parole de Dieu et qui l'observent» (Lc 11, 28). Saint Augustin a une phrase étrangement significative: « Ce furent, pour Marie, une plus grande dignité et un plus grand bonheur d'avoir été disciple du Christ que d'avoir été mère du Christ. » Pour nous, il s'agit de vivre en profondeur ce que nous prêchons, d'être « des réalisateurs de la Parole et pas seulement des auditeurs qui s'abuseraient euxmêmes» (Jc 1, 25).

Une authentique fidélité à la Parole qui est Dieu suppose, enfin, une profonde assimilation et une annonce explicite de l'Évangile tout entier. « J'ai décidé de ne rien savoir parmi vous, sinon Jésus Christ et Jésus Christ crucifié» (2 Co 2, 2). Tel est le thème central et global de notre prédication: le Mystère pascal du Christ, ou le Christ, comme envoyé du Père, dans toute la dimension de son œuvre rédemptrice. Nous ne pouvons rogner l'Évangile ou l'accommoder à notre vision personnelle des choses. L'Évangile ne peut être réinterprété à partir de l'histoire changeante des humains; au contraire, il faut accompagner l'histoire et l'éclairer, de la profondeur immuable de tout l'Évangile.

C'est pourquoi le prophète est fidèle à l'intégrité de l'Évangile: il devra proclamer les exigences de la fraternité et de la justice, mais il devra aussi parler du Père, de la prière, de la croix. Il devra dénoncer ouvertement le péché des humains et leurs injustices, mais il devra aussi prêcher l'amour miséricordieux du Père et la réalité du Royaume de Jésus, mystérieusement présent parmi nous. Un prophète authentique parle clairement de l'esprit des fils et filles du Royaume (les béatitudes), de la loi suprême du Royaume (le commandement de l'amour) et des exigences concrètes de la suite de Jésus (pauvreté, croix, amour fraternel, prière).

b) *Fidélité à la Parole qui s'est faite chair* (Jn 1, 14). Ce serait l'aspect temporel et historique du salut. Le prophète doit interpréter l'être humain et son histoire, discerner les signes des temps. Il doit être disponible à l'action de Dieu et sensible aux temps nouveaux. Pour cette raison, le prophète, rempli de l'Esprit Saint, est fidèle à la Parole de Dieu et répond concrètement aux attentes des humains. C'est une personne qui, de la profondeur de sa contemplation, sait comprendre les autres humains, assumer avec générosité leurs angoisses et leurs espérances, et leur ouvrir, dans la croix, le chemin de la réconciliation et de la paix. Un prophète est toujours attentif aux appels pressants de Dieu dans l'histoire : sa vie est ouverte, simultanément et inséparablement, à Dieu et aux humains. C'est une personne qui sait écouter, qui sait prier, qui sait exprimer beaucoup de choses dans le silence.

Cette fidélité à l'être humain – à son histoire de souffrance et d'espérance, de péché et de grâce – exige que le prophète soit aussi l'« homme de douleurs, familier de la souffrance » (És 53, 3). C'est-à-dire qu'il sache être profondément solidaire de ceux qui souffrent et qu'il ait une véritable expérience de la croix. Il doit savoir goûter intérieurement, dans son cœur ouvert à l'Esprit, « le martyre de la prophétie ». Il est très facile que les humains ne le comprennent pas (même les plus proches), qu'ils le persécutent ou le tuent. Tuer un prophète, ce n'est pas uniquement lui enlever la vie, c'est encore étouffer sa voix, détruire sa joie ou diminuer son courage.

Enfin, le prophète doit proclamer « les merveilles de Dieu » dans le langage humain. « Chacun de nous les entend dans sa langue maternelle. Nous les entendons annoncer dans nos langues les merveilles de Dieu » (Ac 2, 8.11). Le contenu est invariablement le même : « les merveilles de Dieu » ; mais leur manifestation se fait dans des cultures et des mentalités différentes : « Libre à l'égard de tous, je me suis fait esclave de tous pour en gagner le plus grand nombre » (1 Co 9, 19). Il ne s'agit pas de dénaturer ou d'affaiblir le Message: « L'Évangile est puissance de Dieu pour le salut de quiconque croit, du Juif d'abord, puis du Grec » (Rm 1, 16). Il s'agit de l'assimiler en profondeur et de le traduire intégralement dans les diverses langues des hommes et des femmes d'aujourd'hui, particulièrement des jeunes. C'est une tâche qui exige de longues heures de prière, de vraie fraternité envers le prochain, d'une expérience de mort personnelle et d'une constante attitude contemplative. Ainsi seulement, le prophète pourra se faire entendre des humains quand il leur parlera exclusivement de Dieu; il est important qu'il leur parle du Dieu vivant et proche, révélé en Jésus Christ et communiqué à tous par la puissance de l'Esprit; c'est le Dieu attendu des humains, parce qu'il est « le Père des miséricordes et le Dieu de toute consolation, qui nous console dans toutes nos détresses, pour que nous puissions consoler ceux qui sont dans la détresse, par la consolation que nous-mêmes recevons de Dieu » (2 Co 1, 3-4). La prophétie véritable, même après la menace et la douleur, conduit toujours à la consolation et à l'espérance.

c) *Fidélité à la passion de l'Esprit Saint dans son Église.* Cette fidélité est essentielle pour discerner, dans l'Église, la vraie prophétie. Le prophète est une personne qui obéit pleinement à l'Esprit, qui se laisse envahir par lui et qui parle en son nom. La prophétie ne peut être une simple sagesse humaine; encore moins, une expression de ressentiment intérieur ou d'agressivité destructrice. Elle est toujours un cri de l'Esprit Saint, qui nous a donné l'onction pour « porter le joyeux message aux humiliés, panser ceux qui ont le cœur brisé » (És 61, 1; *cf.* Lc 4, 18-19), qui s'exprime par nous surtout dans les moments difficiles (Lc 12, 12), qui nous communique une force spéciale et unique pour le témoignage: « Vous allez recevoir une puissance, celle de l'Esprit Saint qui viendra sur vous; vous serez alors mes témoins » (Ac 1, 8).

On reconnaît immédiatement le vrai prophète – celui qui parle, mû par la passion de l'Esprit Saint et non par la simple passion humaine –; sa parole peut être forte, elle peut provisoirement blesser (ainsi ont parlé les prophètes autrefois, ainsi l'a aussi fait Jésus) ; mais elle laisse, en définitive, une volonté de conversion, un ardent désir de réconciliation, un profond sentiment de communion, de joie et de paix.

De plus, le vrai prophète, celui qui parle à partir de l'ardeur de l'Esprit, possède une force irrésistible dans sa parole, dans ses gestes, dans la profondeur de son silence, dans sa simple présence. Le prophète, qui vit dans l'Esprit et qui parle par lui, se révèle toujours comme une vivante et claire présence de Jésus, « le grand Prophète », dont la sagesse et l'autorité sont insurpassables.

Concluons cette méditation en levant les yeux vers Marie, en qui l'Esprit a engendré la Parole qui était Dieu et qui s'est faite chair pour planter sa tente parmi nous. Plaçons entre ses mains ce moment privilégié de l'Église, qui a besoin d'apôtres et d'évangélisateurs qui soient de lumineux témoins et d'ardents prophètes.

Le prophète est l'être humain « consacré », « oint » et « conduit », par l'Esprit, qui annonce, dans les diverses langues humaines, les invariables merveilles de Dieu. C'est une personne pauvre, fidèle à l'Esprit, profondément amie de l'être humain qu'elle ne cherche pas à détruire, mais à sauver dans le Seigneur.

Si nous voulons une Église vraiment prophétique, nous devons insister sur trois choses : la foi, la contemplation, la fidélité totale à l'Esprit. Mais la parole prophétique doit être accompagnée d'un témoignage prophétique vrai et clair. Toute notre vie – la vie de toute l'Église – doit être un signe évident et une annonce explicite de la résurrection de Jésus et de la présence de son Royaume.

Marie reçoit, réalise et communique au monde « la Parole de salut ». Remplie de l'Esprit Saint, elle célèbre et proclame la fidélité de Dieu à ses promesses (Lc 1, 55). À partir de sa pauvreté et de son silence, dans son cœur contemplatif et fidèle, nous apprendrons à être de vrais prophètes.

XIII

L'Église de la foi

« Bienheureuse celle qui a cru. »
(Lc 1, 45)

Textes : Jn 20, 19-29 ; cf. Hé 11, 1s.

Pour être vraiment une Église de la prophétie, nous devons être « l'Église de la foi » ; c'est comme si nous disions l'Église de la « vraie lumière » venue dans ce monde en Jésus Christ, qui nous pénètre et nous envahit. Le Christ, qui est « la vraie lumière » (Jn 1, 9), « habite en nos cœurs par la foi » (Ép 3, 17). Dans la mesure où notre pénétration du mystère du Christ croîtra, par la foi, nous serons en vérité « témoins de la lumière » et « prophètes du Dieu vivant ».

Nous vivons un moment difficile d'obscurcissement de la foi, et une sorte d'érosion de l'original et du spécifique du message chrétien. « On veut séculariser le chrétien », remarquait Paul VI. Nous signalerons, ci-après, quelques traits de cette crise et nous en noterons certaines causes. Mais nous ne devons pas nous laisser envahir par le pessimisme ; tout ne va pas bien dans l'Église (on sent fortement les crises), mais l'Esprit Saint agit de manière évidente. Ici aussi, nous devons être des personnes de foi. De nouveau, évoquons les paroles de Jésus dans la tempête: «Pourquoi avez-vous si peur? Vous n'avez pas encore de foi?» (Mc 4, 40).

Nous pouvons nous demander si nous sommes des personnes de foi, dans le sens de croire, d'avoir confiance, de nous livrer joyeusement au dessein de Dieu. La foi à la façon d'Abraham, qui, «répondant à l'appel de Dieu, obéit et partit pour un pays qu'il devait recevoir en héritage, et il partit sans savoir où il allait» (Hé 11, 8). La foi à la manière de Marie, qui, dès qu'elle entendit l'invitation de Dieu et eut l'assurance qu'«à Dieu, rien n'est impossible», répondit généreusement à la parole reçue: «Je suis la servante du Seigneur. Que tout se passe pour moi comme tu l'as dit» (Lc 1, 38). C'est précisément pour cela qu'elle fut proclamée bienheureuse par sa cousine Élisabeth d'abord, puis par Jésus lui-même. «Bienheureuse, toi qui as cru» (Lc 1, 45), c'est-à-dire bienheureuse parce que tu as dit *oui*, parce que tu t'es livrée. Jésus le réaffirme: «Heureux ceux qui écoutent la parole de Dieu et qui la mettent en pratique» (Lc 11, 28).

Nous pouvons énumérer «les béatitudes de la foi». Nous les trouvons au début, au centre et à la fin de l'Évangile: «Bienheureuse celle qui a cru» (Lc 1, 45). «Heureux es-tu, Simon, fils de Jonas, car ce n'est pas la chair et le sang qui t'ont révélé cela, mais mon Père qui est aux cieux» (Mt 16, 17). «Bienheureux ceux qui, sans avoir vu, ont cru» (Jn 20, 29). Ces trois «béatitudes de la foi» sont au cœur des huit béatitudes évangéliques (Mt 5, 3-12), elles les précèdent et les rendent possibles. Ce n'est qu'à partir de la foi que se comprend le bonheur de la pauvreté, de la croix, de la persécution.

C'est que, en définitive, il est heureux, l'être humain qui rencontre Jésus (ou qui se laisse rencontrer par lui, comme Zachée, la Samaritaine, Saul de Tarse) et qui se livre totalement à lui. Il est heureux, l'être humain qui croit immédiatement dans l'appel et l'accueille avec un joyeux empressement: «‹Venez et vous verrez.› Ils allèrent donc, ils virent où il demeurait et ils demeurèrent auprès de lui, ce jour-là» (Jn 1, 39). Quand Dieu entre, de façon inattendue, dans une vie, il la change radicalement, il exige tout, mais rend immensément heureux.

Tel fut le bonheur de Marie. Tel est le nôtre, en elle. Tel est celui de toute l'Église, «la communauté des croyants» : communauté de ceux qui adhèrent à la Parole et qui célèbrent la résurrection. Comme Marie, l'Église, elle aussi, «progresse sur le chemin de la foi» (LG 58), jusqu'à ce que le Mystère se révèle, à la fin, dans sa pleine lumière (LG 8).

Le Christ exige de nous la foi. C'est une des exigences les plus fortes de Jésus dans la formation de ses apôtres: pauvreté, foi, charité, espérance: «Le Fils de l'homme n'a pas où reposer la tête.» «Tout est possible à celui qui croit.» «Si quelqu'un veut venir après moi, qu'il prenne sa croix, chaque jour.» «Aimez-vous comme je vous ai aimés.» «Que votre cœur ne se trouble pas. N'ayez pas peur.»

Cette exigence de foi nous presse d'une manière particulièrement forte dans les temps que nous vivons: soit à cause des crises qui surgissent, soit, surtout, à cause des attentes des humains (particulièrement des jeunes); ils exigent de nous une foi sûre et éclairante, mûre et engagée, comme don radical à Dieu et comme réponse à ceux qui nous demandent de «rendre compte de notre espérance».

Signalons rapidement quelques aspects de cette crise de foi et indiquons-en les causes:

– mise en doute ou négation de certaines vérités (divinité et résurrection du Christ, virginité de Notre Dame, présence réelle dans l'eucharistie, infaillibilité du souverain pontife, etc.);

– mise en doute ou négation de l'efficacité même de l'Évangile (les béatitudes peuvent-elles transformer le monde ou faut-il recourir à la violence?);

– scandale devant le visible et l'institutionnel dans l'Église (sans tenir compte de la profondeur intérieure, invisible, essentiellement inséparable du provisoire – sacrements et institutions; *cf.* LG 48 –) et devant les limites du visible;

– recherche de l'identité propre dans notre ministère sacerdotal ou dans notre vocation religieuse (sens de notre consécration et de notre immolation définitive);

– confusion entre foi et politique, entre construction du Règne de Dieu et histoire, entre évangélisation et promotion humaine, entre authentique et totale liberté dans le Christ et libération exclusivement temporelle et politique. Nous ne pouvons retomber dans un dualisme que le concile a condamné « comme une des plus graves erreurs de notre époque » (GS 43). Mais nous ne pouvons, non plus, confondre le « progrès terrestre » et la « croissance du Règne de Dieu » (GS 39), même si ce progrès a beaucoup d'importance pour le Règne de Dieu.

Quelles sont les causes de cette crise de foi? Indiquons brièvement les suivantes: confiance excessive dans la raison (scientisme, un certain type d'intellectualisme superficiel, etc.), défiance excessive ou dépréciation de l'intelligence (superficialité dans l'interprétation de la foi, manque de croissance ou de maturation), euphorie superficielle pour le visible et le temporel, vision partielle de l'être humain et de l'histoire, excessive désincarnation du visible (se réfugier commodément dans l'invisible et l'éternel), réaction contre un dualisme qui a neutralisé l'efficacité historique de la foi.

Nous vivons toutefois un moment privilégié, où il est fortement exigé que nous soyons « l'Église de la foi ». Méditons attentivement le texte indiqué au début (Jn 20, 19-29).

Le soir de ce même jour qui était le premier de la semaine, alors que, par crainte des Juifs, les portes de la maison où se trouvaient les disciples étaient verrouillées, Jésus vint, il se tint au milieu d'eux et il leur dit: « La paix soit avec vous. » Tout en parlant, il leur montra ses mains et son côté. En voyant le Seigneur, les disciples furent tout à la joie. Alors, à nouveau, Jésus leur dit: « La paix soit avec vous. Comme mon Père m'a envoyé, à mon tour je vous envoie. » Ayant ainsi parlé, il souffla sur eux et leur dit: « Recevez l'Esprit Saint; ceux à qui vous remettrez les péchés, ils leur seront remis. Ceux à qui vous les retiendrez, ils leur seront retenus. »

Cependant Thomas, l'un des Douze, celui qu'on appelle Didyme, n'était pas avec eux lorsque Jésus vint. Les autres lui dirent donc: « Nous avons vu le Seigneur! » Mais il leur répondit: « Si je ne vois pas dans ses mains la marque des clous et si je n'enfonce pas ma main dans son côté, je ne croirai pas! » Or huit jours plus tard, les disciples étaient à nouveau réunis dans la maison et Thomas était avec eux. Jésus vint, toutes portes verrouillées, il se tint au milieu d'eux et leur dit: « La paix soit avec vous. » Ensuite il dit à Thomas: « Avance ton doigt ici et regarde mes mains; avance ta main et enfonce-la dans mon côté, cesse d'être incrédule et deviens un homme de foi. » Thomas lui répondit: « Mon Seigneur et mon Dieu. » Jésus lui dit: « Parce que tu as vu, tu as cru; bienheureux ceux qui, sans avoir vu, ont cru. »

Je veux simplement souligner les trois aspects suivants:

a) *« En voyant le Seigneur, les disciples furent tout à la joie »* (v. 20). C'est la joie que les disciples expérimentent en reconnaissant Jésus, quand il « leur montre ses mains et son côté ». Il n'y a pas d'autre manière de reconnaître Jésus et d'entrer en lui que de participer à la joie de sa croix pascale;

b) *« Comme le Père m'a envoyé, à mon tour, je vous envoie »* (v. 21). Il s'agit de l'urgence missionnaire et évangélisatrice de l'Église, comme continuation de la mission de Jésus et comme exigence de l'Esprit: « Recevez l'Esprit Saint » (v. 22).

c) *« Bienheureux ceux qui, sans avoir vu, ont cru »* (v. 28). Il est nécessaire de croire en un Christ crucifié! Il est nécessaire d'espérer quand, humainement, tout s'effondre! Il est facile de croire quand les choses vont bien dans le monde et quand les structures, les institutions et les personnes dans l'Église paraissent parfaites! L'important est de découvrir la présence du Christ pascal dans l'Église quand tout devient trop difficile et trop obscur. Dieu est vivant à travers tout cela.

1. L'Église comme communauté de croyants « Fides in ecclesia »

Considérons, dans l'Église, la communauté de ceux qui accueillent la Parole de Dieu et qui sont conduits par leurs pasteurs.

L'Église est la communauté de ceux qui « accueillent la Parole » (Ac 2, 41). Cette parole est la suivante :

- le Père a aimé intensément le monde et a envoyé son Fils pour que le monde soit sauvé par lui ;
- le Christ, ressuscité, est vivant ;
- l'Esprit habite dans l'Église.

Mais accueillir la Parole, c'est *se convertir* et répondre dans la fidélité (*cf.* Ac 2, 37-39). Ainsi se forme la communauté des chrétiens qui vivent unis (Ac 2, 44) et qui n'ont qu'un cœur et qu'une âme (Ac 2, 32).

L'Église manifeste *communautairement* sa foi dans la fraction du pain et dans le service fraternel (Ac 2, 42). L'Église est signe de la présence du Christ dans le monde, dans la mesure où elle est une communauté de foi engagée pour le salut de tous les humains et de tous les peuples. L'Église est la communion de ceux qui se sentent fraternellement incorporés dans le Seigneur Jésus et soutenus, dans l'obscurité de la foi, par la communauté. Comme il nous est bon de penser que, dans certains moments difficiles de notre vie, quand tout s'obscurcit et paralyse nos forces, nous continuons de croire, avec tout le peuple qui croit, que nous continuons d'espérer avec nos frères et sœurs qui espèrent ! Il existe des moments particulièrement durs dans notre vie : le Seigneur veut purifier notre foi et fortifier notre espérance. C'est alors que nous devons nous appuyer avec confiance sur ceux qui croient et qui espèrent.

Dans cette communauté de croyants, le Seigneur a voulu établir les pasteurs comme « hérauts de la foi », « docteurs authentiques », « témoins de la vérité divine » (LG 25). Il ne peut y avoir une « Église de la foi » sans le magistère explicite et concret des évêques sous la présidence du pape.

2. L'Église comme contenu de notre foi « Credo ecclesiam »

Nous croyons en l'Église comme dans la synthèse de tout le révélé. Nous croyons en l'Église de la Trinité qui nous a manifesté et communiqué le Christ. Nous croyons en cette Église concrète qui prolonge le Mystère du Verbe incarné. Nous croyons dans le Christ ressuscité qui vit en son Église – son sacrement –, qui, en elle, nous sauve et nous vivifie par l'Esprit et nous conduit au Père. Nous croyons en cette Église unique, telle que l'a voulue Jésus : « La société constituée d'organes hiérarchiques et le Corps mystique du Christ, le groupement visible et la communauté spirituelle, l'Église terrestre et l'Église déjà pourvue des biens célestes ne doivent pas être considérés comme deux entités ; ils constituent bien plutôt une seule réalité complexe formée d'un élément humain et d'un élément divin » (LG 8).

En dépit des limites et de la pauvreté humaines, en dépit même du péché de ses membres, nous croyons fermement en notre Église qui prie et contemple, qui prêche et célèbre l'eucharistie, qui travaille et sert l'humanité. Nous croyons en notre Église secouée par les tensions internes, mais fortement animée par l'Esprit de sainteté, de prophétie et d'amour. Nous croyons en l'Église, institution et charisme, parce que nous croyons en Jésus Christ, Fils de Dieu fait homme. Nous croyons en cette Église d'aujourd'hui, qui se renouvelle dans l'Esprit et qui se manifeste, chaque jour davantage, à l'humanité comme « sacrement universel de salut ». Église pauvre et magnifique en même temps, sainte et en quête de purification, essentiellement ouverte à Dieu et servante des êtres humains, Église du temps, en route vers l'éternel.

Croire en l'Église c'est, de plus, croire en l'amour du Père, qui nous a donné le Christ. « Et nous, nous avons cru en l'amour que Dieu manifeste au milieu de nous. Dieu est amour : qui demeure dans l'amour demeure en Dieu et Dieu demeure en lui » (1 Jn 4, 16). « Dieu a tant aimé le monde qu'il a donné son Fils, son unique, pour que tout homme qui croit en lui ne périsse pas mais ait la vie éternelle » (Jn 3, 16). Croire en l'Église, c'est aussi croire en la présence de Jésus dans nos frères et dans nos sœurs (*cf.* Mt 25, 31s). C'est croire à la vie éternelle, anticipée dans le temps par la grâce et par l'action sans cesse recréatrice de l'Esprit Saint.

3. L'Église comme témoignage de foi « Ecclesia fidei »

Il s'agit de la « crédibilité » de l'Église. Les humains acceptent le Christ, l'envoyé du Père, dans la mesure où nous sommes pauvres, remplis de charité, transparents de la sainteté de Dieu.

a) *La pauvreté:* « La Bonne Nouvelle est annoncée aux pauvres » (Lc 7, 22). C'est l'un des signes de la présence du Messie: « Allez rapporter à Jean ce que vous avez vu et entendu. » Dans une Église pauvre – effectivement détachée des biens matériels, des pouvoirs temporels et des calculs humains –, il est facile de reconnaître le visage du Christ, qui, « pour vous, de riche qu'il était, s'est fait pauvre pour vous enrichir de sa pauvreté » (2 Co 8, 9). Pour que l'Église soit facilement « reconnaissable », surtout pour les jeunes, il est nécessaire que nous vivions dans une pauvreté authentique. Pauvreté, c'est-à-dire humilité et simplicité, détachement réel et effectif des biens matériels, des pouvoirs temporels, des ambitions humaines, des titres honorifiques; pauvreté, c'est-à-dire amour sincère des plus nécessiteux et des plus dépossédés, généreuse solidarité avec eux, joyeuse option évangélisatrice en faveur des pauvres. « L'Esprit du Seigneur est sur moi parce qu'il m'a conféré l'onction pour annoncer la Bonne Nouvelle aux pauvres » (Lc 4, 18). Pauvreté, c'est-à-dire insécurité personnelle, faim de Dieu et besoin de prière. Être pauvres de cœur, vivre dans la pauvreté réelle, donner un témoignage communautaire de pauvreté ! Ainsi, nous aurons une Église « crédible », dans laquelle les plus simples pourront reconnaître Jésus et l'accueillir.

b) *La charité:* « À ceci tous vous reconnaîtront pour mes disciples: à l'amour que vous aurez les uns pour les autres » (Jn 13, 35). Tel est le signe évident des vrais disciples du Seigneur: une authentique charité fraternelle et un humble sens du service. La présence de Jésus est facilement reconnaissable dans une vraie fraternité évangélique. Si l'Église se présente au monde – à travers ses communautés, nombreuses et diverses, profondément animées par l'Esprit d'amour – comme « sacrement d'unité » (LG 1), les humains croiront en elle et goûteront les fruits de la rédemption. Elle apparaîtra aux yeux de tous comme « le sacrement de l'amour de Dieu » qui invite à la réconciliation et à la paix.

c) *Sainteté de Dieu:* « Nous voulons voir Jésus » (Jn 12, 21). Les gens d'aujourd'hui, particulièrement les jeunes, veulent voir en nous une vivante transparence de la sainteté de Dieu. Ils veulent reconnaître facilement le Seigneur en nous: sa bonté et sa miséricorde, son sens de l'adoration et son amour de l'être humain, son obéissance au Père jusqu'à la croix et sa disposition à donner sa vie. Au milieu de tant de choses relatives et provisoires, ils veulent découvrir en nous le sens de l'absolu et de l'éternel; parmi tant de réalités quotidiennes de désunion et de violence, ils veulent rencontrer, dans l'Église, Jésus Christ « qui est notre paix: de ce qui était divisé, il a fait une unité. Dans sa chair, il a détruit le mur de séparation » (Ép 2, 14). L'Église, pour être « crédible », doit être « le sacrement de Jésus ».

Mais quand nous parlons d'une Église témoignage de foi, nous ne nous référons pas seulement à une Église « pour les humains ». Nous voulons aussi dire, et essentiellement, une Église « à la louange de la gloire de Dieu » (Ép 1, 6). C'est-à-dire une Église qui est primordialement témoignage, *devant la Trinité,* d'une communauté de croyants, qui prie et célèbre l'eucharistie, qui cherche la gloire de Dieu et donne accès au Royaume, qui interprète et assume le monde pour le racheter dans le Christ. C'est une communauté profondément animée et conduite par l'Esprit Saint, qui « atteste que nous sommes enfants de Dieu » (Rm 8, 16).

En résumé, une Église « témoignage de foi » est une Église fortement caractérisée par le sens de Dieu et le service des humains, par la nécessité de la contemplation et l'urgence de l'activité apostolique, par la liberté intérieure de la pauvreté et la joie salvatrice de l'amour.

Nous devons conclure. Formulons une brève synthèse: avoir la foi, c'est croire, avoir confiance, se livrer. La foi suppose une adhésion libre et totale à la révélation de Dieu, qui atteint sa plénitude en Jésus Christ (DV 4 et 5); elle suppose une généreuse réponse personnelle au plan de Dieu (comme Abraham et Marie), une vision éclairée, en Dieu, des événements de l'histoire, de la réalité des choses et de la vie humaine; une ferme confiance en Dieu, pour qui rien n'est impossible; un dialogue sincère et une communion d'amitié avec le Seigneur (DV 2).

Quelles seraient les conditions nécessaires à notre foi? Notons les suivantes: la grâce de Dieu qui prévient et soutient, les secours intérieurs de l'Esprit Saint, l'activité incessante de ses dons, la pauvreté («tu le révèles aux petits» [Lc 10, 21]), la limpidité du cœur («ceux qui ont le cœur pur verront Dieu» [Mt 5, 8]), la recherche dans l'amour («il cherchait à voir qui était Jésus» [Lc 19, 3]), la pénétration intellectuelle sérieuse (le magistère et la théologie), la prière simple, confiante, continue.

Contemplons tout cela en Marie, «la Vierge fidèle»: «bienheureuse celle qui a cru» (Lc 1, 45). Bienheureuse parce que tu as dit *oui*. La fidélité de Marie est faite de pauvreté radicale, de confiance filiale, de disponibilité totale, joyeuse et simple. Parce que Marie comprit que Dieu l'aimait, et que, pour lui, rien n'était impossible, elle crut en son amour (1 Jn 4, 16) et se livra à lui dans le don total d'elle-même. Elle savait en qui elle avait mis sa foi (2 Tm 1, 12). Que Marie nous fasse devenir pauvres et disponibles; qu'elle nous amène à une pleine confiance en celui qui est éternellement fidèle et qui nous aime; qu'elle nous rende vraiment fidèles et fasse de nous les bâtisseurs d'une Église fidèle au Seigneur qui appelle et aux humains qui attendent.

XIV

Serviteurs de Dieu pour les humains

« Serviteurs du Christ. »
(1 Co 4, 1)

« Vos serviteurs à cause de Jésus. »
(2 Co 4, 5)

Texte : Mt 20, 20-28.

Jusqu'à maintenant, toutes nos méditations ont porté sur l'Église. En elle, naturellement, nous avons tenté de situer notre mission, de cerner notre identité. Aujourd'hui, nous parlerons plus particulièrement de notre « charge de la communauté » (LG 20), c'est-à-dire de notre condition de « serviteurs », à l'intérieur d'une Église elle-même entièrement « servante de l'humanité » (Paul VI).

Faisons dès maintenant ces trois affirmations :

– nous sommes, avant tout, « serviteurs du Christ, comme le Christ est le ‹ serviteur de Yahvé › » ;

– nous sommes « serviteurs des humains par amour de Jésus Christ » : notre service est universel (tous les humains et tous les peuples) et intégral (communiquer « l'Évangile du salut » dans sa totalité) ;

– en définitive, notre service s'exprime ainsi : « oints par l'Esprit pour bâtir la communion et y présider ».

Nous essaierons de considérer tout cela à la lumière du Christ, le Serviteur de Yahvé, qui « a été destiné à être l'alliance de la multitude, à être la lumière des nations » (És 42, 6). Le Christ réalise la communion par la croix (Ép 2, 16) et il apporte une lumière qui est annonce de la Bonne Nouvelle aux pauvres (Lc 4, 18).

Soulignons avec insistance que, pour le Christ, le service est avant tout une attitude fondamentale de don de soi et d'obéissance au Père. Précisément à cause de cela, il « est venu non pour être servi, mais pour servir et donner sa vie en rançon pour la multitude » (Mt 20, 28). Jésus atteint le moment culminant de son service en se faisant obéissant jusqu'à la mort sur la croix (Ph 2, 8).

Il est bon de considérer attentivement tout le texte choisi pour notre réflexion (Mt 20, 20-28). En saint Matthieu, l'exhortation à vivre en attitude de service, comme le Christ, est précédée de deux passages très significatifs : la troisième annonce de la passion et la demande de la mère des fils de Zébédée (Mt 20, 20-24). Les deux sont marqués par « la croix » et « la coupe ». Le texte s'achève par une allusion au mode concret du service dans le Christ : « donner sa vie comme rançon ». Il nous rappelle l'image du « Serviteur de Yahvé » : « le Seigneur a fait retomber sur lui la perversité de nous tous » (És 53, 6).

L'idée du « service » dans le Christ est essentielle à sa mission salvatrice (« Quelqu'un a payé le prix de notre rachat » [1 Co 6, 20]), elle est intimement liée à son immolation sur la croix, elle implique la totalité de ses fonctions : de prophète, de prêtre et de roi. Il y a d'humbles gestes du Christ (le lavement des pieds, par exemple) qui indiquent clairement un service; mais son enseignement sur le Règne, sa prière au Père, son eucharistie sont aussi services. Tout dans le Christ, depuis l'incarnation jusqu'à la croix pascale et la Pentecôte, est service de rédemption.

Nous découvrons ainsi notre propre « identité sacerdotale » – à l'intérieur d'une Église entièrement peuple sacerdotal – dans la ligne du service pour la communion. Mais il faut passer nécessairement par la croix. Servir, c'est « donner sa vie », « boire la coupe », « monter à Jérusalem et être crucifié ». Ce n'est qu'à partir de la croix que nous pouvons être « alliance pour les peuples ». Fondamentalement, notre mission dans l'Église est celle-ci : bâtir la communion et y présider. Mais cela exige que nous soyons des « hommes de communion » : avec le Christ, avec l'Église, pour les humains. Notre identité sacerdotale et notre fonction première dans l'Église s'éclairent dans la perspective du Christ, l'envoyé du Père, le serviteur de Yahvé, le bon pasteur.

Notre service aux humains commence donc par une remise inconditionnelle de nous-mêmes entre les mains du Père, par une joyeuse assimilation de l'obéissance du Christ, jusqu'à la croix, et par notre soumission à l'Esprit Saint. Paul le comprenait ainsi quand il se présentait aux Romains par ces mots : « Paul, serviteur de Jésus Christ, appelé à être apôtre, mis à part pour annoncer l'Évangile de Dieu » (Rm 1, 1). En décrivant son propre ministère, il dira : « Qu'on nous considère donc comme des serviteurs du Christ et des intendants des mystères de Dieu » (1 Co 4, 1). Notre service du Christ nous place donc en totale disponibilité pour le bien de nos frères et de nos sœurs : « Non, ce n'est pas nous-mêmes, mais Jésus Christ Seigneur, que nous proclamons. Quant à nous-mêmes, nous nous proclamons vos serviteurs à cause de Jésus » (2 Co 4, 5).

1. Le Christ, serviteur de Yahvé

Nous comprendrons mieux notre service si nous relisons attentivement les quatre cantiques du Serviteur (És 42, 1-9 ; 49, 1-6 ; 50, 4-9 ; 52, 13 – 53, 12) et si nous essayons de pénétrer, avec une simplicité de pauvres, ses attitudes fondamentales et ses exigences. Résumons quelques points qui peuvent davantage nous aider spirituellement :

a) *la mission* du Serviteur : « Je t'ai destiné à être l'alliance de la multitude, à être la lumière des nations, à ouvrir les yeux des aveugles, à tirer du cachot le prisonnier, de la maison d'arrêt, les habitants des ténèbres» (És 42, 6-7); «afin de ramener Jacob vers lui, afin qu'Israël pour lui soit regroupé [...]. C'est trop peu que tu sois pour moi un serviteur en relevant Jacob, et en ramenant les préservés d'Israël; je t'ai destiné à être la lumière des nations afin que mon salut soit présent jusqu'à l'extrémité de la terre» (És 49, 5-6). Le Serviteur est choisi et envoyé pour qu'il «sache soulager l'affaibli par une parole réconfortante» (És 50, 4). Sa mission est celle d'un prophète qui annonce et réalise la communion dans sa propre chair;

b) *l'élection, la consécration et la protection* du Serviteur: «Voici mon serviteur que je soutiens, mon élu que j'ai moi-même en faveur, j'ai mis mon Esprit sur lui. C'est moi le Seigneur, je t'ai appelé selon la justice, je t'ai tenu par la main, je t'ai mis en réserve» (És 42, 1.6). «Le Seigneur m'a appelé dès le sein maternel, dès le ventre de ma mère, il s'est répété mon nom. [...] dans l'ombre de sa main, il m'a dissimulé» (És 49, 1-2).

c) *les exigences* du Serviteur: recevoir l'onction de l'Esprit (És 42, 1), avoir une «langue de disciple», et une oreille de disciple: «Matin après matin, il me fait dresser l'oreille pour que je l'écoute, comme les disciples» (És 50, 4-5 = intériorité contemplative), et passer nécessairement par la croix (És 53, 1-12).

Ces considérations sont trop simples: jamais elles ne pourront remplacer une intériorisation contemplative; peut-être réussiront-elles à l'amorcer ou à la provoquer. Mais une lecture attentive des quatre cantiques du Serviteur, poursuivie à la pleine lumière de l'Évangile, nous offre quelques éléments essentiels pour comprendre le Christ, le Serviteur de Yahvé, et pour éclairer en lui notre service.

Disons d'abord que nous ne pouvons parler de simples «attitudes» ou «gestes» de service en Jésus. Tout, dans la vie du Christ, est service. Bien plus, le Christ est «celui qui sert», «celui qui se donne». C'est pour cela que les disciples d'Emmaüs le reconnaissent «à la fraction du pain»: c'était sa suprême et unique façon de se donner, d'être «don pour les autres». Le Christ est celui qui se donne.

Ainsi, Jésus sert par toute sa vie, dans la globalité de sa mission. La vie cachée et le désert, le ministère apostolique, la croix et la résurrection, la venue de l'Esprit Saint à la Pentecôte, constituent des moments forts de service. Comme sont aussi des formes privilégiées de service sa prière profonde au Père, sa prédication de la Bonne Nouvelle aux humbles, le pardon des péchés et la communication d'une vie nouvelle, les guérisons, la multiplication des pains, l'humble exercice de son autorité comme « Maître et Seigneur » (Jn 13, 13), le lavement des pieds de ses disciples. Tout, dans la vie du Christ, est service, comme tout est rédemption, comme tout est obéissance au Père.

Le service du Christ se présente toujours dans la ligne du Père, qui doit être glorifié et dont la volonté doit être accomplie : « La volonté de celui qui m'a envoyé est que je ne perde aucun de ceux qu'il m'a donnés » (Jn 6, 39). C'est pourquoi Jésus est venu « chercher ce qui était perdu » et « guérir les malades ». La dimension humaine du service dans le Christ découle essentiellement de son orientation fondamentale vers le Père. Et le service dans le Christ est, en définitive, de conduire l'être humain à la communion entière et consommée avec le Père, à la véritable réconciliation des humains entre eux et du monde avec le Père, à la création, dans le Christ de la Pâque, du seul « Homme nouveau » (Ép 2, 15). On ne peut séparer les deux services ; par sa parfaite obéissance jusqu'à la mort de la croix, Jésus s'offre librement et donne sa vie pour ses amis.

2. L'Église servante de l'humanité

L'Église prolonge la mission du Christ : sauver intégralement l'être humain et sauver tous les humains. L'Église, nous dit le concile, « ne vise qu'un seul but : continuer, sous l'impulsion de l'Esprit Consolateur, l'œuvre même du Christ, venu dans le monde pour rendre témoignage à la vérité, pour sauver, non pour condamner, pour servir, non pour être servi » (GS 3).

L'Église, nous dit Paul VI, est sortie du concile comme « servante de l'humanité ». Elle a senti plus que jamais la faim du monde, l'angoisse, l'injustice, la désespérance et la violence des humains. Elle a senti vivement la souffrance de l'humanité. Elle a senti aussi un appel très fort de l'Évangile, la présence de Jésus, « le bon Samaritain », l'urgence missionnaire et salvatrice de l'Esprit. L'Église veut le salut des humains, mais par exigence d'un service à Dieu, par fidélité à son plan de rédemption.

Certains ont pu se scandaliser en pensant à une infidélité de l'Église, comme si elle s'était tournée vers la créature en oubliant le Créateur. Le fameux et mémorable discours de Paul VI – le 7 décembre 1965, clôturant le concile – sur « la valeur religieuse du concile » est une des pages les plus claires et les plus courageuses de la littérature moderne et conciliaire, avec beaucoup d'amour pour l'être humain et un sens profond de l'Évangile. « La vieille histoire du bon Samaritain a été le modèle [...] de la spiritualité du concile », dit Paul VI, qui affirme plus loin: « Il est encore un autre point que nous devrions relever: toute cette richesse doctrinale ne vise qu'à une chose: servir l'homme. Il s'agit, bien entendu, de tout homme, quels que soient sa condition, sa misère et ses besoins. L'Église s'est pour ainsi dire proclamée la servante de l'humanité juste au moment où son magistère ecclésiastique et son gouvernement pastoral ont, en raison de la solennité du concile, revêtu une plus grande splendeur et une plus grande force: l'idée de service a occupé une place centrale dans le concile. »

L'Église n'a pas dévié de son centre, bien plus, elle s'est tournée vers lui. Parce que « si nous nous rappelons qu'à travers le visage de tout homme – spécialement lorsque les larmes et les souffrances l'ont rendu plus transparent – nous pouvons et devons reconnaître le visage du Christ, le Fils de l'homme, et si sur le visage du Christ nous pouvons et devons reconnaître le visage du Père céleste [...], notre humanisme devient christianisme, et notre christianisme se fait théocentrique, si bien que nous pouvons également affirmer: pour connaître Dieu, il faut connaître l'homme. »

Il vaut la peine de reprendre la lecture de ce discours du pape et d'en méditer le contenu tout entier, afin de saisir le sens d'une Église servante des humains par totale fidélité au Christ, « serviteur du Père ».

Il y a trois éléments que je voudrais simplement signaler dans le service de l'Église à l'humanité :

– la *Parole* : qui rassemble et qui annonce la communion (le Christ, le salut, l'amour, la justice, la paix, l'espérance) ;

– l'*eucharistie* : qui célèbre et fait la communion. « Aucune communauté chrétienne ne peut se construire sans trouver sa racine et son centre dans la célébration de l'eucharistie » (PO 6).

– la *charité fraternelle* : attitudes évangéliques qui expriment et engendrent la communion entre les humains. Il ne s'agit pas de simples gestes passagers qui tendent à soulager superficiellement la misère des frères et des sœurs, mais de quelque chose de plus profond qui touche les racines du mal et qui se préoccupe de la justice, de la vérité, de la liberté, de l'amour et de la paix. L'Église, servante de l'humanité, cherche à refaire la communion entre les humains et s'engage à réconcilier les peuples entre eux et avec Dieu.

3. Consacrés pour le service

À l'intérieur de cette Église – toute tournée vers les humains pour les servir en Jésus Christ –, le prêtre trouve son identité propre. « Les évêques assumèrent donc la charge de la communauté avec leurs collaborateurs, les prêtres et les diacres, et dirigèrent à la place de Dieu le troupeau dont ils étaient les pasteurs, et cela comme maîtres de doctrine, prêtres du culte sacré, ministres du gouvernement de l'Église » (LG 20). L'essentiel ici réside en trois choses : nous avons été choisis et consacrés pour servir la communauté, nous présidons cette communauté au nom de Dieu et notre service s'exerce dans l'unité infrangible de trois fonctions (maître, prêtre, pasteur).

Nous avons été consacrés par l'Esprit Saint – comme « signes » de sa présence – pour bâtir la communion et y présider. « L'Esprit de Dieu est sur moi parce qu'il m'a conféré l'onction» (Lc 4, 18; *cf.* És 61, 1). Nous pourrions décrire ainsi notre mission dans l'Église: choisis par le Seigneur, consacrés par l'Esprit Saint, configurés au Christ, Prêtre et Médiateur, pour le service du peuple de Dieu, en vue de la construction d'une communauté de salut. Cette description s'applique à notre réalité intérieure (hommes choisis, consacrés, configurés au Christ) et à notre fonction: servir la communauté en l'édifiant, en vérité, non seulement comme une communauté de sauvés, mais comme une communauté missionnaire engagée pour le salut du monde (*cf.* PO 2; Synode 1971).

Notre service à la communauté se réalise surtout à travers la Parole, le sacrement et l'exercice de notre autorité pastorale (LG 28). Il serait bon de rappeler ici quelques textes du concile relatifs à notre prédication (LG 25; CD 12 et 13; PO 4), à la célébration eucharistique (LG 26; CD 15; PO 5) et au gouvernement pastoral (LG 27; CD 16; PO 6). Je relèverai simplement les passages suivants: «Le Peuple de Dieu est rassemblé d'abord par la Parole du Dieu vivant qu'il convient d'attendre, tout spécialement de la bouche des prêtres. Et, puisque nul ne peut être sauvé sans avoir d'abord cru, les prêtres, comme coopérateurs des évêques, ont pour première fonction d'annoncer l'Évangile de Dieu à tous les hommes» (PO 4). «Mais c'est avant tout lors de la synaxe eucharistique qu'ils exercent leur fonction sacrée» (LG 28); «L'eucharistie est bien la source et le sommet de toute l'évangélisation [...]. Ainsi, c'est l'assemblée eucharistique qui est le centre de la communauté chrétienne présidée par le prêtre» (PO 5). «Remplissant selon leur degré l'office du Christ, Pasteur et Chef, ils [les prêtres] rassemblent la famille de Dieu en une fraternité tendant vers un seul but; et, par le Christ, dans l'Esprit, ils la conduisent au Père» (LG 28).

Mais c'est toute la vie sacerdotale – prière et apostolat, action et souffrance, repos et travail – qui constitue un service à la communauté du Peuple de Dieu et à la communauté humaine tout entière. Comme le Christ et en lui, le prêtre est «celui qui sert». Rien, dans sa vie et dans son ministère, n'est étranger à la douleur et à l'espérance des humains. Sa vocation est un don du Père; sa vie, un don d'amour. Cela exige chez le prêtre un parfait équilibre, et donc une attitude permanente de contemplation. Parce qu'il est « l'homme qui sert », il devra nécessairement être « l'homme qui prie ». Il est significatif que, dans la vocation de Saul, le Seigneur lui-même le présente à Ananias comme un homme qui « est là en prière » (Ac 9, 11).

Le service des humains s'offre à nous, aujourd'hui, avec des exigences nouvelles et plus profondes; la misère du monde, misère matérielle, morale et spirituelle, se présente à nous avec des caractéristiques plus dramatiques et des appels plus urgents et plus universels. Nous ne pouvons rester tranquilles pendant que le monde meurt de faim et est détruit par la violence. Nous ne pouvons non plus rester tranquilles pendant que tant de jeunes viennent à nous en quête de justice et de liberté, d'amour et de culture, de vérité, de prière et de contemplation; en définitive, c'est Dieu que ces jeunes nous réclament. Plus que jamais, il est demandé aux prêtres et aux religieux de se faire proches de l'être humain, évangéliquement insérés dans le monde. Mais pour cela même, il nous est demandé, plus que jamais, de nous tourner vers Dieu et d'être véritablement hommes de prière, « amis de Dieu et prophètes » (Sg 7, 27).

Le service exige que nous vivions dans une disponibilité de tous les instants. Plus encore, le service consiste essentiellement à demeurer dans une disponibilité sereine et joyeuse. Qu'il est bon de mettre nos dons et nos charismes au service de nos frères et de nos sœurs ! Qu'il est bon de donner silencieusement, chaque jour, notre temps, notre santé, notre vie ! Qu'il est beau de rencontrer une personne qui, si occupée qu'elle soit, a toujours le temps et la sérénité pour nous écouter et qui nous donne l'impression qu'elle vient de passer, avec nous, les plus heureux instants de sa vie !

Servir ! Mais servir le Seigneur et, à cause de cela, vivre dans une permanente disponibilité à notre prochain. Le service implique détachement et pauvreté, mort et croix, don de soi simple, serein et joyeux. En définitive, le service exige que nous vivions à fond le Mystère pascal, parce que c'est la seule façon de servir en vérité. Tel est l'enseignement de Jésus, « le Serviteur de Yahvé ».

Concluons, une fois de plus, en regardant avec amour Marie, « l'humble servante du Seigneur» (LG 61). Elle nous apprend à vivre totalement pour le Seigneur, à l'écoute de sa parole, fidèles à sa volonté. Elle nous apprend aussi la promptitude et l'intégrité du service dans la visitation, la contemplation silencieuse du service à Cana, le don serein et fort du service près de la croix. Elle nous aide à réaliser notre mission : consacrés au service du Christ, dans son Église, pour le salut de l'être humain. Elle nous accompagne pour que nous vivions dans une disponibilité sereine et joyeuse: fidèles à l'amour, choisis pour porter des fruits, orientés vers la croix. En Marie du silence contemplatif et de la croix féconde, en Marie du service, Amen!

XV

La charité pastorale

« Je suis la porte [...]
Je suis le bon berger. »
(Jn 10, 9.11)

Texte : Jn 10, 1-18.

Pour devenir « serviteurs de Dieu pour les humains », nous devons être animés par « la charité pastorale » ; c'est-à-dire la charité immense, profonde, universelle du « bon berger ». Cet amour est répandu dans nos cœurs par « l'Esprit Saint qui nous a été donné » (Rm 5, 5). Nous ne pouvons parler de « charité pastorale » sans nous référer constamment, au moins implicitement, à l'Esprit de vérité et d'amour, qui nous a donné l'onction et qui habite en nous comme « feu divin » et comme « maître intérieur ».

Reprenons la méditation d'un très beau texte que nous avons lu tant de fois avec émotion, dont nous avons goûté la contemplation et que nous avons expliqué fructueusement à nos frères et sœurs : la parabole du « bon berger ».

Jésus dit que celui-là seul « qui entre par la porte est le berger des brebis ». Celui qui garde lui ouvre la porte, les brebis écoutent sa voix, il les appelle chacune par son nom, et il les emmène dehors, il marche à leur tête et elles le suivent « parce qu'elles connaissent sa voix ». Il y a entre le vrai pasteur et ses brebis une connaissance profonde et une très intime communion d'amour. Pour être un pasteur véritable, il faut donc « entrer par la porte ». Et Jésus affirme, dans le même texte : « Je suis la porte. » Qu'est-ce que cela signifie pour nous, prêtres, évêques, que Jésus soit « notre porte » ? Cela veut dire qu'il faut entrer par lui et en lui. Les frères et sœurs reconnaîtront en nous la voix, la présence, les gestes du Christ, si, en vérité, nous « entrons » par le Christ. Entrer par le Christ, c'est assimiler profondément ses sentiments : vivre dans le silence qui adore le Père, dans l'obéissance joyeuse de la croix, dans la sereine et forte influence de l'Esprit. Entrer par le Christ signifie vivre son attitude permanente de contemplation (toujours « dans le sein du Père ») et son don généreux et inlassable aux humains (« pour la vie du monde ») ; se laisser « crucifier avec le Christ » et conduire par l'Esprit : au désert et sur la montagne, à la prédication du Règne aux petits et à la guérison des malades, à la rencontre silencieuse avec les disciples et à l'oblation sereine sur la croix.

Mais Jésus ne dit pas seulement qu'il est « la porte ». Il ajoute aussitôt : « Je suis le bon berger. » Et il signale trois attitudes essentielles : « je connais mes brebis », « je me dessaisis de ma vie pour mes brebis », « j'ai d'autres brebis qui ne sont pas de cet enclos et celles-là aussi, il faut que je les y mène ».

« Connaître », c'est expérimenter et faire siennes les angoisses et les espérances des humains. Le bon berger ne se contente pas d'une connaissance théorique et désincarnée de la réalité ; il éprouve le besoin de partager la douleur et la joie, la pauvreté et la souffrance des autres. *« Se dessaisir de sa vie »*, c'est se donner, en totale disponibilité, mettre au service des autres les dons reçus de Dieu, donner son temps, consumer sa santé, dépenser sa vie, jour après jour, sans rien se réserver. Il nous est facile, parfois, de donner des choses (un livre ou quelque argent) ; il est plus difficile, mais beaucoup plus important et beaucoup plus fécond, de

donner notre temps: garder la tranquillité intérieure pour écouter en silence ceux qui souffrent et communier fraternellement à leur souffrance. Nous dessaisir de notre vie, c'est essentiellement nous donner nous-mêmes inlassablement, totalement, sereinement. Et donner la vie de Jésus, devenue nôtre, c'est communiquer simplement aux autres, par notre seule présence, le Christ qui habite en nous par la foi et la charité. Le bon berger a, de plus, un profond *« esprit missionnaire »* : de témoignage et de prophétie, de recherche et de communion. Il sent l'urgence de sortir à la rencontre de ceux qui cherchent, d'allumer la « Lumière véritable » dans le cœur de ceux qui marchent dans les ténèbres, de semer la paix, la joie et l'espérance en ceux qui souffrent de solitude et de tristesse, d'angoisse et de pessimisme. Le bon berger fait mûrir et croître la foi de toute la communauté chrétienne et, dans le Seigneur, il va à la recherche de ceux qui ne sont pas encore en parfaite communion.

1. La charité pastorale, centre de notre spiritualité de service

« Et par-dessus tout, revêtez l'amour: c'est le lien parfait » (Col 3, 14). De même que le centre de la spiritualité chrétienne est l'amour, ainsi la charité pastorale constitue le centre de notre spiritualité de service. La parabole du bon berger, que nous commençons à méditer, illustre clairement cette affirmation. Et le concile en parle aussi. Dans le décret *Presbyterorum ordinis,* il est intéressant de voir comment toute la vie et tout le ministère des prêtres sont marqués par la responsabilité et les exigences de « la charité du bon berger ».

a) La « charité pastorale » *est l'âme de la triple fonction des prêtres:* ministres de la Parole et de l'eucharistie, guides du Peuple de Dieu. Il est très important, cet enseignement conciliaire: « C'est l'exercice loyal, inlassable, de leurs fonctions dans l'Esprit du Christ qui est, pour les prêtres, le moyen authentique d'arriver à la sainteté » (PO 13). C'est dire que la source de notre spiritualité est l'exercice du ministère lui-même, pourvu que ce soit « dans l'Esprit du Christ ». Cela nous amène à penser à la profonde unité qui existe entre sainteté et travail apostolique, recherche de Dieu et don de soi aux frères et sœurs en humanité, contemplation et action.

Le ministère de la Parole nous sanctifie, parce qu'il nous met, quotidiennement, « à l'écoute » de la Parole divine, nous dispose à l'accueillir en nous-mêmes, fait de nous des disciples du Seigneur, chaque jour en progrès ; au moment de proclamer la Parole, nous nous unissons plus intimement au Christ, notre Maître, et nous nous laissons guider par son Esprit. De cette façon, nous devenons participants « de l'amour de Dieu dont le mystère, caché depuis des siècles, a été révélé dans le Christ ». Le ministère de l'eucharistie – « où les prêtres exercent leur fonction principale » – nous plonge, d'une manière spéciale, dans le Mystère pascal de Jésus, puisqu'il nous porte à « imiter ce que nous célébrons » et nous fait participer profondément « à la charité de celui qui se donne aux fidèles comme pain eucharistique ». Comme guides du Peuple de Dieu, nous nous sentons « poussés par la charité du Bon Pasteur à donner notre vie pour [les] brebis, prêts à aller jusqu'au sacrifice suprême » (PO 13). De cette façon, l'exercice de la triple fonction de notre ministère unique est animé par la charité.

b) La « charité pastorale » unifie la vie et l'action du prêtre : elle le fait entrer dans le ministère du Christ par la connaissance de la volonté du Père et par le don de soi aux frères et aux sœurs. Voilà le drame intérieur de tout prêtre, aujourd'hui – et de tout chrétien sérieusement engagé envers le prochain – : placé dans un monde qui s'agite et qui le réclame à travers mille préoccupations diverses, le prêtre sent, en même temps, l'appel et l'urgence du silence, de la prière, de la contemplation. Plus on le réclame de l'extérieur, plus il éprouve le besoin et le goût du désert. C'est un problème de toujours, mais nous en souffrons aujourd'hui avec une intensité plus grande et nous en avons davantage conscience. Le concile nous signale une voie de solution : « Menant la vie même du Bon Pasteur, ils [les prêtres] trouveront dans l'exercice de la charité pastorale le lien de la perfection sacerdotale qui ramènera à l'unité leur vie et leur action. Or, cette charité pastorale découle avant tout du

Sacrifice eucharistique; celui-ci est donc le centre et la racine de toute la vie du prêtre» (PO 14). Cette «charité pastorale», qui exige de ne pas séparer la fidélité au Christ de la fidélité à l'Église, demande que les prêtres, pour ne pas courir pour rien, travaillent toujours «en communion avec les évêques et avec leurs autres frères dans le sacerdoce».

c) La «charité pastorale» *met en lumière les exigences évangéliques* de l'obéissance, du célibat et de la pauvreté volontaire.

De *«l'obéissance responsable et volontaire»* (PO 15): comme manière de vivre la communion hiérarchique de tout le Corps. «La charité pastorale pousse les prêtres, au nom de cette communion, à consacrer leur volonté propre par l'obéissance au service de Dieu et de leurs frères [et sœurs].»

Du *«célibat»*: qui «est à la fois signe et stimulant de la charité pastorale, [il] est une source particulière de fécondité spirituelle dans le monde» (PO 16). Quand le célibat est vécu authentiquement, comme plénitude d'amour, la charité pastorale devient particulièrement transparente et féconde; elle se présente comme une oblation joyeuse au Christ, une amitié sacerdotale sincère et profonde, un service généreux aux humains.

De la *«pauvreté volontaire»*, pour ressembler plus pleinement au Christ et être libérés pour le ministère. La «charité pastorale» nous fait apprécier justement les biens temporels et le détachement joyeux en vue de l'édification du Royaume et pour la conquête d'une liberté intérieure qui assure une écoute plus intime de la Parole de Dieu et un meilleur service au prochain. La pauvreté volontaire «est une excellente voie d'accès à la charité pastorale» (PO 17).

2. Dans une Église qui vit essentiellement de la charité (*cf.* 1 Co 13)

«Maintenant donc ces trois-là demeurent, la foi, l'espérance et l'amour, mais l'amour est le plus grand» (1 Co

13, 13). Le ministère sacerdotal révèle et communique l'amour de Dieu pour les humains. On ne peut concevoir la vie d'un prêtre si ce n'est dans une pleine dimension d'amour. Le sacerdoce même est un don de Dieu à son peuple. Il se vit à l'intérieur d'une Église « manifestant et actualisant tout à la fois le mystère de l'amour de Dieu pour les hommes » (GS 45).

L'Église vit essentiellement de la charité, dans ses trois aspects: Église de l'amour de Dieu pour les humains, Église de la fidélité à l'absolu de Dieu, Église de la joie dans la charité fraternelle et le service.

« Comme le Père m'a aimé, moi aussi je vous ai aimés: demeurez dans mon amour » (Jn 15, 9). Il est important de nous laisser aimer par le Christ, d'expérimenter fortement dans notre vie son amour: il nous cherche, nous transforme, nous offre sa croix, nous rend heureux. L'Église vit l'expérience de cet amour profond du Christ qui « s'est livré pour elle » (Ép 5, 25). Notre ministère sacerdotal, vécu dans la sérénité et la joie du service, est un signe évident de la proximité du « Dieu amour ».

Mais, de plus, l'Église vit de la charité dans la mesure où elle est l'Église de la fidélité à l'absolu de Dieu: il s'agit d'une adhésion, simple et radicale, au plan du Père et à son salut. Si elle se tourne vers les humains – et elle doit le faire par la nature de sa mission salvatrice –, c'est par fidélité à Dieu. Ce qui compte, toujours, c'est l'accomplissement de sa volonté et la recherche de sa gloire. Mais le Christ se fait présent dans les plus pauvres et les plus nécessiteux (Mt 25): c'est là qu'il se révèle et nous attend. Il attend le don de notre temps, de nos talents, de notre vie. Il conviendrait de méditer ensemble maintenant « le grand commandement » et la « parabole du bon Samaritain » (Lc 10, 25-37). Il s'agit de l'unique commandement en deux expressions distinctes: « Tu aimeras le Seigneur, ton Dieu, de tout ton cœur, de toute ton âme, de toute ta force, de tout ton esprit; et tu aimeras ton prochain comme toi-même ». Aimer Dieu véritablement, c'est reconnaître sa présence dans le prochain; aimer authentiquement le prochain, c'est lui vouloir le bien que Dieu veut et le conduire à la parfaite communion avec lui. Il y a des circonstances où il est facile de « discerner » qui est notre prochain ; d'autres, où cela devient plus difficile ; quoi qu'il en soit, le « prochain » est toute personne que Dieu place providentiellement sur mon chemin, même si j'ignore son nom. L'important est de « tout donner » à notre prochain : notre huile, notre cheval, notre argent et, surtout, notre temps et notre vie. La grande sagesse de la charité réside en ceci : savoir nous donner par amour et sans mesure, et savoir que Dieu est au centre de tout.

À l'intérieur d'une Église qui vit essentiellement de la charité (amour de Dieu pour nous, fidélité à Dieu de notre part et joie de la charité fraternelle), notre ministère sacerdotal se définit et se manifeste comme mystère d'amour devenu oblation à Dieu et service du prochain.

3. Sens et exigences de la charité pastorale

La pratique de la charité pastorale consiste à vivre simplement, dans le Christ, par l'Esprit, la volonté adorable du Père ; et, par là même, à éprouver la joie de l'amitié fraternelle, et à nous engager à servir les frères et les sœurs. Tout cela, comme si c'était nouveau chaque jour : dans le silence, dans la croix, dans la mission. L'exercice quotidien du ministère apostolique doit s'accomplir dans l'esprit de l'Église universelle et dans le sens d'un service universel aux humains et aux peuples.

La « charité pastorale » est d'abord immolation et offrande au Père. « Oui, Père », *« Fiat ! »* Elle demande de découvrir et de réaliser, dans la joie, le plan du Père, d'embrasser le salut, de le faire nôtre et de le communiquer aux autres. Elle est, de plus, don et service aux humains : vivre dans la sérénité une attitude de détachement total et de don de soi. Et cela, toujours dans la profondeur inaltérable de la contemplation. Enfin, la charité pastorale est une vie de « fraternité sacramentelle » (PO 8), avec les évêques et les autres prêtres. Il s'agit ici d'une vraie et profonde amitié sacerdotale ; c'est l'amitié à laquelle Jésus nous invite quand il dit : « Je vous appelle amis » (Jn 15, 15). L'authentique amitié sacerdotale, qui naît d'une intime communion sacramentelle avec Jésus, est une forme privilégiée de charité pastorale. Comme l'est aussi, bien qu'à un autre niveau, le fait de vivre à fond les exigences de la collégialité épiscopale.

La « charité pastorale » naît dans le silence, mûrit dans la croix, s'exprime dans la joie pascale. La vraie source de la charité pastorale, c'est le Christ, le bon berger, qui, par l'action transformante de son Esprit d'amour, nous configure progressivement à lui-même, nous transmet ses propres sentiments de parfaite obéissance au Père, de sereine immolation sur la croix et de don joyeux et fécond au prochain. Il nous faut être contemplatifs et goûter la croix en silence pour avoir l'âme sereine et magnanime d'un bon berger. Le bon berger vit en permanence dans la prière et sur la croix ; c'est là qu'il puise la force de se donner inlassablement à ses frères et sœurs, de là découlent sa prophétie et les humbles gestes de son service.

La « charité pastorale » suppose une véritable eucharistie qui « fait » l'Église (à la manière dont toute l'Église fait aussi l'eucharistie). Elle exige que nous vivions dans une communion permanente avec le Christ pascal, par l'Esprit.

Le temps est venu d'achever cette réflexion sur un thème qui est au cœur de toutes nos méditations – il est au cœur de l'Église – comme il est au centre de notre spiritualité sacerdotale.

Nous sommes essentiellement des pasteurs. Même si votre travail, chers frères, se déroule, pour la majeure partie, dans un bureau, aux prises avec des documents et des problèmes, vous êtes, essentiellement, des pasteurs. Derrière chaque document, il y a une personne ; derrière chaque lettre, il y a un évêque, un prêtre, un religieux. Derrière chaque problème il y a mille personnes qui espèrent un simple geste d'amour. Nous devons être des pasteurs. Parfois, le Seigneur nous demande le douloureux renoncement à une tâche immédiatement pastorale, à une communauté concrète, pour nous confier un service au niveau de l'Église universelle. Continuons à être pasteurs, et tout sera animé par la charité pastorale ; la prière se fera plus profonde et la croix plus lourde, mais, en même temps, le service sera plus fécond et la prière, plus joyeuse.

Il faut vivre dans la joie notre ministère d'amour et notre responsabilité de communion. Nous sommes les hommes de la communion. Il nous faut devenir semblables au Christ, le Bon Berger, dans son offrande généreuse au Père et son don total aux humains.

Regardons Notre Dame, appuyons-nous sur elle. Pénétrons dans son cœur et faisons nôtre sa charité simple et ardente, devenue intériorité de contemplation, sérénité de service et fécondité de rédemption. Demandons à Marie – elle qui engendra Jésus, « le bon berger » – de nous donner une âme de pasteurs bons, simples et humbles, joyeux et généreux, totalement ouverts à Dieu et toujours disponibles.

XVI

La joie dans l'Église

« Soyez toujours dans la joie, priez sans cesse. »
(1 Th 5, 16-17)

Texte : Jn 16, 19-28.

Deux thèmes des plus actuels et particulièrement évangéliques ! Deux thèmes intimement liés entre eux : la joie et la prière ! On ne peut être joyeux sans un profond esprit de prière (« L'un de vous souffre-t-il ? Qu'il prie » [Jc 5, 13]) ; la prière n'est pas authentique si elle ne se manifeste pas dans « l'allégresse et la simplicité du cœur » (Ac 2, 46). Une Église en prière est essentiellement une Église joyeuse, parce que le Christ vit en elle, parce qu'elle a l'expérience de l'amour du Père et de l'action de l'Esprit Saint.

Une Église pascale doit être, essentiellement, une Église qui manifeste et communique la joie de l'intériorité, de la croix, du don.

Aujourd'hui, le monde a besoin de joie. L'Église a besoin de joie. Peut-être les vrais prophètes, de nos jours, sont-ils les personnes capables de faire naître la joie et l'espérance dans le cœur de ceux qui souffrent et qui cherchent. Peut-être, à cause du sérieux de l'Évangile et de l'expérience de la croix, avons-nous oublié de sourire. Pourtant, le monde n'attend pas de nous de grandes actions ni des paroles éloquentes, il attend seulement que nous lui montrions, par la sérénité joyeuse de nos visages, que Dieu est venu nous sauver.

La joie naît de la prière et de la croix. Seules les âmes qui, comme Marie, vivent silencieuses au pied de la croix, sont vraiment capables de sourire; elles seules ont droit à la joie véritable, parce qu'elles perçoivent l'amour du Père et l'infaillible fécondité de la souffrance. Seuls ceux que le Seigneur a marqués de façon privilégiée par la croix savent bien parler de la joie. La joie est fruit de l'amour et de l'Esprit Saint: « Voici le fruit de l'Esprit: amour, joie, paix » (Ga 5, 22). C'est pourquoi la communauté primitive était joyeuse: elle était fortement envahie par l'Esprit Saint et formait « un seul cœur et une seule âme ».

Jésus a beaucoup parlé de la joie. Il l'a fait surtout dans des moments difficiles pour nous. Difficiles pour lui aussi, parce qu'ils étaient les moments de l'adieu et de la passion. Face à sa mort, et devant le désarroi et la tristesse de ses disciples, Jésus nous invite à la joie. Lisons le texte de saint Jean:

> *Sachant qu'ils désiraient l'interroger, Jésus leur dit: « Vous cherchez entre vous le sens de ma parole: ‹ Encore un peu de temps et vous ne m'aurez plus sous les yeux et puis encore un peu de temps et vous me verrez. › En vérité, en vérité, je vous le dis, vous allez gémir et vous lamenter tandis que le monde se réjouira; vous serez affligés mais votre affliction tournera en joie. Lorsque la femme enfante, elle est dans l'affliction puisque son heure est venue; mais lorsqu'elle a donné le jour à l'enfant, elle ne se souvient plus de son accablement, elle est toute à la joie d'avoir mis un homme au monde. C'est ainsi que vous êtes maintenant dans l'affliction; mais je vous verrai à nouveau, votre cœur se réjouira, et cette joie, nul ne vous la ravira. Ainsi, en ce jour-là, vous ne m'interrogerez plus sur rien. En vérité, en vérité, je vous le dis, si vous demandez quelque chose à mon Père en mon nom, il vous le donnera. Jusqu'ici vous n'avez rien demandé en mon nom:*

demandez et vous recevrez, pour que votre joie soit parfaite. Je vous ai dit tout cela de façon énigmatique, mais l'heure vient où je ne vous parlerai plus de cette manière, mais où je vous annoncerai ouvertement ce qui concerne le Père. Ce jour-là, vous demanderez en mon nom et cependant je ne vous dis pas que je prierai le Père pour vous, car le Père lui-même vous aime parce que vous m'avez aimé et que vous avez cru que je suis sorti de Dieu : Je suis sorti du Père et je suis venu dans le monde ; tandis qu'à présent je quitte le monde et je vais au Père » (Jn 16, 19-28).

Qu'il suffise de souligner quelques passages :

– « Vous serez affligés mais votre affliction se tournera en joie » ;

– Vous êtes maintenant dans l'affliction ; mais je vous verrai à nouveau, votre cœur alors se réjouira, et cette joie, nul ne vous la ravira » ;

– « Demandez et vous recevrez, pour que votre joie soit parfaite. »

Ces affirmations me paraissent significatives : Jésus nous parle, en des moments particulièrement difficiles et douloureux, d'une joie profonde et parfaite, d'une joie intime et sereine que personne ne pourra nous ravir ; d'une joie qui non seulement succède à la tristesse, mais qui naît précisément de la croix ; d'une joie qui est fruit de la prière et qui s'appuie sur la fidélité constante de Dieu.

Il est si facile, humainement, de perdre la joie ! Les personnes et les choses sont souvent pour nous crucifiantes. Dans ces moments obscurs, où nous ressentons la solitude, nous avons besoin que le Christ nous redise : « Votre affliction tournera en joie » ; ou qu'une personne amie, au cœur simple et bon, nous encourage par les paroles de l'ange de la nativité : « Soyez sans crainte, car voici, je viens vous annoncer une bonne nouvelle » (Lc 2, 10).

Nous avons besoin d'être joyeux. Le monde a droit à notre joie, parce qu'il a droit à notre témoignage de la résurrection. Une Église triste n'est pas l'Église de Jésus. Une *Église pascale* – Église de la mort et de la résurrection, de la croix et de l'espérance – est essentiellement une *Église joyeuse*, de la joie profonde et contagieuse qui naît de l'assurance de la fidélité et de la présence de Dieu, de la profondeur intérieure et du silence contemplatif, de la sérénité de la croix et de la fécondité de la mort. Saint Thomas nous dit que le signe d'une âme parvenue à la perfection est précisément une joie profonde, inaltérable, contagieuse.

Une Église qui célèbre quotidiennement la Pâque de Jésus dans l'eucharistie et qui annonce que Jésus est ressuscité et vivant, qu'il est et qu'il vient, est nécessairement une Église «de la Bonne Nouvelle», une Église «de la joie». Nous, les prêtres, en particulier – ministres de la réconciliation et de la Pâque, serviteurs de «la Parole de salut» –, nous devons irradier la joie pascale dans notre ministère. Je pense que les vocations sacerdotales et religieuses se raréfient parce que nous, les consacrés, avons cessé d'être témoins de cette joie qui naît du silence et de la croix. La contemplation nous rend sereins et profonds, non pas angoissés et tristes. La croix apporte maturité et transparence, non aigreur ou inquiétude.

Le monde d'aujourd'hui est nerveux et extraverti: il manque de sérénité, d'équilibre, de profondeur intérieure; c'est pourquoi il manque de joie. Nous aussi, peut-être... Par les chemins de l'intériorité et de la croix, retrouvons le secret de notre bonheur. Il faut que nous affirmions avec saint Paul: «Pour moi, non, jamais d'autre titre de gloire que la croix de notre Seigneur Jésus Christ; par elle, le monde est crucifié pour moi, comme moi pour le monde» (Ga 6, 14).

La communauté primitive était joyeuse parce qu'elle vivait dans l'amour, parce qu'elle était envahie par l'Esprit, parce qu'elle percevait le privilège de la persécution et de la croix (*cf.* Ac 2, 42) et parce qu'elle avait la certitude du retour prochain de Jésus (Ph 4, 5). Elle était plus proche de la joie du salut apportée par le Mystère pascal. La joie est essentiellement unie au salut et, par voie de conséquence, à la croix et à la mort, au don et à la charité, à l'Esprit d'amour. Saint Paul écrivait aux chrétiens de son temps: «Réjouissez-vous dans le Seigneur en tout temps; je le répète, réjouissez-vous [...]. Le Seigneur est proche» (Ph 4, 4-5).

Chrétiens d'aujourd'hui, nous ne sommes pas joyeux. L'Église a perdu le sens de l'humour (et cela est grave). Nous avons perdu le sens de la Pâque dans la simplicité du quotidien. Nous vivons radicalement préoccupés, inquiets, nerveux, pessimistes et tristes. Ce que le Christ ne veut certainement pas: «Ne vous inquiétez pas», «Que votre cœur cesse de se troubler et de craindre» (*cf.* Mt 6, 25-34; Jn 14, 1-27). Saint Paul nous dit: «Ne soyez pas tristes comme les autres qui n'ont pas d'espérance» (1 Th 4, 13).

Dans ce contexte, considérons maintenant, de façon schématique, les trois points suivants: ce que Jésus nous dit de la joie, les motifs de notre joie, les conditions de notre joie.

1. Jésus et la joie

Nous n'avons pas l'intention de faire une étude sur le thème de la joie dans la Bible; il faudrait parler de toute l'histoire du salut. Tout l'Ancien Testament est une préparation à «la joie du salut», à travers l'action de l'espérance et l'engagement de la conversion. La bénédiction de Dieu est assimilée à la «félicité», à la fécondité, à la vie. Rappelons seulement trois textes d'Ésaïe, intimement liés au salut que Jésus nous apporte: «Le peuple qui marchait dans les ténèbres a vu une grande lumière. Sur ceux qui habitaient le pays de l'ombre, une lumière a resplendi. Tu as fait abonder leur allégresse, tu as fait grandir leur joie» (És 9, 1-2). «Qu'ils se réjouissent, le désert et la terre aride, que la steppe exulte et fleurisse, qu'elle se couvre de fleurs des champs, qu'elle saute et danse, et crie de joie! [...] Rendez fortes les mains fatiguées, rendez fermes les genoux chancelants. Dites à ceux qui s'affolent: Soyez forts, ne craignez pas» (És 35, 1-4). «L'Esprit du Seigneur est sur moi: le Seigneur, en effet, a fait de moi un messie, il m'a envoyé porter joyeux message aux humiliés, panser ceux qui ont le cœur brisé [...] réconforter tous les endeuillés, leur donner [...] un onguent marquant l'enthousiasme, et non le deuil» (És 61, 1-3).

Mais c'est le Nouveau Testament, surtout, qui est la révélation et la communication de « la Bonne Nouvelle ». Il est une invitation constante à la joie. L'évangile de saint Marc s'ouvre sur ces mots : « Commencement de la Bonne Nouvelle de Jésus Christ Fils de Dieu » (Mc 1, 1). À la fin, cette Bonne Nouvelle devra être proclamée « à toutes les créatures » (Mc 16, 15).

Trois moments de la vie de Jésus sont particulièrement marqués par une invitation à la joie : l'incarnation, la naissance et la résurrection. L'ange de l'Annonciation dit à Marie : « Sois joyeuse, toi qui as la faveur de Dieu » (Lc 1, 28). L'ange de la nuit de Noël dit aux bergers : « Soyez sans crainte, car voici que je viens vous annoncer une bonne nouvelle, qui sera une grande joie pour tout le peuple » (Lc 2, 10). Au matin de la résurrection, les saintes femmes revenaient du tombeau vide « avec crainte et grande joie » et « Jésus vint à leur rencontre et leur dit : ‹ Je vous salue. Soyez sans crainte › » (Mt 28, 8-10).

À la Visitation, la présence de Jésus, caché dans le sein de Marie, est porteuse de joie ; Élisabeth dit à Marie : « Lorsque ta salutation a retenti à mes oreilles, voici que l'enfant a bondi d'allégresse en mon sein » (Lc 1, 44). Tout le mystère est rempli de la joie du salut, de la fidélité de Dieu à ses promesses, de la pauvreté et de la fidélité de Marie. Dans un tel contexte, il convient d'entonner le *Magnificat*, le chant des pauvres qui expérimentent l'allégresse de la fidélité de Dieu et des profondes merveilles opérées par le « Tout-Puissant dont le nom est Saint » (Lc 1, 45-55).

Jésus aime d'une façon privilégiée les pauvres, les humbles, les simples. Il vibre de la joie de l'Esprit quand il voit en eux l'œuvre du Père : « À l'instant même, il exulta sous l'action de l'Esprit Saint et dit : ‹ Je te loue, Père, Seigneur du ciel et de la terre, d'avoir caché cela aux sages et aux intelligents et de l'avoir révélé aux tout petits. Oui, Père, c'est ainsi que tu en as disposé dans ta bienveillance › » (Lc 10, 21).

La vie de Jésus fut une manifestation et une communication progressives de la joie profonde de Dieu. Connaître le Père et être toujours davantage configurés à la mort et à la résurrection du Christ, c'est croître en sainteté et nous laisser envahir par la joie parfaite, dans l'Esprit. Voir Jésus, c'est goûter la joie de sa présence et de son salut. Telle fut l'expérience des disciples, au soir de la résurrection, quand Jésus « leur montra ses mains et son côté. En voyant le Seigneur, les disciples furent tout à la joie » (Jn 20, 20). Comme il est important de savoir reconnaître Jésus à travers ses plaies glorieuses et d'y découvrir le secret intime de la félicité ! Comme elle est profonde et inépuisable la joie qui naît de la rencontre de Jésus crucifié !

Jésus nous ouvre le chemin du Royaume par une invitation réitérée à la joie : « Heureux les pauvres, les doux, ceux qui pleurent, ceux qui ont faim et soif de la justice, les miséricodieux, les cœurs purs, ceux qui font œuvre de paix, ceux qui sont persécutés pour la justice » (Mt 5, 3-10). Voilà la page qui définit les chrétiens, ceux qui veulent vraiment être disciples de Jésus. D'une façon spéciale, c'est la page qui décrit le style de vie de ceux qui ont opté exclusivement pour le Christ, dans la vie consacrée. Jésus nous appelle au bonheur. Dieu nous a faits pour la joie, non pour la tristesse ; il nous a créés pour la vie, non pour la mort ; il nous a placés sur un chemin d'espérance, non de lassitude et de désespoir. Si nous voulons approfondir le thème de la joie dans le Nouveau Testament – l'attitude de Jésus face à la joie – nous devons méditer et goûter à fond les béatitudes, avec une âme de pauvre, un cœur simple et une sagesse de saint.

Saint Jean – qui pénétra profondément dans le cœur du Christ et dans le mystère d'un « Dieu amour » – nous assure que le but de son témoignage sur la Parole de vie, qui existait dès le commencement et qui s'est manifestée, est de nous faire entrer dans la joie de la communion fraternelle et de la communion avec la Trinité sainte : « Et nous vous écrivons cela, pour que notre joie soit complète » (1 Jn 1, 4). La joie est fruit d'une contemplation : « Ce que nous avons vu de nos yeux, ce que nous avons contemplé, ce que nos mains ont touché » (1 Jn 1, 1) ; elle est aussi le fruit d'une profonde communion en Dieu : « Ce que nous avons vu et entendu, nous vous l'annonçons, à vous aussi, afin que vous aussi vous soyez en communion avec nous. Et notre communion est communion avec le Père et avec son Fils Jésus Christ» (1 Jn 1, 3). Seul peut transmettre la joie celui qui vit à l'écoute de la Parole de Dieu et qui entre dans le dynamisme d'un profond amour de Dieu et des frères et sœurs. Disons-le plus simplement: seul est heureux celui dont la prière est authentique et qui aime Dieu et le prochain en vérité.

Dans ce contexte d'amour, rappelons deux autres phrases de Jésus dans l'évangile de saint Jean: «Je vous ai dit cela pour que ma joie soit en vous et que votre joie soit complète» (Jn 15, 11). C'est la joie qui naît de l'expérience de l'amour de Dieu («Comme le Père m'a aimé, à mon tour, je vous ai aimés») et de notre fidélité au commandement nouveau de l'amour fraternel: «Voilà mon commandement: que vous vous aimiez les uns les autres comme je vous ai aimés.» Dans sa prière finale, Jésus rattache de nouveau la joie à la communication de son message: «Je dis ces paroles dans le monde pour qu'ils aient en eux ma joie dans sa plénitude» (Jn 17, 13).

Plusieurs textes de saint Paul mériteraient d'être médités en entier. Énumérons-les simplement, afin de ne pas trop prolonger; ils se rattachent à des thèmes essentiels, comme l'amour et la communauté, l'espérance et la croix, la prière et la proximité du Seigneur. En exprimant les principales exigences de la vie communautaire, saint Paul écrit aux Thessaloniciens: «Recherchez toujours le bien entre vous et à l'égard de tous. Soyez toujours dans la joie, priez sans cesse» (1 Th 5, 15-17). Charité, joie, prière! La même recommandation aux Romains: «Que l'amour soit sincère [...] servez le Seigneur. Soyez joyeux dans l'espérance, patients dans la détresse, persévérants dans la prière» (Rm 12, 9-12). Il est intéressant de noter comment saint Paul unit joie et espérance.

La lettre aux Philippiens – si profondément humaine et si cordiale – nous parle constamment de la joie et de la croix. Qu'il suffise de rappeler l'hymne célèbre de l'anéantissement et de la glorification (Ph 2, 5-11), toujours dans un contexte d'ardent appel à l'unité. Dans cette lettre relativement brève, il vaudrait la peine de compter combien de fois apparaît le mot « joie ». Nous nous contenterons de relever, une fois encore, l'invitation bien connue à la joie, à la sérénité, à la paix : « Réjouissez-vous dans le Seigneur en tout temps ; je le répète, réjouissez-vous. [...] Le Seigneur est proche. Ne soyez inquiets de rien [...]. [...] la paix de Dieu, qui surpasse toute intelligence, gardera vos cœurs et vos pensées en Jésus Christ » (Ph 4, 4-9).

En définitive, la joie et la paix dépendent de la certitude que le Seigneur est proche, qu'il est en nous, qu'il travaille inlassablement avec le Père. Il a donné sa vie pour nous, il parcourt de nouveau, avec nous, le même chemin de croix et d'espérance : « le Seigneur est proche ».

2. Les motifs de notre joie

Nous nous interrogeons maintenant sur les motifs de notre joie. Comment être joyeux au milieu d'un monde si chargé de tensions, de tristesses et de pessimisme ? Pouvons-nous encore sourire ? Pouvons-nous dire aux personnes qui souffrent qu'elles sont tout de même faites pour être heureuses et qu'elles n'ont pas le droit d'être tristes ? Comment pouvons-nous demander aux jeunes, qui grandissent dans un monde si difficile et si violent, d'être des messagers de joie et d'espérance ?

Tout cela est possible si nous vivons à fond la vie théologale : si nous regardons, du point de vue de Dieu, le mystère de la croix et de la mort, de la pauvreté et du péché, de la solitude et de l'oubli des autres. La joie naît essentiellement de la foi, de l'espérance et de la charité.

Joie de la foi : C'est la joie du Royaume déjà commencé, du salut déjà arrivé, du Christ déjà présent. La joie du Seigneur qui vit dans l'Église comme « sacrement universel du salut ». C'est la joie de voir, à la lumière de Dieu, les choses humaines, autrement incompréhensibles. Il ne s'agit pas d'une joie humaine superficielle et transitoire, mais du bonheur profond qui naît de la conviction que Dieu est là, qu'il est notre Père, qu'il est fidèle et qu'il nous aime, de la joie de nous sentir fils et filles de Dieu: «Voyez de quel grand amour le Père nous a fait don, que nous soyons appelés enfants de Dieu; et nous le sommes! [...] Dès à présent, nous sommes enfants de Dieu» (1 Jn 3, 1-2). Pour nous, prêtres, c'est la joie d'avoir été particulièrement aimés par le Seigneur, d'avoir été appelés ses «amis» (Jn 15, 14-15), d'avoir été choisis librement comme apôtres «pour annoncer l'Évangile de Dieu» (Rm 1, 1).

Il n'est pas question de nous réfugier passivement dans la foi quand, humainement, les choses vont mal. Mais la foi nous découvre le secret des réalités invisibles et définitives. «Dans la mesure où vous avez part aux souffrances du Christ, réjouissez-vous, afin que, lors de la révélation de sa gloire, vous soyez aussi dans la joie et l'allégresse» (1 P 4, 13). La foi nous redit intérieurement: «Retrouve le repos, mon âme, car le Seigneur t'a fait du bien» (Ps 115, 7).

Joie de l'espérance: C'est la joie du Seigneur qui vient (Ap 22, 20); du Royaume consommé que le Christ remet au Père (1 Co 15, 24); de la rédemption définitive, quand la création tout entière aura part «à la liberté et à la gloire des enfants de Dieu» (Rm 8, 21). C'est la joie de la proximité du Seigneur: «Réjouissez-vous, le Seigneur est proche» (Ph 4, 4). «Lorsque je serai allé vous préparer un lieu, je reviendrai et je vous prendrai avec moi, si bien que là où je suis, vous serez aussi» (Jn 14, 3). C'est la joie de la mort: «Viens, Seigneur Jésus» (Ap 22, 20). Dans ce sens, c'est la joie de l'espérance: «Mon âme désire le Seigneur, plus que la garde ne désire le matin» (Ps 130, 6). La mort devient ainsi la grande condition – disons mieux, le terme en plénitude – de l'espérance.

Il y a des moments où la mort, celle de nos amis ou la proximité de la nôtre, peut, humainement, obscurcir la joie. C'est alors que la foi nous remet en mémoire les mots de Jésus: «Je suis sorti du Père et je suis venu dans le monde; tandis qu'à présent je quitte le monde et je vais au Père» (Jn 16, 28). Le mystère providentiel de notre vie et de notre mort réside en ceci: naître du Père par le baptême, réaliser dans le temps la mission confiée, retourner au Père par le passage serein de la mort.

L'espérance nous assure que le Seigneur vient nous chercher, que nous allons à sa rencontre, que nous entrerons définitivement dans la joie pleine et sans fin de Dieu: « Viens te réjouir avec ton maître » (Mt 25, 21). Le temps – long ou bref, difficile ou agréable – est toujours une préparation à la joie définitive et parfaite. Peu importe l'âpreté du chemin, les persécutions du temps présent, ni même les incompréhensions de nos amis. Ce qui est vraiment important, c'est que le Seigneur est déjà venu, qu'il est au milieu de nous et qu'il reviendra un jour pour nous conduire sereinement au Père: « Ainsi, nous serons toujours avec le Seigneur » (1 Th 4, 17).

La joie chrétienne se nourrit de cette espérance: le Seigneur est proche, il vit en nous, il se manifeste dans les moments difficiles et devient pour nous un chemin sûr vers le Père.

Joie de la charité: C'est la joie du Seigneur qui sauve, qui se donne dans l'Église. C'est la joie de l'amour de l'oblation sereine et du service généreux, de la contemplation et de la croix. On n'est pleinement heureux que lorsqu'on a rendu les autres heureux; et surtout, quand le chemin du salut est ouvert à tous. C'est, au fond, la joie des béatitudes, la joie de ceux qui ont tout laissé pour suivre de plus près le Seigneur. C'est la joie comme fruit de l'Esprit d'amour (Ga 5, 22).

C'est la joie qui naît de l'expérience d'un Dieu Père, d'un Dieu amour, d'un Dieu éternellement fidèle: qui prend soin de nous, nous cherche et nous pardonne; qui nous pacifie, nous corrige et nous conduit; qui nous appelle à la sainteté et nous envoie comme apôtres; qui nous marque du sceau de son amour et nous choisit comme amis. Qu'il est bon de savoir que Dieu nous dit: « Je t'aime d'un amour d'éternité, aussi, c'est par fidélité que je t'attire à moi » ! (Jr 31, 3); ou de l'entendre nous rassurer: « Le Père lui-même vous aime » (Jn 16, 27). Jésus prie ainsi le Père: « Que l'amour dont tu m'as aimé soit en eux, et moi en eux » (Jn 17, 26). Dans les moments difficiles – d'obscurité, de souffrance, de solitude – les paroles de saint Jean sont réconfortantes: « Voici ce qu'est l'amour: ce n'est pas nous qui avons aimé Dieu, c'est lui qui nous a aimés et qui a envoyé son Fils en victime d'expiation pour nos péchés » (1 Jn 4, 10).

La joie [illegible]harité est aussi celle de qui désire uniquement réaliser le plan de Dieu, de qui embrasse sereinement la croix, de qui recherche le Seigneur dans la prière, et de qui se consacre généreusement au service des autres. Celui qui vit dans « l'amour sincère » (Rm 12, 9) rayonne nécessairement « la joie de l'espérance » (Rm 12, 12). Nous répétons avec insistance que la joie n'est donnée en vérité qu'aux âmes qui souffrent en silence et qui, dans la sérénité de la croix, savent découvrir que le Père les visite par amour afin de les rendre heureuses et fécondes.

3. Conditions de notre joie

Nous cherchons à savoir ce que signifie être heureux, ce qu'est la joie. Saint Thomas la définit comme « le parfait repos dans le Bien suprême », c'est-à-dire le repos dans le bien que nous aimons et que nous possédons. Dans l'éternité seulement, la joie sera parfaite parce que la possession sera alors une communion indéfectible dans la vision: « Nous lui serons semblables puisque nous le verrons tel qu'il est » (1 Jn 3, 2). Même dans le temps, nous anticipons déjà cette présence: Dieu habite en nous par sa grâce (Jn 14, 23). Nous vivons maintenant le temps de l'attente et de l'espérance: Dieu vit en nous, éclairant nos ténèbres, partageant notre solitude, donnant sens et fécondité à notre croix. Nous allons vers la « pleine jouissance de Dieu » dans l'éternité. Notre joie actuelle est complète, mais quand nous rejoindrons définitivement Dieu, elle sera « débordante » (saint Thomas, 2-2, 28, 3). Nous serons capables d'accueillir la joie totale; ou mieux, c'est nous qui entrerons dans la joie du Seigneur.

Qu'est-ce qui fait obstacle, actuellement, à notre joie? Soyons simples et sincères. Qu'est-ce qui nous empêche, aujourd'hui, d'être heureux? Indiquons quelques éléments de réponse: n'avoir pas fait de Dieu l'unique centre de notre vie; ne pas nous être décidés à réaliser avec fidélité son plan sur nous; n'avoir pas accepté, avec simplicité, nos limites ; ne pas avoir découvert la fécondité admirable de la croix; ne pas avoir su goûter Dieu dans le silence de la contemplation ; ne pas avoir appris à vivre pour les autres, dans une attitude permanente de service.

Si, en définitive, nous nous demandons pourquoi nous sommes tristes, la réponse est simple : nous ne croyons pas que Dieu est notre Père et qu'il nous aime ; nous ne croyons pas que Jésus est vivant, qu'il nous choisit et nous envoie ; nous ne croyons pas que le Seigneur vient, qu'il est proche, qu'il est en nous et y établit sa demeure. Pour être joyeux, il faut vivre à fond les vertus théologales ; Jésus est venu pour nous rendre heureux, nous donner la paix et nous conduire au Père.

Alors, comment être joyeux ? Que faire pour être heureux ? Vivre au plus *profond de notre être.* Grâce à la solitude du désert, grâce au silence et à la contemplation, toutes les choses acquièrent un sens. On a l'assurance que le Règne est déjà advenu et que le Christ est là. Il arrive parfois que la multiplicité des problèmes empêche ou obscurcit notre prière. Quand la croix devient trop lourde, il faut la solitude du jardin, la compagnie des amis, le dialogue silencieux avec le Père. Les vrais contemplatifs sont des personnes équilibrées et sereines qui rayonnent, avec simplicité, la joie de la rencontre permanente avec le Dieu des réalités invisibles et définitives.

Goûter intérieurement la croix : « Pour moi, non, jamais d'autre titre de gloire que la croix de notre Seigneur Jésus Christ; par elle, le monde est crucifié pour moi, comme moi pour le monde » (Ga 6, 14), c'est la joie de devenir semblables au Christ dans sa mort (Ph 3, 10), la joie de la fécondité du grain de blé jeté en terre (Jn 12, 24), de la réconciliation des humains avec le Père par le sang de la croix (Col 1, 20). La croix est le grand don du Père ! Vivre sereinement sur la croix, c'est apprendre à être heureux. Seul celui qui souffre a droit à la joie ; seul lui peut communiquer la joie profonde à ses frères et à ses sœurs.

Vivre dans l'esprit des béatitudes, dans une attitude de *don* et de *service,* c'est expérimenter la joie. L'amour nous rend joyeux et aptes à communiquer la joie. Tout réside en ceci: vivre dans une totale immolation au Seigneur et dans un don généreux aux frères et sœurs. Le visage humain serait modifié – il refléterait plus de joie et d'espérance – si nous nous efforcions de vivre dans la charité et si nous nous unissions pour construire ensemble « la civilisation de l'amour ».

Nous devons maintenant conclure... Jésus repousse la joie superficielle du succès immédiat et extérieur: « Ne vous réjouissez pas de ce que les esprits vous sont soumis, mais réjouissez-vous de ce que vos noms sont inscrits dans les cieux » (Lc 10, 20). Il nous met en garde contre la tentation facile de chercher l'appui des humains: « Malheureux êtes-vous lorsque les hommes disent du bien de vous » (Lc 6, 26).

La joie, fruit de l'amour, est signe d'une réconciliation sincère: « Rends-moi la joie d'être sauvé » (Ps 50, 14).

Une fois encore, nous tournons les yeux vers Marie, la très sainte, « cause de notre joie ». Par elle nous est venu « l'Auteur de la vie ». En elle, nous faisons l'expérience de l'amour du Père, dont elle eut la faveur et qui la proclama « pleine de grâce ». Marie nous enseigne et nous communique la joie profonde de sa contemplation, de sa charité traduite en service, de sa sérénité devant la croix devenue participation à la rédemption de son Fils, Jésus Christ, le Seigneur. Que Marie nous aide et nous apprenne à être joyeux et heureux!

XVII

Église en prière (I)

« Quant à nous, nous continuerons à assurer la prière. »
(Ac 6, 4)

Texte : Lc 10, 38-42.

Comme ils étaient en route, il entra dans un village et une femme du nom de Marthe le reçut dans sa maison. Elle avait une sœur nommée Marie qui, s'étant assise aux pieds du Seigneur, écoutait sa parole. Marthe s'affairait à un service compliqué. Elle survint et dit : « Seigneur, cela ne te fait rien que ma sœur m'ait laissée seule pour le service ? Dis-lui donc de m'aider. » Le Seigneur lui répondit : « Marthe, Marthe, tu t'inquiètes et t'agites pour bien peu de choses. Une seule est nécessaire. C'est bien Marie qui a choisi la meilleure part ; elle ne lui sera pas enlevée. »

Aujourd'hui, nous parlerons de la prière et, en particulier, du prêtre comme « maître d'oraison ». Il a consacré sa vie à cette fin : bâtir la communion du Peuple de Dieu et y présider par la célébration eucharistique et le ministère de la Parole. Elle est éclairante pour nous, l'attitude des apôtres – dans la première communauté chrétienne –, quand le service des frères et sœurs menaça de compromettre leur identité et de leur faire perdre leur mission! Les « récriminations des Hellénistes » provoquèrent leur réaction immédiate : « Il ne convient pas que nous délaissions la Parole de Dieu pour le service des tables. [...] Nous continuerons à assurer la prière et le service de la Parole » (Ac 6, 1-4).

Prière et Parole! Cela définit le ministère sacerdotal. Même si nous ne faisions pas autre chose – mais en nous en acquittant bien! –, nous servirions pleinement nos frères et sœurs et nous remplirions notre vie. Être maîtres d'oraison et ministres de la Parole! Mais d'une Parole qui naît de la prière, qui est fruit de la contemplation, de « ce que nous avons vu et entendu » (Jn 1, 3); d'une Parole qui, à son tour, conduit à l'eucharistie.

La prière est intimement liée au service pastoral. Dans l'évangile de saint Luc, il est significatif que l'épisode de Marthe et Marie suive immédiatement la parabole du bon Samaritain, l'homme qui, face à un « inconnu nécessiteux », donna « tout » : son huile, son vin, sa propre monture et son argent; mais surtout, qui offrit sa compassion humaine et son temps (Lc 10, 25-37). Les autres, le prêtre et le lévite, avaient trop à faire pour s'arrêter. Seule la personne qui sait découvrir, dans un « étranger », l'adorable présence de Jésus dans le besoin a le courage et le privilège de savoir perdre son temps pour écouter, consoler et soulager son frère ou sa sœur.

Notre vie est service et don. À cause même de cela, elle est silence, contemplation et prière. « Marie, assise aux pieds de Jésus, écoutait sa parole. » Jésus dut rasséréner Marthe et orienter sa préoccupation : « Marie a choisi la meilleure part; elle ne lui sera pas enlevée. » Il a toujours existé une tension entre silence et parole, prière et apostolat, action et contemplation. Toutefois, une personne vraiment contemplative, qui vit sereinement à l'écoute de la Parole de Dieu et qui aime profondément son prochain, sait comment dépasser cette tension dans une forte unité intérieure.

Aujourd'hui, il faut prier. Nous en éprouvons le besoin : pour être une personne d'équilibre et un prophète d'espérance, pour savoir communiquer la joie à ceux qui sont las et pour rendre constamment gloire au Père, qui nous a appelés. Mais les jeunes ressentent davantage encore cette nécessité, eux qui s'attendent à ce que nous soyons de vrais « maîtres d'oraison ». Ils expérimentent aujourd'hui, en même temps que la faim et la soif de la justice (Mt 5, 6), un profond besoin de prier, d'écouter en silence, d'apprendre à faire oraison. Du cœur de ces jeunes, surtout, monte vers l'Église une juste clameur: « Seigneur, apprends-nous à prier » (Lc 11, 1).

Nous avons négligé la prière: le travail, la tâche, l'apostolat nous ont pressés de façon immédiate; ou bien, le silence nous a fatigués, le bruit et la parole nous ont étourdis. Nous avons perdu la capacité du silence, le sens de la prière, le courage de la contemplation. Peut-être parce que nous avions fait du silence une évasion, de la prière, un refuge, de la contemplation, une abstraction. Heureusement, l'Esprit de Dieu nous appelle, aujourd'hui, à l'intériorité; il nous invite au désert; il nous fait entrer dans la fécondité sereine et concrète de la contemplation.

Une des caractéristiques de la spiritualité actuelle et de la vie de l'Église – à tous ses niveaux: prêtres, religieux, laïcs, jeunes et adultes – est le retour à la prière. Mais à une prière plus profonde et plus authentique: plus centrée sur la Parole de Dieu et sur la liturgie; à la fois plus personnelle et plus partagée; plus contemplative et plus en lien avec la vie quotidienne. De toute évidence, aujourd'hui on prie davantage et on éprouve davantage la faim de la prière.

L'Église, dans l'ensemble de ses membres, sent la nécessité d'être fortement contemplative, précisément parce qu'elle est l'Église de la Parole et de la prophétie, du témoignage et du service, de l'incarnation et de la présence. Nous ne pourrions découvrir Dieu dans le prochain, nous ne serions pas capables de dialogue et de service, si nous n'étions pas allés au désert ou si nous n'avions pas gravi la montagne pour prier avec Jésus, sous la motion de l'Esprit Saint.

La prière est exigée particulièrement du prêtre: ministre de la Parole et de l'eucharistie, témoin de la résurrection et prophète de l'espérance, homme de la Pâque et ami de Dieu pour les humains. Il lui manquera la sérénité et la force pour être témoin s'il n'a pas la profondeur intérieure du silence, de la prière, de la contemplation. L'équilibre et la joie lui feront défaut.

1. « **Seigneur, apprends-nous à prier** » (Lc 11, 1)

C'est le cri des gens d'aujourd'hui. Il ne suffit pas que le prêtre soit un « homme de prière ». Les jeunes veulent prier et sont en quête de vrais « maîtres d'oraison » qui, comme Jésus, leur apprennent à prier par leur propre vie, qui leur ouvrent de nouveaux chemins de profondeur intérieure.

Le fait que le prêtre est l'homme de la communion exige de lui la prière : il doit enseigner à prier à partir de sa communion intime et personnelle avec le Seigneur. Comme Jésus, il doit être « témoin » de l'absolu de Dieu – « image du Dieu invisible » (Col 1, 15) –, celui qui communique aux autres ce qu'il « a vu et entendu », celui qui vit une forte « expérience » du Père. Prier, c'est entrer dans le silence actif de Dieu pour écouter sa parole, la recevoir dans la pauvreté, la réaliser dans la joie de l'amour.

Le prêtre a besoin de prier : parce qu'il a besoin d'être intimement uni au Seigneur, de savourer sa parole, de pénétrer dans la vérité tout entière, de s'abandonner à l'action de l'Esprit, d'expérimenter l'amour du Père ; parce qu'il doit être le « témoin des souffrances du Christ et avoir part à la gloire qui va être révélée » (1 P 5, 1) ; parce qu'il doit s'adonner au « ministère de la Parole » (Ac 6, 4). Et l'unique parole qui mérite d'être prononcée est celle que Dieu sème en notre cœur et place sur nos lèvres ; elle naît de la profondeur de la contemplation. Le prêtre peut être un « bon ministre du Christ Jésus » à condition d'être « nourri des paroles de la foi et de la belle doctrine » (1 Tm 4, 6). Le prêtre a besoin de prier parce qu'il est « le serviteur » des humains : c'est uniquement dans la contemplation qu'il peut acquérir une capacité inépuisable de vrai dialogue et de don généreux et inlassable. Qui prie bien acquiert une grande capacité de souffrance, de compréhension, de sérénité, d'accueil de la croix. Qui prie bien puise, dans le silence, la parole juste qu'il doit offrir aux « cœurs inquiets » et aux « genoux chancelants » (És 35, 3-4). Le prêtre doit prier parce qu'il a besoin de se rencontrer lui-même, dans le Seigneur : s'éclairer, acquérir un équilibre, devenir serein, se fortifier. La prière pacifie. Les gens ont droit à notre équilibre : aussi peuvent-ils exiger que nous soyons des hommes de prière.

Comment le prêtre doit-il prier ? Sa prière doit être une rencontre intime et sereine avec le Seigneur, comme avec un ami : « Je vous appelle amis » (Jn 15, 15). Comme Moïse, il parle à Dieu « face à face, comme on se parle d'homme à homme » (Ex 33, 11). Dans le secret de la prière, Jésus révèle le Père. La prière doit être aussi une immolation joyeuse et totale, à partir de la croix féconde de notre ministère, une remise radicale au Père, en recherchant exclusivement sa gloire et sa volonté. La croix nous apprend à prier ; la souffrance est une grande école de prière. La prière apaise ceux qui souffrent ; la croix est source d'une prière simple et filiale, à l'image de celle du Christ : « Mon Père, s'il est possible, que cette coupe passe loin de moi ! Pourtant, non pas comme je veux, mais comme tu veux » (Mt 26, 39). Prier, c'est entrer dans une communion profonde, joyeuse et totale avec la volonté adorable du Père : « Oui, Père, c'est ainsi que tu en as disposé dans ta bienveillance » (Lc 10, 21).

La prière, chez le prêtre, est aussi une profonde participation à la douleur et à l'espérance des humains ; s'il y a un moment où le prêtre expérimente sa fraternité universelle et sa paternité spirituelle, c'est bien dans la prière. C'est pourquoi la prière ne le désincarne pas, elle n'est pas une parenthèse dans sa vie ; au contraire, c'est le moment d'une plus grande intensité dans sa mission, d'une plus grande insertion dans le monde. Pourvu que sa prière soit véritable, c'est-à-dire qu'elle constitue une rencontre réelle avec le Seigneur et avec sa parole. Sa prière demeure celle d'un pasteur : il prie toujours – même dans la solitude d'un ermitage ou dans le silence d'une cellule – comme guide d'un peuple, comme père, frère et ami.

Tout cela, l'Esprit d'amour l'opère dans le cœur de chaque prêtre; il fait de son oraison une rencontre intime avec le Seigneur, une immolation joyeuse au Père, une participation active à la douleur et à l'espérance des humains.

Quelles sont les conditions favorables à notre prière? Nous en parlerons dans une autre méditation, mais je veux dès maintenant signaler brièvement ces éléments: pauvreté évangélique, charité universelle, insertion dans le cœur du Christ Jésus sous l'action de l'Esprit Saint.

a) *Pauvreté:* Avoir une conscience claire et sereine de nos limites, de notre petitesse, de notre péché. Éprouver le besoin de Dieu, de sa miséricorde, de son pardon. Les pauvres seuls savent prier en vérité: la pauvreté nous ouvre au dialogue avec Dieu et nous prépare à sa rencontre salvatrice. La prière du pauvre est infailliblement écoutée par le Seigneur. Elle n'exige rien, ne demande rien; elle présente seulement et fait confiance: « Seigneur, si tu le veux, tu peux me purifier » (Mt 8, 2). Ou, plus radicalement encore: « Mon Dieu, prends pitié du pécheur que je suis! » (Lc 18, 13).

b) *Charité:* Assumer la douleur et le péché de tous. Il est nécessaire d'entrer en prière avec un « cœur de frère universel ». Pour que Dieu vienne en nous, il est nécessaire que notre cœur soit ouvert: l'égoïsme, l'insensibilité, le ressentiment, l'envie, la critique injuste, la haine et la vengeance peuvent faire obstacle à cette ouverture. « Quand donc tu vas présenter ton offrande à l'autel, si là tu te souviens que ton frère a quelque chose contre toi, laisse là ton offrande, devant l'autel, et va te réconcilier avec ton frère; viens alors présenter ton offrande » (Mt 5, 23-24). La vraie prière découle toujours d'une expérience de l'amour de Dieu, de l'angoisse du monde et de l'espérance des humains. Qui n'aime pas vraiment n'est pas capable d'une prière profonde et sereine.

c) *Prier en Jésus, par l'Esprit:* Il nous faut prier « en son nom », c'est-à-dire insérés profondément dans le Christ, par l'action de l'Esprit Saint. Prier au nom de Jésus, c'est demander « par lui, avec lui et en lui », c'est entrer dans son âme filiale qui adore le Père et réconcilie les frères et sœurs, c'est laisser l'Esprit Saint prendre possession de notre silence actif et crier « en gémissements inexprimables » (Rm 8, 26) l'unique parole qui mérite d'être prononcée et qui puisse être exprimée : « *Abba,* Père ! » (Rm 8, 15).

2. « Jésus était en prière » (Lc 11, 1)

La meilleure manière d'apprendre à prier et à nous transformer en « maîtres d'oraison », c'est de regarder Jésus. L'attitude du Christ en prière est impressionnante : une solitude absolue, une profonde adoration du Père, une communion intime à sa volonté. Jésus est venu pour sauver l'être humain, pour annoncer la Bonne Nouvelle aux pauvres, pour réconcilier le monde avec le Père, et pourtant il consacre la majeure partie de son temps au silence, au désert, à la prière. Jésus est venu pour annoncer le Règne et guérir les malades ; néanmoins, il passe de longues heures – des nuits entières – dans la solitude de la montagne, en communication avec le Père. Pendant ce temps, la foule le cherche, elle a besoin de lui, de sa parole, de sa guérison. Saint Luc – l'évangéliste de la renommée de Jésus, de sa prière et du Saint-Esprit – résume ainsi l'attitude de Jésus : « On parlait de lui de plus en plus et de grandes foules s'assemblaient pour l'entendre et se faire guérir de leurs maladies. Et lui se retirait dans les lieux déserts, et il priait » (Lc 5, 15-16).

Demandons-nous maintenant quand, pourquoi et comment Jésus priait.

a) *Quand Jésus priait:* dans la simplicité du quotidien (à tout moment), et d'une façon particulière dans les moments importants et décisifs de sa vie. L'Évangile nous montre Jésus en état de prière continuelle. Rappelons quelques textes : Mc 1, 35 ; 6, 30-32 ; 6, 46 ; Lc 5, 15-16. La prière de Jésus est toujours en lien avec une intensité dans son action évangélisatrice et une attente particulière du peuple : « tout le monde te cherche » (Mc 1, 37). C'est précisément parce qu'il est venu annoncer le Règne et guérir les malades que le Seigneur a besoin de silence et de solitude. Jésus sent le besoin d'être seul à seul avec le Père – de sentir sa présence et de l'adorer, d'écouter sa voix et d'entrer en communion avec son adorable volonté – parce qu'il est venu pour être au milieu des humains, et « pour qu'ils aient la vie et qu'ils l'aient en abondance » (Jn 10, 10). L'intensité de la mission apostolique rend nécessaires des moments de repos: « Il y avait beaucoup de monde qui venait et repartait et eux n'avaient même pas le temps de manger. Ils partirent en barque vers un lieu désert, à l'écart » (Mc 6, 30-32). L'important, dans le repos des apôtres, c'est qu'ils le passaient « en compagnie de Jésus »: la prière n'est ni absence ni évasion, elle est plénitude de rencontre et de présence.

Mais il y a des moments forts dans la vie du Seigneur où la prière se fait particulièrement nécessaire et manifeste. On voit Jésus en prière dans la théophanie du Jourdain (Lc 3, 21): là commence l'étape missionnaire de la vie de Jésus, son activité apostolique. La prédication de la « Bonne Nouvelle » exige une expérience de désert particulière et prolongée (Lc 4, 1). Le choix des Douze – première structure de l'Église – demande aussi une nuit de prière, dans la solitude de la montagne (Lc 6, 12). Des moments spéciaux de prière entourent la profession de foi de Pierre (Lc 9, 18), la transfiguration du Seigneur (Lc 9, 28-29) et le commencement de la prière nouvelle (Lc 11, 1s); dans ce cas, il est normal que, le voyant « en prière », les disciples lui demandent comment ils doivent faire – eux, hommes nouveaux – pour prier d'une manière nouvelle. D'autres moments décisifs de la vie de Jésus sont marqués par la prière: la résurrection de Lazare (Jn 11, 41-42), la dernière Cène (Jn 17: nous reviendrons sur ce texte), et surtout, l'agonie au Jardin (Lc 22, 39-46). Une véritable expérience de prière suppose toujours la solitude, la proximité spirituelle des amis et l'acceptation de la croix: « Que ta volonté soit faite, non la mienne. » Si nous voulons apprendre à prier en vérité, nous devons entrer dans l'âme filiale du Christ qui prie son Père à Gethsémani.

b) Ceci nous amène à nous poser une autre question: *pourquoi Jésus priait-il?* Comme Fils de Dieu, il n'avait certainement besoin de rien... Quand même, Jésus éprouvait le besoin de prier, non seulement pour nous donner l'exemple, mais à cause d'une exigence intérieure. D'abord parce qu'il était fils et que le fils a besoin de rencontrer le père. Il me semble que c'est là l'expérience la plus forte de Jésus dans sa prière : le besoin d'être face à face avec le Père, de l'écouter, de le glorifier, de l'aimer, de le révéler.

De plus, Jésus est « l'envoyé » du Père : l'apôtre, le missionnaire, le prédicateur du Règne. Pour cette raison, « tout le monde le cherche » : ils ont faim de sa parole, besoin d'être pardonnés et guéris. Précisément à cause de cela, Jésus éprouve le besoin de prier, d'être seul avec le Père, de prendre sur lui la douleur de tous les humains. Il a besoin de prier, de plus, parce qu'il est la Tête de l'Église : au nom de tous et pour tous, Jésus demande l'unité (« que tous soient un comme nous sommes un »). Enfin, Jésus a besoin de prier parce qu'il souffre : « S'il est possible, que cette coupe passe loin de moi » (Mt 26, 39). La souffrance est école de prière ; mieux encore, elle engendre la prière, une prière sereine et brève, filiale et confiante. Il y a des moments où nous ne pouvons ni parler ni penser ; nous pouvons seulement nous taire, accepter, nous livrer. L'unique prière possible alors est de souffrir en silence et de faire offrande : « Seigneur, si tu veux », « Père, que ta volonté soit faite ».

c) Cela nous fait découvrir *comment Jésus priait* : avec intensité et confiance filiale (« *Abba*, Père ! »), dans la solitude et le silence, en pleine communion avec la volonté du Père, en étroite union avec les frères et sœurs, comme le grand prêtre pour tout le peuple.

Jésus prie comme « le Serviteur souffrant de Yahvé ». Sa prière unique – simple, intense et brève – a toujours deux points de référence : le Père et l'être humain. Jésus a une profonde expérience du Père (ce qui lui permet d'être bref et confiant dans sa prière) ; en même temps, il sent et assume les aspirations les plus profondes de l'être humain. Dans la simplicité du Notre-Père, on trouve la synthèse de tout le vouloir de Dieu et de tous les besoins de l'être humain. Jésus éprouve le besoin du désert, de la solitude, du silence parce qu'il doit « expérimenter » constamment que le Père est avec lui ; mais il ressent aussi l'urgence de la mission apostolique, de l'évangélisation, de la prédication du Règne et de la guérison des malades : là aussi, il trouve le cadre d'une prière ininterrompue, révélatrice de l'amour du Père, disposée à toujours faire sa volonté.

3. « Père, l'heure est venue » (Jn 17)

Pour apprendre à prier, il faut se placer dans l'âme filiale de Jésus, glorificateur du Père et serviteur des humains. Nous avons, dans « l'oraison dominicale » ou « prière apostolique », un exemple typique de la « prière de Jésus ». Nous pourrions encore la nommer « prière ecclésiale ». C'est la grande oblation de Jésus, grand prêtre éternel, au moment où sa vie et son sacerdoce atteignent leur plénitude : pour la gloire du Père, la consécration en vérité des apôtres et l'unité de l'Église.

Ce serait bon de méditer lentement cette prière. Nous en faisons fréquemment l'objet de notre contemplation. Aujourd'hui même, nous devrions en pénétrer le sens, dans la simplicité et la pauvreté. Je me limite, pour l'instant, à souligner schématiquement le contexte, le contenu et le fruit de cette prière.

a) *Le contexte :* « Père, l'heure est venue. » C'est l'heure définitive de la Pâque, celle qui fut annoncée à Cana de Galilée (Lc 2, 4); l'heure de la croix et de l'espérance, l'heure de l'anéantissement et de l'exaltation, l'heure de la mort et de la résurrection. C'est, par conséquent, un moment fort pour prier : pour lui-même, pour les apôtres, pour l'Église. C'est aussi l'heure de la « communion » : Jésus lava les pieds de ses disciples, leur donna le « commandement nouveau » de l'amour et célébra avec eux le sacrement de la « nouvelle alliance ». Tout respire un profond climat de communion dans l'amour : « Que l'amour dont tu m'as aimé soit en eux, et moi en eux » (Jn 17, 26). Il y a, en Jésus, la claire conscience de « l'œuvre » réalisée, du « Nom » du Père communiqué, de l'amour et de l'envoi. Les termes de la prière sont : le Père, l'Église, le monde.

b) *Le contenu :* Jésus prie pour lui-même : « Glorifie ton Fils pour que ton Fils te glorifie. » Nous savons que la glorification du Christ réside dans sa mort et sa résurrection (Jn 17, 23-24). Il prie pour ses disciples: « qu'ils soient un comme nous sommes un », « qu'ils soient gardés du Malin », « qu'ils soient consacrés dans la vérité » (c'est-à-dire qu'ils soient immolés dans la fidélité à la Parole). Il prie pour tous les croyants: « que tous soient un en nous », « que là où je suis, ils soient aussi avec moi », « que l'amour soit en eux et moi en eux ».

c) *Le fruit:* Ce sera la communauté de l'Église consommée dans l'eschatologie, le don de l'Esprit d'amour que le Christ enverra d'auprès du Père, la rénovation intérieure des apôtres consacrés dans la vérité. L'infaillible efficacité de la prière du Christ – l'envoyé du Père, le prêtre éternel, le sauveur du monde et le Seigneur de l'histoire – est toujours celle-ci: la transformation des cœurs, la formation d'une authentique Église-communion, la réconciliation des humains entre eux et du monde avec le Père.

Le ministère sacerdotal exige, par-dessus tout, aujourd'hui, de longues heures d'oraison et une énorme capacité contemplative. Non pas pour sortir le prêtre de sa mission apostolique et de son engagement auprès de la communauté. Nous le répétons une fois encore: seuls les contemplatifs changeront l'histoire; eux seuls ont quelque chose à dire; eux seuls possèdent une aptitude inépuisable pour le service.

Être profondément actifs dans l'engagement! C'est un don de Dieu; demandons-le avec humilité et insistance, à l'Esprit (qui implore en nous avec des « gémissements inexprimables ») et à la Vierge très sainte, Notre Dame du Silence. Elle nous fera goûter, à l'intime de nous-mêmes, la Parole accueillie et contemplée, elle nous donnera la tranquillité intérieure pour les moments forts de notre prière sacerdotale (eucharistie, liturgie des heures); elle nous aidera à découvrir la présence du Seigneur dans les événements, elle nous donnera un cœur pauvre et silencieux pour être profondément contemplatifs et vraiment « maîtres d'oraison ». Qu'elle nous enseigne à prier, Marie, la pauvre, la contemplative, celle qui « gardait tous ces événements dans son cœur! » (Lc 2, 19-51).

XVIII

L'Église de la « kenosis »

« Il s'est dépouillé. »
(Ph 2, 7)

Texte : Ph 2, 5-11.

Comportez-vous ainsi entre vous, comme on le fait en Jésus Christ : lui qui est de condition divine n'a pas considéré comme une proie à saisir d'être l'égal de Dieu. Mais il s'est dépouillé, prenant la condition de serviteur, devenant semblable aux hommes, et, reconnu à son aspect comme un homme, il s'est abaissé, devenant obéissant jusqu'à la mort, à la mort sur une croix. C'est pourquoi Dieu l'a souverainement élevé et lui a conféré le Nom qui est au-dessus de tout nom, afin qu'au nom de Jésus tout genou fléchisse, dans les cieux, sur la terre et sous la terre, et que toute langue confesse que le Seigneur, c'est Jésus Christ, à la gloire de Dieu le Père.

Nous voici presque à la fin de ces exercices, de notre rencontre fraternelle avec Jésus dans le désert. Nous avons centré notre réflexion et notre prière sur « l'Église de la Pâque », c'est-à-dire l'Église de la mort et de la résurrection de Jésus. De sorte que nous avons constamment parlé de la croix et de la joie, de la contemplation et de l'espérance.

Nous le ferons encore aujourd'hui, à partir d'un texte qui célèbre l'anéantissement et l'exaltation de Jésus; plus encore, il célèbre la glorification et la seigneurie du Christ par son dépouillement total jusqu'à la mort sur une croix.

Lisons attentivement cette hymne christologique, qui décrit les diverses étapes du Mystère du Christ et célèbre particulièrement le Mystère pascal de Jésus, « le Seigneur, pour la gloire de Dieu le Père ».

Soulignons d'abord le contexte spirituel dans lequel se situe l'hymne: il s'agit d'une puissante exhortation à l'unité dans la charité; par conséquent, à l'humilité et au détachement de soi-même, à l'imitation du Christ « qui s'est dépouillé de lui-même ». La communauté de Philippes souffrait de divisions internes. Paul écrit à ces chrétiens, de sa prison; avec une douleur de père, il les supplie, au nom de ce qu'ils ont de plus cher: « Comblez ma joie en vivant en plein accord. Ayez un même amour, un même cœur; recherchez l'unité » (Ph 2, 2-3).

Paul fait cette exhortation à l'unité à partir d'une claire allusion à la Trinité: « S'il y a donc un appel en Christ, un encouragement dans l'amour, une communion dans l'Esprit... » (Ph 2, 1). Les racines et les exigences de l'unité, dans la communauté chrétienne, plongent dans la communion trinitaire; ici se rencontre le vrai modèle d'une communauté dynamique et féconde. Mais le chemin pour arriver à cette communion est le dépouillement total de soi, en suivant les traces du Christ: « Ayez en vous les mêmes sentiments que le Christ. »

Le Christ a franchi les étapes suivantes: sa pré-existence divine dans le sein du Père, son abaissement dans l'incarnation, « prenant la condition de serviteur » et son humiliation définitive, « obéissant jusqu'à la mort, et à la mort sur une croix »; son exaltation par la résurrection et sa seigneurie universelle: le Christ, Fils de Dieu, égal au Père, devient le « Serviteur souffrant de Yahvé » et est constitué « Seigneur pour la gloire de Dieu le Père ».

L'exaltation de Jésus ne succède pas simplement à la souffrance. Comme dans le cas du grain de blé (Jn 12, 24), la glorification est le fruit de l'abaissement. C'est pourquoi la *kenosis* (l'abaissement de Jésus) est une expression de l'espérance; c'est l'unique chemin pour l'espérance chrétienne (Lc 24, 26).

L'espérance chrétienne commence seulement quand cessent tous les espoirs humains, quand sont épuisés tous les recours humains, quand, apparemment, tout s'écroule. Alors c'est le temps d'espérer en vérité. Mais cela exige des cœurs forts et remplis de foi.

« Voir ce qu'on espère n'est plus espérer » (Rm 8, 24). L'espérance naît du cœur de la croix pascale. C'est l'unique espérance vraiment stable et qui ne trompe pas, « car l'amour de Dieu a été répandu dans nos cœurs par l'Esprit Saint qui nous a été donné » (Rm 5, 5). L'espérance n'appartient pas aux cœurs faibles ou superficiellement optimistes. Elle est, essentiellement, pour les cœurs forts, habitués à souffrir et à donner leur vie.

La *kenosis* est essentielle à l'Église, « sacrement universel de salut ». Il est nécessaire – parce que le Christ l'a voulu ainsi et l'a réalisé dans sa personne – de suivre la « route de la pauvreté, de l'obéissance, du service et de l'immolation de soi jusqu'à la mort, dont il est sorti victorieux par sa résurrection » (AG 5). Pour une « Église pascale », la *kenosis* est essentielle au cours de son cheminement: « L'Église va de l'avant, marchant parmi les persécutions du monde et les consolations de Dieu, annonçant la croix et la mort du Seigneur, jusqu'à ce qu'il vienne » (LG 8).

Faisons une brève réflexion – toujours à la lumière de l'espérance pascale, en nous efforçant de faire nôtres « les sentiments » qui animaient le Christ – sur ces trois points: le Christ se fait en tout semblable à l'être humain, le Christ assume la condition de serviteur, le Christ se fait obéissant jusqu'à la croix.

1. Le Christ se fait en tout semblable à l'être humain

« Devenant semblable aux hommes, et, reconnu à son aspect comme un homme » (Ph 2, 7). Le Christ assume réellement tout l'humain, « excepté le péché » (Hé 4, 15).

Paul dira même que Dieu « l'a identifié au péché » pour nous (c'est-à-dire l'a rendu solidaire d'une humanité faible et pécheresse) afin que nous « devenions justice de Dieu » (2 Co 5, 21).

Le Christ assume ce qui est fragile, vulnérable, pauvre. Il assume la douleur, la mort et la croix. Il entre pleinement dans une humanité qui a besoin de salut, de liberté et de justice, qui attend, dans les ténèbres et les ombres de la mort, une lumière qui vienne d'en haut (Lc 1, 78-79; És 9, 1), capable de « conduire nos pas au chemin de la paix ».

Le fait que Jésus, sans perdre sa nature divine, assume un « corps de chair », nous le rend plus proche, plus fraternel, plus solidaire. Ce sera le corps de l'oblation initiale et aussi celui de l'oblation définitive : « En entrant dans le monde, le Christ dit : ‹ De sacrifice et d'offrande, tu n'as pas voulu, mais tu m'as façonné un corps [...]. Me voici [...]. Je suis venu, ô Dieu, pour faire ta volonté › » (Hé 10, 5-8). Ce sera le corps qui se fatigue et souffre, qui a faim et soif, le corps par lequel Jésus entrera en dialogue avec ses disciples, avec les malades et les démoniaques, avec les enfants et les pauvres, avec les pécheurs et ceux qui cherchent sa guérison et ses paroles. Ce sera le corps qu'il offrira pour nous sur la croix comme moyen de nous réconcilier tous avec le Père et entre nous (Ép 2, 16), le corps qu'il nous laissera comme pain « pour la vie du monde » (Jn 6, 51). Ce sera le corps de la révélation du Dieu invisible (Col 1, 15), de l'immolation et du don définitif : « Ceci est mon corps donné pour vous » (Lc 22, 19).

Jésus vit avec intensité l'expérience humaine : il pleure et s'émeut devant la douleur personnelle, familiale, sociale ou politique. Il pleure à la mort de Lazare, il est touché par la pénible solitude de la veuve de Naïn ; il verse des larmes sur la sainte cité de Jérusalem. Il aime intensément et avec sincérité Jean, ses amis de Béthanie, le jeune homme riche, les enfants et les pauvres, les malades et les pécheurs. Jésus est particulièrement capable d'amitié profonde et vraie.

Il nous est bon de penser à l'humanité de Jésus. Jésus ressent, comme nous, la fatigue et la solitude, la tristesse, la crainte et l'angoisse. Il tremble devant la croix. Peut-être convient-il de rappeler quelques textes: « Fatigué du chemin, Jésus était assis tout simplement au bord du puits » (Jn 4, 6). « Il commença à ressentir tristesse et angoisse » (Mt 26, 37). « Pris d'angoisse, il priait plus instamment, et sa sueur devint comme des caillots de sang qui tombaient à terre » (Lc 22, 44).

Devant ces images de Jésus – sacrement du Père – il faut souligner la sacramentalité de l'Église dans son aspect humano-divin : comme chemin d'incarnation, comme forme de solidarité, comme modalité de salut. L'Église s'incarne en des situations et des moments différents, elle assume la douleur et la joie des humains, toute l'angoisse et l'espérance des peuples ; elle est solidaire de leur sort, elle condamne les injustices, l'oppression, le manque de liberté ; elle élève sa voix prophétique pour dénoncer évangéliquement le mal et elle appelle à la conversion, elle offre le salut intégral apporté par Jésus. Ce chemin d'incarnation est parfois rude pour l'Église, mais il est nécessaire à son mystère sacramentel.

2. Le Christ assume la condition de serviteur

« Il s'est dépouillé, prenant la condition de serviteur » (Ph 2, 7). C'est une étape de plus dans son chemin d'abaissement : le Christ s'est fait esclave « pour que nous soyons vraiment libres » (Ga 5, 1). C'est la manière de réparer l'orgueil d'Adam, qui prétendit devenir « comme Dieu » (Gn 3, 5) ; ce sera aussi le chemin providentiel de sa glorification comme « Seigneur », « Kyrios ». Ainsi, nous deviendrons – en lui et par lui – « fils et filles de Dieu », libres de toute servitude, héritiers du Royaume (Rm 8, 15 ; Ga 4, 6).

Penser au Christ « serviteur », c'est penser au « Serviteur de Yahvé » : le Père est essentiellement au centre de son service. Le Christ est venu « non pour être servi, mais pour servir et donner sa vie en rançon pour la multitude » (Mt 20, 28). Tous les humains – pauvres et riches, justes et pécheurs – sont objets privilégiés de ce service du Christ ; mais il le réalise toujours par le Père et pour le Père. La seigneurie même de Jésus ne sera pas une domination despotique ou irrationnelle sur les choses, mais une organisation intégrale pour le service de l'être humain et pour la gloire du Père: « Tout est à vous, mais vous êtes à Christ et Christ est à Dieu » (1 Co 3, 23).

Pour le Christ, servir, c'est être entièrement fidèle au plan du salut, aimer intensément les humains et donner pour eux sa vie sur la croix afin de réconcilier le monde avec le Père.

Le service du Christ est orienté vers le Père, vers le Royaume et vers la réconciliation des humains et des peuples. Il l'accomplit en silence, dans la mansuétude et par la mort. Le Christ n'est pas un subversif, un révolutionnaire, un violent. Il transforme toutes choses, mais par la violence de l'Esprit. Par la mort sur la croix, le Christ est venu nous libérer.

Pour comprendre le service de l'Église, il importe de bien comprendre le service du Christ – service au Père et à l'être humain, service de réconciliation et de renouveau dans l'Esprit, service de silence et de croix. Paul VI a défini l'Église qui sortait du concile comme « servante de l'humanité ». L'Église entre dans l'histoire des humains, elle assume leur souffrance pour les en délivrer. Le service que l'Église rend à la famille humaine – proclamation du Règne de Dieu et salut intégral des humains et des peuples – « découle de cette réalité que l'Église est le ‹ sacrement universel du salut ›, manifestant et actualisant tout à la fois le mystère de l'amour de Dieu pour l'homme » (GS 45).

En conséquence, le service de l'Église, comme celui du Christ, est tourné essentiellement vers le Père, vers sa volonté adorable pour le salut de l'être humain. Une Église « servante de l'humanité » est une Église qui prêche le Règne et célèbre l'eucharistie, une Église qui fait connaître les biens invisibles et la vie future, mais qui, en même temps, découvre à l'être humain ses propres valeurs irrévocables, se fait solidaire de sa souffrance, cherche à guérir ses blessures et à l'amener à regarder au-delà de la mort, dans l'espérance.

Une Église « servante de l'humanité » est entièrement fidèle au plan du Père, elle est profondément contemplative, elle accomplit son service dans le secret, la simplicité et le silence. Elle évite le nouveau « triomphalisme » de la « pauvreté proclamée » et du « service publié sur les places » ; elle cherche simplement à être pauvre et à servir. Elle se sent détachée et libre, cachée avec le Christ en Dieu, tendue vers les biens célestes et préoccupée par la situation actuelle des peuples.

3. Le Christ se fait obéissant jusqu'à la croix

« Il s'est abaissé, devenant obéissant jusqu'à la mort, à la mort sur une croix » (Ph 2, 8). C'est pour cela que le Christ était venu dans le monde: « Me voici. [...] Je viens, ô Dieu, pour faire ta volonté » (Hé 10, 7). Dans ces moments dramatiques, devant l'imminence de « son heure », le Christ sent que son âme est troublée. L'agonie est forte. L'humanité, même celle de Jésus, est faible. La tentation est facile, mais la fidélité au Père est sans faille: « Maintenant mon âme est troublée, et que dirai-je ? Père, sauve-moi de cette heure ? Mais c'est précisément pour cette heure que je suis venu » (Jn 12, 27).

L'obéissance jusqu'à la croix donne sens à son sacrifice rédempteur et à notre sanctification par son sang: « C'est dans cette volonté que nous avons été sanctifiés par l'offrande du corps de Jésus Christ, faite une fois pour toutes » (Hé 10, 10). L'abandon serein et filial de Jésus Christ à la volonté du Père, jusqu'à la mort sur la croix, éclaire le sens de notre obéissance comme immolation au Père à travers les médiations humaines. La force rédemptrice du sacrifice de Jésus ne vient pas de la croix – aussi terrible qu'elle soit – mais de son obéissance libre et amoureuse. Il vaut la peine de méditer cette vérité pour rendre plus ferme et plus sereine notre propre obéissance.

Nous parlons d'une immolation totale (jusqu'à la mort sur une croix!), d'une immolation qui procède de l'amour. La passion du Christ – l'intensité de sa douleur et l'infinie fécondité de ses fruits – ne s'explique que par l'amour: pour le Père et pour les humains. « Pour que le monde sache que j'aime le Père» (Jn 13, 1). Nous ne pouvons oublier cela si nous voulons expliquer les fortes exigences de l'obéissance et de la croix dans notre vie.

Il y a encore quelque chose de plus: le Christ embrasse la passion parce qu'il a conscience que le Père l'aime: «Le Père m'aime», «le Père aime le Fils». L'obéissance de la croix rend visible cet amour: «Le Père m'aime parce que je me dessaisis de ma vie pour la reprendre ensuite. Personne ne me l'enlève mais je m'en dessaisis moi-même; j'ai le pouvoir de la reprendre: tel est le commandement que j'ai reçu de mon Père» (Jn 10, 17-18). Le mystère d'une obéissance mûre et responsable est ceci: on y accède librement par amour de la volonté explicite du Père. C'est ainsi que le Christ résume – pour lui et pour nous – la «liberté» de l'obéissance et «l'ordre» reçu du Père.

L'Église fait nôtre la passion du Christ. Elle se prolonge en chacun de nous: «Je trouve maintenant ma joie dans les souffrances que j'endure pour vous, et ce qui manque aux détresses du Christ, je l'achève dans ma chair» (Col 1, 24). Elle se prolonge encore dans la communauté chrétienne: persécutée, secouée intérieurement par les tensions et la recherche, déchirée ou crucifiée par ses propres fils et filles. Enfin, elle se prolonge dans la totalité de l'histoire, qui avance, dans la douleur et dans la recherche des humains et des peuples, jusqu'à l'avènement «de cieux nouveaux et d'une terre nouvelle où la justice habite» (2 P 3, 13).

La croix! C'est le grand don du Père. Nous ne pouvons l'éviter, si nous voulons écrire un chapitre fécond de l'histoire du salut. «Si le grain de blé tombé en terre ne meurt pas, il reste seul; si au contraire il meurt, il porte du fruit en abondance» (Jn 12, 24). C'est la façon la plus intime de «le connaître, lui, et la puissance de sa résurrection, et la communion à ses souffrances, de devenir semblables à lui dans sa mort» (Ph 3, 10).

Nous avons parcouru l'itinéraire de l'abaissement du Christ: l'incarnation, le rôle de serviteur, l'obéissance jusqu'à la mort de la croix. Tout cela est la condition de la glorification définitive: «C'est pourquoi Dieu l'a souverainement élevé et lui a conféré le Nom qui est au-dessus de tout nom» (Ph 2, 9). Il n'y a pas de chemin pour arriver à la vie si ce n'est de passer par la mort, pas de moyen de voir la lumière sinon à travers l'expérience de la croix, d'être fécond sinon à travers l'enfouissement dans la terre pour que les épines portent du fruit .

L'Église de la *kenosis* – Église de la pauvreté, du service et de la croix – est l'Église de la glorification pascale, de la réconciliation universelle. La *kenosis* est déjà la Pâque. La croix est déjà fécondité et joie. Pour saint Jean, la glorification commence avec la mort du grain de blé (Jn 12, 23-24). Il importe d'assumer sa propre croix, de la savourer en silence et de suivre le Seigneur avec fidélité: «Si quelqu'un veut venir à ma suite, qu'il renonce à lui-même et prenne sa croix chaque jour, et qu'il me suive» (Lc 9, 23). «Pour moi, non, jamais d'autre titre de gloire que la croix de notre Seigneur Jésus Christ; par elle, le monde est crucifié pour moi, comme moi pour le monde» (Ga 6, 14). Si nous n'embrassons pas avec joie l'absurdité de la croix, nous ne serons ni heureux ni féconds. La joie véritable et la fécondité authentique proviennent de la croix: «Car il vous a fait la grâce, à l'égard de Christ, non seulement de croire en lui mais encore de souffrir pour lui» (Ph 1, 29).

C'est le moment de rendre grâce à Dieu pour le don de la croix; par elle, nous glorifions le Père; nous nous configurons au Christ; nous nous rendons utiles aux humains. *« Ave crux, spes unica ! »* «Salut, ô croix, notre unique espérance!»

Avec Marie, la Vierge pauvre, la servante du Seigneur, demeurons sereins et forts au pied de la croix (Jn 19, 25). C'est la façon de comprendre que «les souffrances du temps présent sont sans proportion avec la gloire qui doit être révélée en nous» (Rm 8, 18). Que la Vierge nous aide à vivre la joie de la pauvreté, la profondeur du service, la fécondité sereine de la croix! Avec elle, en elle, nous apprendrons la valeur de l'abaissement, du dépouillement total de nous-mêmes, pour prendre part à la joie de la glorification.

XIX

Église en prière (II)

« Seigneur, apprends-nous à prier. »
(Lc 11, 1)

Texte : Lc 11, 1-13.

Il était un jour quelque part en prière. Quand il eut fini, un de ses disciples lui dit : « Seigneur, apprends-nous à prier, comme Jean l'a appris à ses disciples. » Il leur dit : « Quand vous priez, dites : Père, fais connaître à tous qui tu es, fais venir ton règne, donne-nous le pain dont nous avons besoin pour chaque jour, pardonne-nous nos péchés, car nous-mêmes nous pardonnons à tous ceux qui ont des torts envers nous, et ne nous conduis pas dans la tentation. » Jésus leur dit encore : « Si l'un de vous a un ami et qu'il aille le trouver au milieu de la nuit pour lui dire : ‹ Mon ami, prête-moi trois pains, parce qu'un de mes amis m'est arrivé de voyage et je n'ai rien à lui offrir ›, et si l'autre, de l'intérieur, lui répond : ‹ Ne m'ennuie pas ! Maintenant la porte est fermée ; mes enfants et moi nous sommes couchés ; je ne puis me lever pour te donner du pain ›, je vous le déclare : même s'il ne se lève pas pour lui en donner parce qu'il est son ami, eh bien, parce que l'autre est sans vergogne il se lèvera pour lui donner tout ce qu'il lui faut. Eh bien, moi je vous dis :

Demandez, on vous donnera; cherchez, vous trouverez; frappez, on vous ouvrira. En effet, quiconque demande reçoit, qui cherche trouve, et à qui frappe on ouvrira. Quel père parmi vous, si son fils lui demande un poisson, lui donnera un serpent au lieu de poisson? Ou encore s'il demande un œuf, lui donnera-t-il un scorpion? Si donc vous, qui êtes mauvais, savez donner de bonnes choses à vos enfants, combien plus le Père céleste donnera-t-il l'Esprit Saint à ceux qui le lui demandent. »

Aujourd'hui, nous poursuivons notre méditation sur la prière, mieux encore, sur « l'Église en prière », puisque c'est toute la communauté chrétienne qui doit vivre en esprit et en climat de prière. Les temps actuels sont des moments forts et providentiels pour l'Église. Des temps qui exigent sérénité et courage, équilibre intérieur et élan missionnaire. De plus, l'Esprit Saint suscite chez les chrétiens, en particulier chez les jeunes, une grande faim de prière. Ils se tournent vers nous et nous supplient: Église, « apprends-nous à prier ». Le monde réclame de nous un témoignage clair et vivant de prière.

Voyons d'abord à quel point l'attitude de « Jésus en prière » est impressionnante; c'est de là, de cette expérience profonde, que jaillit le cri des disciples. C'est seulement « quand il eut fini » de prier qu'ils décidèrent d'adresser leur demande à Jésus. Prière silencieuse (peut-être douloureuse, comme celle du Jardin), pleine de confiance filiale, et reflétant l'expérience de la proximité du Père: « Le Père est en moi et moi en lui. »

Il vaut la peine d'indiquer – indiquer seulement – trois aspects du texte sur « la prière chrétienne » que nous avons rapporté au début (Lc 11, 1-13).

a) *Jésus est en prière.* C'est le mode normal de son enseignement. Pour apprendre à prier, l'abondance de leçons n'est pas nécessaire; l'important est de se mettre à prier (pour apprendre à nager, l'important est de se jeter à l'eau). Jésus nous livre une formule simple, brève, complète. Nous y reviendrons, mais nous voulons déjà insister sur l'intensité du premier mot: « Père ». Seul celui qui a la certitude de parler avec le Père – avec le Père qui est dans le secret – peut commencer le dialogue d'une vraie prière.

b) Jésus insiste sur *l'efficacité infaillible de la prière* faite en son nom : « Demandez, on vous donnera ; cherchez, vous trouverez ; frappez, on vous ouvrira. » On ne peut frapper à la porte du Père sans être reçu. Jésus raconte la parabole de « l'ami » importun ; la question n'est pas qu'il soit importun, mais qu'il soit « ami ». Et la prière, quand elle est véritable, se passe toujours entre amis : « Je vous appelle amis, parce que tout ce que j'ai entendu auprès de mon Père, je vous l'ai fait connaître » (Jn 15, 15). Il y a des moments où la prière nous paraît pénible et dépourvue de sens, comme si nous nous adressions à un « Dieu inconnu ». Pourtant, le Père est là, il nous attend, nous parle, nous écoute.

c) Jésus nous promet *l'Esprit Saint* : « Combien plus le Père céleste donnera-t-il l'Esprit Saint à ceux qui le lui demandent ! » Tout se réduit à ceci : demander et posséder le don de l'Esprit. Quand on l'obtient, le nom du Père est glorifié, son Règne vient à nous, sa volonté est faite sur la terre comme au ciel, le pain quotidien nous est donné, nos péchés sont pardonnés, on ne nous laisse pas succomber à la tentation et nous sommes délivrés du mal. En définitive, le chemin de la sainteté nous est ouvert. Pour ce motif, prier, c'est laisser l'Esprit Saint, en nous, demander le don de l'Esprit.

« Seigneur, apprends-nous à prier. » Nous devons apprendre à prier de nouveau ; pas nécessairement avec des formules différentes, mais avec un esprit nouveau. Dans un monde nouveau – monde de technique, sécularisé, en mutation – nous avons besoin d'apprendre à prier d'une manière renouvelée. En réalité, nous nous demandons si nous avons jamais appris à prier vraiment. Dans ce monde nouveau, il est nécessaire que l'Esprit Saint nous donne, d'une nouvelle façon, l'expérience de la paternité de Dieu et de sa proximité, la conscience de notre filiation adoptive, l'ouverture de notre pauvreté spirituelle à Dieu. La prière est authentique quand on a une vive conscience que c'est tous les jours qu'il faut apprendre à prier de nouveau.

Nous avons découvert le monde et l'histoire, nous avons mesuré la valeur du dialogue, du service, de la tâche, nous avons appris à aimer l'être humain et son problème. Nous savons que nous ne pouvons aimer Dieu si nous n'aimons pas notre prochain. Prier, disons-nous, c'est rencontrer notre prochain. Mais cela ne suffit pas. Il faut des « temps forts » d'absolue tranquillité et de silence total pour rencontrer le Seigneur seul à seul. De là – de la profondeur de la contemplation –, nous nous ouvrirons au monde, à l'être humain, à l'histoire.

Aujourd'hui, il faut une Église contemplative, qui sache découvrir le Seigneur à tout instant : dans la simplicité de la Parole révélée, dans le silence du cœur, dans les événements de l'histoire, sur le visage de chaque personne qui chemine à nos côtés.

Il ne s'agit pas d'une Église indifférente ou étrangère à l'histoire ; tout au contraire. La contemplation est essentielle à une Église de l'incarnation et de la présence, de la Parole et du témoignage, du dialogue et du service. Seuls les contemplatifs peuvent être réalistes, ouverts et engagés.

1. Ce qu'est la prière

Même si cela semble élémentaire, nous commençons par nous demander ce qu'est la prière. Il ne s'agit pas ici de donner une définition technique, d'après les maîtres de la vie spirituelle, mais de décrire simplement ce que signifie, pour nous, entrer en prière. Prier, c'est nous placer personnellement face au Père, pénétrer dans l'âme filiale du Fils et laisser l'Esprit crier : *« Abba ! »* C'est pourquoi la prière se réalise toujours dans le silence fécond de la Trinité. Prier, c'est entrer en communion profonde avec la volonté adorable du Père : « Oui, Père, parce que telle est ta volonté. » Il y a des moments où nous ne pouvons ni nous exprimer ni penser ; nous ne pouvons que souffrir, nous taire et faire offrande : alors l'Esprit intercède en nous « avec des gémissements inexprimables » et la prière est véritable. Il y a des jours où nous ne pouvons que pleurer : le Christ assume alors notre tristesse et la présente au Père. Nous sortons de la prière pacifiés.

Prier, c'est percevoir que « le Père est là » (Mt 6, 6), qu'il nous aime, nous parle, pendant que nous faisons silence, alors que nous accueillons dans la joie sa Parole et que nous nous engageons généreusement à la mettre en pratique. Prier, ce n'est pas penser à beaucoup de choses ni multiplier les paroles (Mt 6, 7-8) : c'est ainsi que se comportent les étrangers ; les fils, eux, regardent simplement, et sont regardés ; ils écoutent et se livrent. Plus est vif le sentiment de la paternité de Dieu et de sa proximité, ou de sa présence en nous, plus simple est notre prière ; d'autant plus humble et plus brève : « Toi qui connais tout, tu sais bien que je t'aime » (Jn 21, 17).

Prier, c'est aussi prendre sur soi la douleur et l'espérance des humains et tout offrir à Dieu avec une simplicité fraternelle. Nous ne pouvons prier en étant « débranchés » du monde, insensibles à la croix et à la joie des autres. Prier, c'est sentir que nous sommes vraiment « assemblée », « communion fraternelle », « Église ». C'est ainsi qu'il nous arrive parfois, dans la prière, de simplement « nous réjouir avec ceux qui sont dans la joie, de pleurer avec ceux qui pleurent » (Rm 12, 15). Il y a des moments où la douleur du monde est si intense que seul un cœur contemplatif peut la comprendre et l'assumer. Souvent, les protestations et les promesses des humains étouffent la faible plainte des frères et sœurs qui souffrent ; ce n'est que dans le silence du désert qu'on l'entend.

Toute prière est « personnelle » ; mais, en même temps, elle est faite au sein d'une « communauté » réunie « au nom du Seigneur », et sa fécondité rejoint tous les humains. La prière naît de l'intimité profonde de fils et de filles qui parlent à leur Père ; c'est pourquoi la prière est personnelle. Mais le personnel s'ouvre immédiatement sur la communion et la participation. Lorsqu'une prière est vraiment faite « dans l'Esprit Saint », elle est, en même temps, « personnelle » et « communautaire ». La fécondité du dialogue personnel avec le Seigneur – fait fréquemment de silence et de croix – se traduit ensuite dans la communication et la célébration communautaire. Une prière « spontanée » et « partagée » suppose toujours une intériorisation personnelle et conduit – si elle est bien faite dans l'Esprit – à une plus grande intimité personnelle avec le Seigneur. La prière officielle de l'Église – l'eucharistie et la liturgie des heures – suppose et exige, elle aussi, une forte intériorisation personnelle et conduit nécessairement à la joie ineffable d'une authentique contemplation.

Enfin, prier, c'est demander chaque jour au Père la glorification de son Nom, l'avènement de son Règne, l'accomplissement de sa volonté, le pain quotidien, le pardon des péchés, la grâce de ne pas succomber à la tentation et d'être délivrés du mal. Jésus nous invite à réciter chaque jour le Notre-Père; c'est la prière irremplaçable et la plus complète. Il faut la réciter « de façon nouvelle » chaque jour. Parce que chaque jour est distinct. Même si le plan de Dieu sur nous demeure invariablement le même, chaque jour « la volonté de Dieu » se manifeste à nous d'une nouvelle manière, chaque jour, nous devons écrire un chapitre différent. Il varie aussi, « le pain » dont nous avons besoin chaque jour: la joie, l'espérance, la paix intérieure, l'amour, la Parole de Dieu, Dieu lui-même dans son eucharistie. Ils diffèrent aussi, « les péchés » que nous commettons: découragement et tristesse, manque d'espérance et de foi, égoïsme et manque de charité, révolte intérieure et absence de prière. Enfin, chaque jour, il est nouveau pour nous, le visage de « Notre Père »: à mesure que nous nous acheminons vers le terme, il est normal que le visage du Père nous soit manifesté, préparant ainsi notre rencontre définitive.

2. Comment prier?

Nous nous demandons maintenant ce qu'il faut faire pour bien prier. Une prière valable suppose les trois éléments suivants: expérience de la *paternité divine*, conscience de notre *pauvreté radicale*, action profonde de l'*Esprit Saint*.

a) Expérience de la *paternité divine*: c'est la condition de base pour que la prière soit possible. La prière est un dialogue avec le Père, elle est un silence actif face au Père, une communion joyeuse à la volonté du Père. Elle est donc indispensable, cette conscience claire et vive de la paternité de Dieu: de sa bonté, de sa miséricorde (« le Père nous aime »), de sa proximité, de son intimité (« le Père est là »), de sa toute-puissance salvatrice (« pour Dieu, tout est possible »). Quand nous prions, nous parlons avec un Père qui nous aime, qui vit en nous et qui nous attend, qui prend soin de nous et qui est heureux de nous pardonner (Lc 15).

b) Conscience de notre *pauvreté radicale*: si la pauvreté est assumée avec sérénité, elle nous ouvre fondamentalement à la prière. Les vrais pauvres prient en vérité, parce qu'ils sentent leur misère et éprouvent le besoin de Dieu; c'est pourquoi ils sont plus proches du Royaume. Une prière intense jaillit de la conscience claire de nos limites, de notre croix et de nos péchés. La souffrance nous enseigne à prier; la croix, joyeusement acceptée, est une forme de prière: elle est offrande silencieuse au Père, contemplation de sa volonté adorable. L'humilité qui nous fait reconnaître nos péchés nous pousse à demander à Dieu de nous donner « la joie du salut ». La prière du pauvre est toujours sereine, intense, confiante; l'Évangile nous en propose deux exemples: celui du lépreux (Mt 8, 2) et celui du publicain (Lc 18, 13).

Mais le véritable modèle d'une prière de pauvre est le *Magnificat* de Notre Dame: Marie célèbre les merveilles que le Puissant a réalisées dans sa petitesse de servante, elle glorifie le Seigneur parce qu'il est fidèle, parce que sa miséricorde s'étend de génération en génération sur ceux qui le craignent, parce qu'il a élevé les humbles et comblé de biens les affamés, parce qu'il a accompli la promesse faite à Abraham et à sa descendance à jamais. Ainsi, si nous voulons prier en vérité, nous devons entrer dans le cœur simple et pauvre de Notre Dame.

c) Action profonde de l'*Esprit Saint*: en définitive, prier, c'est remettre notre silence actif à l'Esprit Saint pour que, de là, il crie: « *Abba,* Père ! » « L'Esprit vient en aide à notre faiblesse, car nous ne savons pas prier comme il faut; mais l'Esprit lui-même intercède pour nous en gémissements inexprimables » (Rm 8, 26).

La prière est quelque chose qui se passe dans notre intérieur paisible, dans le silence de notre âme, entre l'Esprit Saint et le Père. Précisément à cause de cela, pour bien prier, il est nécessaire de se placer dans l'âme filiale de Jésus, « le premier-né d'une multitude de frères » (Rm 8, 29). Il y a une prière que nous faisons et qui est bonne ; mais il y a une prière que l'Esprit Saint fait en nous : celle-là est parfaite. Parce qu'il est l'Esprit du Père, celui qui nous fait accéder à la Vérité tout entière (Jn 16, 13), l'Esprit qui habite en nous (Rm 8, 9) et qui donne témoignage que nous sommes enfants de Dieu et cohéritiers du Christ (Rm 8, 17). Pour bien prier, disions-nous, il faut nous sentir pauvres et avoir la vive expérience que Dieu est notre Père. Seul l'Esprit Saint peut nous conduire à une conscience claire de notre pauvreté et nous faire sentir, à l'intime de nous-mêmes, que le Père est là, qu'il nous aime et nous attend. Quand Jésus nous dit que nous devons prier « en son nom », il veut nous dire que nous devons, en ces temps nouveaux, prier sous l'action de « l'autre Consolateur » qui, lui, nous obtiendra du Père « l'Esprit de Vérité [...] qui restera avec nous toujours » (Jn 14, 16-17). « Ce jour-là, vous demanderez en mon nom et cependant je ne vous dis pas que je prierai le Père pour vous, car le Père lui-même vous aime » (Jn 16, 26-27).

3. Conditions favorables à notre prière

Nous avons déjà indiqué ces conditions ; mais nous résumerons quand même ci-après ce qui est nécessaire à une prière profonde et efficace.

a) *Avant tout, la foi :* il faut croire à l'amour du Père, à sa fidélité inébranlable, à sa toute-puissance infaillible : « Ayez foi en Dieu [...]. Tout ce que vous demanderez en priant, croyez que vous l'avez reçu et cela vous sera accordé » (Mc 11, 20-35). Par la foi, l'impossible devient réalité : « Qu'il te soit fait comme tu as cru » (Mt 8, 13). « Si donc vous, qui êtes mauvais, savez donner de bonnes choses à vos enfants, combien plus le Père céleste donnera-t-il l'Esprit Saint à ceux qui le lui demandent » (Lc 11, 13).

La prière exige un climat profond et normal de foi : vivre en Dieu, respirer en lui, le voir dans toutes les choses. Quand on vit ainsi, la prière devient l'atmosphère habituelle et réconfortante des chrétiens. En même temps, la foi est éclairée et rendue plus ferme par la prière : « Les apôtres dirent au Seigneur : ‹ Augmente en nous la foi › » (Lc 17, 5). Surtout, la prière engendre en nous la remise radicale de nous-mêmes au plan du Père : « Me voici. [...] Je suis venu pour faire ta volonté » (Hé 10, 7). C'est la prompte fidélité de Marie, née de sa pauvreté et fondée sur la toute-puissance de Celui à qui rien n'est impossible : « Je suis la servante du Seigneur. »

b) *Prier dans le secret :* « Quand tu veux prier, entre dans ta chambre la plus retirée, verrouille ta porte et adresse ta prière à ton Père qui est là dans le secret. Et ton Père, qui voit dans le secret, te le rendra » (Mt 6, 6). Prier dans le secret signifie prier avec un cœur droit, simple et pauvre ; sans rechercher la louange des humains, mais la miséricorde et le pardon de Dieu. Cela signifie aussi prier dans le silence : condition indispensable pour entendre la voix de Dieu. Il ne nous est pas toujours possible d'aller au désert, mais il est indispensable d'installer le désert dans notre cœur. Même au milieu de l'intensité du labeur et du dialogue avec les humains, il est possible – plus encore, il est nécessaire – de garder une zone profonde de l'âme pour écouter Dieu. Mais l'important dans la prière n'est pas précisément « d'entrer » dans la chambre et de « fermer la porte » : nous pouvons le faire pour nous évader, nous réfugier, nous rencontrer nous-mêmes. Ce qui est vraiment essentiel, c'est que le Père soit là. Donc, prier « dans le secret » signifie prier dans l'intimité joyeuse du Père.

c) *La charité :* la joie, l'amour et la prière sont intimement unis. Quand quelqu'un – personne ou communauté – prie bien, il vit « dans la sincérité de l'amour » et rayonne la joie. On connaît le style et la profondeur d'une communauté, et l'intérieur d'une personne, par la véracité de ces trois choses. La prière exige la charité : un cœur fermé à l'amour du prochain ne peut entrer en communion avec le Père. La charité exige aussi la prière : quand on vit dans la superficialité et la dispersion, on peut difficilement être serein et compréhensif ; on devient facilement aigri, indifférent, violent. Nous dirions que la charité est le fruit de la prière, mais que personne ne peut entrer en prière sans la charité.

La charité est exigée comme commencement, comme moyen et comme terme de la prière. *Comme commencement:* « Si en présentant ton offrande à l'autel [...] » (Mt 5, 23-26). En achevant l'enseignement de la « prière nouvelle » aux disciples, Jésus ajoute immédiatement : « Si vous pardonnez aux hommes leurs fautes, votre Père céleste vous pardonnera à vous aussi ; mais si vous ne pardonnez pas aux hommes, votre Père non plus ne vous pardonnera pas vos fautes » (Mt 6, 14-15). Lorsqu'il parle de l'infaillible efficacité de la prière faite dans la foi, Jésus conclut: « Quand vous êtes debout en prière, si vous avez quelque chose contre quelqu'un, pardonnez, pour que votre Père qui est aux cieux vous pardonne aussi vos fautes » (Mc 11, 25). *Comme moyen :* la prière suppose un climat de communion, elle se fait à l'intérieur d'une communauté. Celle-ci assure une présence nouvelle de Jésus et l'infaillible accueil du Père : « Je vous le déclare encore, si deux d'entre vous, sur la terre, se mettent d'accord pour demander quoi que ce soit, cela leur sera accordé par mon Père qui est aux cieux. Car, là ou deux ou trois se trouvent réunis en mon nom, je suis au milieu d'eux » (Mt 18, 19-20). Il est intéressant de noter que toute la fin du chapitre 18 se réfère à la compréhension du frère ou de la sœur et au pardon des offenses. Ce qui nous invite à considérer la charité *comme fruit ou terme* de notre prière : un cœur pacifié par la prière, éclairé par la Parole écoutée, fortifié par l'Esprit Saint communiqué, rend nécessairement les autres heureux. Non seulement il les comprend, les accepte comme ils sont et leur accorde son pardon, mais il leur communique le fruit de sa contemplation, c'est-à-dire la joie et la paix du Christ reçu : « Ce que nous avons vu et entendu, nous vous l'annonçons » (1 Jn 1, 3).

Concluons : « Seigneur, apprends-nous à prier » (Lc 11, 1). Une créature nouvelle, un monde nouveau ont besoin et exigent de prier d'une manière nouvelle. Qu'est-ce que prier d'une manière nouvelle ?

D'abord, c'est prier *dans l'Esprit,* qui est le définitivement « nouveau » que nous a communiqué le Seigneur comme fruit de la Pâque ; dans cette optique, nous devons être des « êtres spirituels », conduits et animés par l'Esprit.

Ensuite, prier *dans l'espérance*: sachant que Jésus est déjà là, et que nous cheminons avec lui jusqu'à l'avènement du Règne, à sa venue; pour cela, nous devons être des prophètes d'espérance.

Enfin, prier *avec un sentiment fraternel*: c'est là le « nouveau » que Jésus nous a laissé en résumé de la Loi: « Je vous donne un commandement nouveau: aimez-vous les uns les autres. Comme je vous ai aimés » (Jn 13, 34); en conséquence, nous devons vivre « dans la sincérité de l'amour », chercher la réconciliation fraternelle et devenir de simples « artisans de paix ».

Prier d'une manière nouvelle, c'est laisser l'Esprit Saint recréer quotidiennement en nous la prière que Jésus nous a enseignée. Ce n'est pas la même chose de réciter le Notre-Père aujourd'hui que ce l'était dans le temps du Seigneur. Ce n'est pas la même chose de le prier à Rome, ou à Bombay, ou à Mar del Plata. C'est différent de le réciter à Bethléem et à Jérusalem. Nous devrions nous demander: Comment serait aujourd'hui le Notre-Père du monde? Comment serait le nôtre – celui des prêtres – dans les diverses phases de notre ministère apostolique?

Je voudrais terminer en considérant, avec les yeux et avec le cœur, le *Magnificat* de Notre Dame. Marie nous aide à prier. Je me demande comment elle prierait, elle, le Notre-Père, comment elle continuerait à chanter le *Magnificat* dans sa vie, comment elle l'aurait récité à Bethléem, au Calvaire, à la Pentecôte. Que Marie entre profondément en notre vie, qu'elle prenne notre cœur et continue à réciter avec nous le Notre-Père et à chanter quotidiennement le *Magnificat*: comme la prière des pauvres qui servent le Seigneur, qui espèrent le salut et qui célèbrent l'inaltérable fidélité de Dieu à ses promesses!

XX

Église de l'espérance (I)

« Viens, Seigneur Jésus. »
(Ap 22, 20)

Textes : Rm 8, 18-25 ; cf. LG chap. 7.

Au cours de toutes nos méditations simples sur l'Église de la Pâque, nous avons surtout insisté sur deux choses : la contemplation et l'espérance. Il convient, maintenant, de méditer expressément sur « l'espérance ». Une Église pascale est essentiellement une Église de l'espérance ; c'est-à-dire une Église en chemin, qui est en marche vers la rencontre définitive avec le Seigneur, pendant que, dans la joie, elle annonce aux humains que Jésus est déjà venu, qu'il est mort et ressuscité pour nous, qu'il vit et fait route avec nous vers le Père.

Une Église de l'espérance est une Église essentiellement ouverte à la seconde venue du Seigneur : « Viens, Seigneur Jésus » ; une Église qui s'appuie sur la résurrection de Jésus et sur la puissance de son Esprit. Les deux éléments de l'espérance – confiance et tension – sont exprimés dans le très beau passage du psaume que nous avons repris, aujourd'hui, à la messe : « J'attends le Seigneur, j'attends de toute mon âme et j'espère en sa parole. Mon âme désire le Seigneur plus que la garde ne désire le matin» (Ps 130, 5-6).

Il a toujours été nécessaire de parler de l'espérance, Mais aujourd'hui cela devient particulièrement urgent. Le monde a besoin de contemplatifs et d'authentiques prophètes de l'espérance. Un des signes tragiques des temps actuels est le manque d'espérance: nous avons perdu confiance en l'être humain (peut-être même en Dieu) et nous prenons plaisir à relever les aspects négatifs. Il ne s'agit pas d'être naïfs ou superficiels («tout va bien»), mais d'être profondément réalistes («nous avons été sauvés, mais c'est en espérance» [Rm 8, 24]). Ce manque d'espérance se fait aussi douloureusement sentir à l'intérieur de l'Église: ou parce que nous nous installons dans le temps, en perdant la perspective de l'éternel; ou parce que nous nous évadons du temps, en réduisant l'espérance à une attente passive et oisive, une simple résignation négative; ou parce que nous nous laissons envahir par le pessimisme, parce que la peur nous paralyse ou parce que nous ne pouvons dépasser «le scandale de la croix». Au fond, nous ne croyons pas que le Christ est ressuscité et vivant.

Nous avons tous besoin de vivre dans l'espérance (être «joyeux dans l'espérance» [Rm 12, 12]), de respirer, dans l'Église, une atmosphère de plus profonde espérance, de la présenter aux hommes et aux femmes (surtout aux jeunes) comme mode de vie chrétienne et comme moyen de traverser les moments difficiles. Il nous est demandé d'être vraiment les «témoins de la résurrection». Qui a connu Jésus Christ en vérité ne peut vivre «sans espérance et sans Dieu dans le monde» (Ép 2, 12).

L'espérance éclaire le mystère de la croix et de la mort. À la lumière du Mystère pascal de Jésus, nous comprenons que l'espérance chrétienne naît précisément du cœur de la croix, quand humainement tout semblerait être fini: «Ne fallait-il pas que le Christ souffrît cela et qu'il entrât dans sa gloire?» (Lc 24, 26). Cela est difficile à comprendre humainement, il est dur de l'accepter dans sa propre chair; mais l'espérance existe, parce que Jésus est mort et ressuscité. Seuls peuvent «justifier leur espérance» (1 P

3, 15) ceux qui savent souffrir et qui ont le privilège de participer très intimement à la passion du Seigneur. Notre joie et notre espérance croîtront dans la mesure de notre participation à la croix pascale de Jésus.

La mort, cette réalité inéluctable et si proche, est aussi illuminée par l'espérance. « Ne soyez pas dans la tristesse comme les autres, qui n'ont pas d'espérance » (1 Th 4, 13). Mourir, c'est retourner au Père. La mort est la grande condition pour la communion définitive avec le Seigneur : « J'ai le désir de m'en aller et d'être avec le Christ » (Ph 1, 23). Aimons, désirons, espérons la mort comme un « passage » au Père : « Je suis sorti du Père et je suis venu dans le monde ; tandis que maintenant je quitte le monde et je vais au Père » (Jn 16, 28). Retourner au Père ! C'est la profonde et ineffable réalité de la mort. Mais, en même temps, nous craignons la mort comme « salaire du péché » (Rm 6, 23), comme possibilité de perte du Père, comme « le dernier ennemi » qui nous opprime et qui sera détruit (1 Co 15, 26).

Dans ce contexte d'une espérance chrétienne – qui est, en même temps, tension eschatologique et assurance inébranlable dans l'Esprit du Seigneur ressuscité –, nous devons lire avec attention le chapitre 7 de *Lumen gentium* et méditer avec amour le fameux passage de Paul aux Romains (8, 18-25).

Il vaut la peine de parcourir ces textes en silence et de les goûter avec la sagesse de l'Esprit. Il est impossible de tout expliquer, je ne veux souligner que trois points :

a) la relation entre l'espérance chrétienne et la *filiation adoptive*. Nous espérons parce que nous sommes fils et filles, héritiers de Dieu et cohéritiers du Christ (Rm 8, 16-17). Toute la création attend « avec impatience » la libération finale « pour avoir part à la liberté et à la gloire des enfants de Dieu » ;

b) la relation entre l'espérance et la *croix* : « puisque, ayant part à ses souffrances, nous aurons part aussi à sa gloire. J'estime en effet que les souffrances du temps présent sont sans proportion avec la gloire qui doit être révélée en nous » (Rm 8, 17-18).

c) la relation entre l'espérance chrétienne et l'*Esprit Saint*: « nous aussi, qui possédons les prémices de l'Esprit, nous gémissons intérieurement, attendant l'adoption, la délivrance pour notre corps ». C'est l'Esprit du Christ qui « habite en nous » (Rm 8, 9), « lui-même atteste à notre esprit que nous sommes enfants de Dieu » (Rm 8, 16), « il intercède pour nous en gémissements inexprimables » (Rm 8, 26). C'est « l'Esprit promis – acompte de notre héritage – jusqu'à la délivrance finale où nous prendrons possession » de la gloire (Ép 1, 13-14).

La relation est intime et progressive: Esprit Saint, filiation adoptive, croix, gloire. « Le Père de notre Seigneur Jésus Christ, dans sa grande miséricorde, nous a fait renaître pour une espérance vivante » (1 P 1, 3).

1. Espérer, c'est aller vers le Père

« Je suis sorti du Père et je suis venu dans le monde tandis qu'à présent je quitte le monde et je vais au Père » (Jn 16, 28). Comme elles sont belles, ces paroles de Jésus qui renferment tout le mystère de sa vie et de sa mort! Elles contiennent aussi le secret de notre propre ministère apostolique. Nous sortons du Père – dans son intimité contemplative, nous préparons notre mission – et nous allons au monde qui nous attend. Il attend notre parole, notre eucharistie, notre présence. Tous les jours, il y a une attente nouvelle des humains; il y a de nouvelles personnes qui attendent de nous le Seigneur. Chaque soir, nous retournons au Seigneur avec la conscience sereine d'avoir accompli notre mission, d'avoir parlé de Dieu aux humains, de les avoir fait renaître à l'espérance, d'avoir semé la joie dans les cœurs. Mais il y a un moment – au soir de la vie! – où nous nous rendons compte que « l'heure est venue » (Jn 17, 1); nous saisissons alors profondément ce que signifie « aller vers le Père ». Nous pressentons avec joie que « le Seigneur est proche ». Nous n'avons pas peur de la mort parce que nous allons « vers le Père », mais nous souffrons de ne pas l'avoir aimé davantage, de n'avoir pas fait plus de bien à notre prochain, de n'avoir pas su profiter de la croix et la goûter davantage.

Espérer, c'est aller au Père ! Avec quelle véhémence, dans les discours de la dernière Cène, Jésus répète : « Je m'en vais au Père » ! Aller au Père ! C'est le pèlerinage de l'espérance. Voilà ce qu'est mourir pour tout chrétien ; c'est cela mourir, surtout pour le prêtre qui a fait l'expérience de l'amour du Père et qui a goûté la communication du Père, sur la croix.

L'espérance nous situe face à la Lumière définitive, à l'éternité à laquelle nous avons été convoqués, au Seigneur dont la vision immédiate nous rendra immensément heureux. « Nous serons semblables à lui parce que nous le verrons tel qu'il est » (1 Jn 3, 2). L'espérance éclaire les ombres passagères – parfois douloureusement obscures – de notre chemin. Nous savons que nous allons vers le Père et que le Seigneur vient à notre rencontre : « Dans la maison de mon Père, il y a beaucoup de demeures [...] Lorsque je serai allé vous préparer un lieu, je reviendrai et je vous prendrai avec moi si bien que là où je suis, vous serez vous aussi » (Jn 14, 2-3).

a) Nous attendons le *Seigneur qui vient* : pour consommer la rédemption, pour porter à sa plénitude notre filiation divine, pour récapituler définitivement en lui toutes choses et remettre le Règne au Père. « Notre cité à nous est dans les cieux, d'où nous attendons, comme sauveur, le Seigneur Jésus Christ qui transfigurera notre corps humilié pour le rendre semblable à son corps de gloire » (Ph 3, 20-21). Il existe trois moments dans notre filiation adoptive : celui du baptême (« nul, s'il ne naît d'eau et d'Esprit, ne peut entrer dans le Royaume de Dieu » [Jn 3, 5] ; « dès à présent, nous sommes enfants de Dieu » [1 Jn 3, 2]), celui de notre mort (« nous serons semblables à lui parce que nous le verrons tel qu'il est ») et celui du second avènement du Seigneur (même notre corps misérable ressuscitera en corps de gloire : « semé corps animal, il ressuscite corps spirituel » [1 Co 15, 42-44]).

« Le Seigneur est proche » (Ph 4, 5). Cette certitude remplissait de joie le cœur des premiers chrétiens. Elle remplit aussi le nôtre, nous qui vivons « en attendant la bienheureuse espérance et la manifestation de la gloire de notre grand Dieu et Sauveur Jésus Christ» (Tt 2, 13).

Il peut y avoir des moments de nostalgie dans notre vie – peut-être des moments de préoccupation et d'humaine tristesse – parce que nous sentons que la fin approche. C'est alors que les paroles de saint Paul nous réconfortent: «Le temps de mon départ est arrivé. J'ai combattu le beau combat, j'ai achevé ma course, j'ai gardé la foi. Dès maintenant m'est réservée la couronne de justice qu'en retour me donnera le Seigneur en ce jour-là, lui le juste juge; et non seulement à moi, mais à tous ceux qui auront aimé sa manifestation» (2 Tm 4, 6-8). L'espérance est essentiellement l'attente amoureuse de la venue de Jésus.

b) Nous attendons *la manifestation de la gloire* de Dieu: sur *toute la création,* soumise à la vanité et qui gémit dans l'espérance d'être libérée de l'esclavage; sur nous tous *les humains,* qui possédons les prémices de l'Esprit et qui gémissons en souhaitant le rachat de notre corps; sur *tous les peuples,* dispersés par le péché et qui deviendront l'unique Peuple de Dieu (LG 17); sur *toute l'Église,* parée comme une fiancée pour le jour de la noce (Ap 21, 2). La venue du Seigneur, terme et objet de notre espérance, est la suprême manifestation de la gloire de Dieu sur tout le créé.

c) Nous attendons *«les cieux nouveaux et la terre nouvelle»* où habitera la justice (2 P 3, 13). Le monde sera transformé pour devenir la demeure définitive des bienheureux. «Nous voilà donc déjà parvenus à la fin des temps (*cf.* 1 Co 10-11); le renouvellement de l'univers est irrévocablement établi et, en un certain sens, il a vraiment commencé ici-bas. Dès ici-bas l'Église est, en effet, auréolée de vraie sainteté, si imparfaite que soit celle-ci» (LG 48).

2. Espérer, c'est vivre en état de veille

«Veillez donc, car vous ne savez pas quel jour votre Seigneur va venir» (Mt 24, 42). Attendre activement le Seigneur, l'attendre dans la joie, l'attendre dans un climat de pénitence (constante conversion) et de prière. Toute notre vie doit être un «avent», une préparation active à la venue du Seigneur. Vivre en état de veille, c'est nous efforcer de progresser chaque jour, d'être plus fidèles à notre mission, de croître en sainteté, de rayonner la joie de l'amour, de prier avec une profondeur accrue.

Les grandes vigiles, dans la liturgie, sont des veillées de prière : Noël, Pâques, la Pentecôte. Ce sont des temps forts où le Seigneur nous appelle à l'essentiel, à l'intériorité, au définitif. Nous attendons, dans la prière, la « Lumière véritable » qui vient à Bethléem pour illuminer tout être humain, ou la « lumière du Christ glorieusement ressuscité », qui vient dissiper « les ténèbres du cœur et de l'esprit », ou la pleine effusion de la « bienheureuse lumière » de l'Esprit Saint, à la Pentecôte. Vivre en état de veille, c'est intensifier notre prière sereine, c'est vivre en climat d'oraison.

Jésus nous demande de l'attendre avec « les lampes allumées » (Mt 25, 1-3), en nous acquittant avec fidélité de notre « service » (Mt 24, 45-51), en faisant fructifier « nos talents » (Mt 25, 14-30). Il serait bon de méditer lentement ces trois paraboles. Soulignons-en quelques aspects.

a) La parabole du *« serviteur fidèle et prudent »* (Mt 24, 45) nous fait penser à la réalité fondamentale de notre ministère : nous sommes « serviteurs » constitués en autorité non pour « détruire », mais pour « édifier » ; non pour « frapper » nos frères et sœurs, mais pour « leur donner la nourriture en son temps ». Ce qui suppose fidélité au Seigneur, effort pour connaître sa volonté actuelle sur l'Église, sagesse et prudence pour l'accomplir avec générosité. L'Église que nous gouvernons n'est pas à nous ; c'est « l'Église de Dieu, qu'il s'est acquise par son propre sang » (Ac 20, 28). De plus, notre gouvernement est un « service » dont nous devons nous acquitter « de bon gré, selon Dieu ; non par cupidité, mais par dévouement ; n'exerçant pas un pouvoir autoritaire sur ceux qui nous sont échus en partage, mais en devenant les modèles du troupeau » (1 P 5, 2-3). Nous ne pouvons exercer notre ministère distraitement ou avec paresse, en pensant : « Mon maître tarde à venir » (Lc 12, 45).

b) La parabole des *« dix vierges »* (Mt 25, 1) nous exhorte à cheminer unis dans l'espérance, sans découragement ni lassitude, vers la rencontre avec le Seigneur. Il s'agit d'alimenter constamment nos lampes, de les garder allumées. Nous sommes « lumière dans le Seigneur » (Ép 5, 8), nous avons été particulièrement choisis pour être « lumière du monde » (Mt 5, 14). Nous ne pouvons permettre que nos lampes s'éteignent : que notre prière cesse de fortifier les faibles, que notre parole cesse d'encourager ceux qui sont tristes, que notre présence cesse de laisser transparaître le Seigneur en faveur de tous. Pensons à nos lampes « chrétiennes » : une foi bien lumineuse, une espérance bien ferme, une charité bien ardente. Pensons aussi à nos lampes « sacerdotales » : une chasteté consacrée gardée dans la joie de l'amour, une prière contemplative capable d'engendrer constamment « la Parole de vie », une charité pastorale vécue particulièrement au cœur de la croix, comme oblation silencieuse au Père, comme communion fraternelle et simple, comme don généreux à tout le monde. Il serait terrible de laisser nos lampes s'épuiser; non tellement parce que le Seigneur tarde, mais parce que nous cessons de les alimenter, parce que nous avons une confiance excessive en nos forces humaines ou parce que nous nous sommes lancés superficiellement sur des chemins qui ne sont pas les nôtres. Il y a alors le risque que ce ne soit pas le chemin de la rencontre : « En vérité, je vous le déclare, je ne vous connais pas » (Mt 25, 12). Ce serait là une phrase terrible pour une âme consacrée ! Mais il y a quelque chose de plus terrible encore : ne pas nous être préoccupés à temps en voyant les lampes de nos frères et sœurs sur le point de s'éteindre, ou avoir contribué à ce qu'elles s'éteignent complètement. Il n'y a rien de pire que d'avoir détruit l'espérance d'un frère ou d'une sœur.

c) Finalement, la parabole des *« talents »* nous place de nouveau en face de la responsabilité des dons reçus, de la mission attribuée, du ministère confié par le Seigneur pour la croissance du Royaume et le service des frères et des sœurs. Il nous est demandé d'être des « serviteurs bons et fidèles » qui sachent comprendre la volonté du Seigneur et faire fructifier les dons reçus. Ce sont des dons de Dieu pour sa gloire. Nous ne pouvons les nier, les enfouir ou nous les approprier. Peu importe qu'ils soient nombreux ou non; l'important est que chacun les développe, les multiplie et les remette (à Dieu pour sa gloire, aux humains pour leur salut). L'important encore, c'est que nous sachions voir en eux un don de Dieu – et, par conséquent, une exigence – pour le bien des frères et des sœurs. Nous ne sommes pas les maîtres de l'Église, nous sommes ses pasteurs. Nous ne sommes pas non plus maîtres des dons reçus, nous en sommes les administrateurs. Cela ne nous permet pas de nous considérer supérieurs à ce que nous sommes (« ce qui est trop difficile pour toi, ne le recherche pas » [Si 3, 21]); cela nous empêche aussi d'ambitionner des postes ou de prétendre à des choses. Un véritable homme d'Église est un homme qui souffre quand on lui confie un poste trop élevé ou quand on le met trop en évidence; il vaut mieux vivre dans le silence et, dans la solitude, rendre l'Église féconde. Mais il n'est pas permis non plus – par évasion ou paresse, ou peut-être, parfois, par une trop grande crainte humaine de l'échec – d'enterrer ses talents, de rendre inutiles les dons reçus ou de refuser superficiellement une tâche confiée. Dieu a droit d'être exigeant à notre égard jusqu'au bout: jusqu'à la limite de l'échec, jusqu'à la fécondité de la croix, jusqu'à goûter, dans le silence, notre pauvreté. Quand le Seigneur reviendra, qu'il nous trouve sereins et joyeux: à cause des dons reçus, de la mission réalisée, de la récompense promise. Surtout, qu'il nous accorde la joie de sa présence: « Entre dans la joie de ton Seigneur » (Mt 25, 21).

Jésus nous enseigne comment nous devons attendre sa venue, ce que signifie vivre en état de veille, quel est le sens d'une espérance active. Les trois paraboles nous introduisent au cœur de l'espérance chrétienne. L'espérance, comme tension eschatologique, nous répète sans cesse ces deux phrases: « Sortez à sa rencontre » (Mt 25, 6; c'est l'invitation à se mettre en route) et « Veillez donc, car vous ne savez ni le jour ni l'heure » (Mt 25, 13; c'est l'exhortation à demeurer en éveil).

Toute notre vie est un avent: une attente ardente et sereine et la certitude d'une venue. « Le Seigneur est proche » : cette phrase affermit notre espérance et donne sens à notre joie. Nous vivons en état de veille : avec ardeur, nous attendons que le Seigneur vienne, dans un climat de conversion continue et de prière profonde, prenant soin d'allumer nos lampes et de faire fructifier nos dons, préparant jour après jour notre passage au Père, par la mort. Cela n'exige qu'une chose, mais l'exige pleinement : vivre « dans la sincérité de l'amour » (*cf.* Mt 25). Quand le Seigneur viendra au soir de la vie, « nous serons jugés sur l'amour » (saint Jean de la Croix).

3. Espérer, c'est nous appuyer sur le Seigneur qui nous a été donné

« Un enfant nous est né, un fils nous a été donné » (És 9, 5). Tel est le motif fondamental de notre espérance : nous allons à la rencontre du Seigneur qui vient, en nous appuyant sur le Seigneur qui est déjà venu et qui a planté sa tente au milieu de nous (Jn 1, 14). L'espérance est un chemin sur lequel nous nous sommes déjà engagés avec un Ami jusqu'à la rencontre définitive avec cet Ami qui nous a communiqué ses secrets et qui s'est constitué pour nous « le chemin » vers le Père. L'espérance est déjà un commencement, mais elle n'est pas un terme. Nous vivons simultanément dans le « déjà » de la présence et dans le « pas encore » de la vision et de la possession définitive.

Quand nous parlons de nous « appuyer » sur le Seigneur qui nous a été donné, nous indiquons « le motif » de notre espérance : celui à cause de qui et en qui nous espérons. Nous pouvons mentionner brièvement les motifs de notre espérance. Nous espérons le Seigneur qui vient – nous l'espérons comme le veilleur espère l'aurore –, mais nous nous appuyons « sur sa parole », parce qu'il a promis et qu'il est fidèle.

Le Seigneur nous a déjà été donné :

– dans son incarnation rédemptrice ;
– dans son Esprit vivificateur qui habite en nous ;

- dans sa parole et dans son eucharistie; dans son Mystère pascal, devenu nôtre par la croix, le grand don du Père;
- dans son Église, « sacrement universel du salut » et communauté d'espérance;
- dans le don généreux de chaque frère et de chaque sœur;
- dans la présence maternelle de Notre Dame.

Nous pouvons espérer parce que le Seigneur « a planté sa tente au milieu de nous ». Le Père l'a envoyé, non pour condamner le monde, mais pour que le monde soit sauvé par lui. Nous nous appuyons sur l'amour du Père, « manifesté en Jésus Christ notre Seigneur » (Rm 8, 39). Il faudrait maintenant relire en entier « l'hymne à l'amour de Dieu » (Rm 8, 31-39). En définitive, cet amour de Dieu est à la base de notre espérance chrétienne: « L'espérance ne trompe pas, car l'amour de Dieu a été répandu dans nos cœurs par l'Esprit Saint qui nous a été donné » (Rm 5, 5). Chaque célébration eucharistique est un cri d'espérance: nous annonçons la mort du Seigneur jusqu'à ce qu'il vienne (1 Co 11, 26). La croix nous configure à la mort du Seigneur et anticipe dans le temps la ressemblance définitive; pendant que nous cheminons dans l'espérance, il n'y a pas de manière plus parfaite de nous configurer au Seigneur que de participer à ses souffrances: « Le connaître, lui, et la puissance de sa résurrection, et la communion à ses souffrances, devenir semblable à lui dans sa mort, afin de parvenir, s'il est possible, à la résurrection d'entre les morts » (Ph 3, 10-11). Dans les moments où la tentation de la désespérance se fait plus forte, il nous est bon de redire avec le psalmiste: « J'attends le Seigneur et j'espère en sa parole » (Ps 130, 5). Méditer en silence la Parole du Seigneur, c'est expérimenter, à l'intime de soi-même, la force de son salut: « Père et mère m'ont abandonné, le Seigneur me recueille [...]. Attends le Seigneur; sois fort et prends courage; attends le Seigneur » (Ps 27, 10.14).

Cela nous fait du bien de nous savoir membres d'une Église vivante – où Jésus habite et où l'Esprit Saint agit –, Peuple de Dieu qui chemine dans l'unité, communauté d'espérance qui avance sereinement et inlassablement vers le Seigneur. Nous pouvons craindre quand nous traversons seuls un désert ou quand, témérairement, nous abordons seuls un long et difficile chemin qui nous est inconnu; mais nous nous sentons sûrs quand nous savons que « nous sommes un peuple en marche ». Il y aura des moments ardus, où nous devrons emprunter l'espérance de nos frères et sœurs. Le chemin de l'espérance demeure toujours le même: nous allons communautairement, nous tenant les uns les autres par la main; d'un côté, un plus faible s'appuie sur notre force; de l'autre, notre faiblesse s'appuie sur un plus fort que nous. Il n'y a alors aucune crainte à poursuivre la route.

Dans ce long chemin d'espérance, par moments, difficile et obscur, la protection de la Vierge nous accompagne toujours, elle, « notre vie, notre douceur, notre espérance ». Il n'y a aucune raison de craindre si elle est avec nous. Quand nous pourrions nous sentir plus seuls et découragés, Jésus nous redit fraternellement: « Voici ta mère » (Jn 19, 27).

Tournons encore une fois notre regard vers Notre Dame, « Mère de la sainte espérance ». Par elle, nous avons reçu « l'Auteur de la vie »; un jour, quand notre exil prendra fin, elle nous montrera « le fruit de son sein, Jésus ».

Le chrétien est celui qui vit dans l'espérance (Ép 2, 12-13) et qui sait rendre compte de son espérance au monde qui le lui demande (1 P 3, 15). Une Église de l'espérance – qui est en marche vers la rencontre définitive du Seigneur – ne se sent pas installée dans ce monde ni compromise avec lui. Pauvre et détachée, totalement ouverte à l'Esprit qui la rajeunit et la renouvelle, elle annonce et désire le Royaume; elle crie: « Marana tha » (1 Co 16, 22).

Marie, image et commencement de ce que sera l'Église en sa forme achevée, « brille, devant le Peuple de Dieu en marche, comme un signe d'espérance certaine et de consolation » (LG 68).

XXI

Église de l'espérance (II)

« Le Christ, mon espérance, est ressuscité. »
(Liturgie de Pâques)

Texte : Lc 24, 13-35.

Presque à la fin de nos exercices, nous reprenons le thème de l'espérance. Cela est nécessaire. C'est une urgence des temps nouveaux, difficiles et prometteurs. Nous continuons notre méditation sur l'Église de l'espérance. C'est que nous en avons besoin, surtout nous, prêtres et religieux. Nous devons être témoins de la résurrection, signes non équivoques de la présence vivante de Jésus. Le monde attend notre cri prophétique : « Le Christ, mon espérance, est ressuscité. »

Je voudrais aussi proclamer aujourd'hui cette espérance comme une exigence de notre continent latino-américain ; je crois que c'est sa contribution particulière et originale à la riche diversité de l'Église universelle. L'Église en Amérique latine a un message à communiquer aux Églises-sœurs des autres continents : crier sa pauvreté et son espérance. Si mon humble voix – provenant d'un continent pauvre et jeune – était pour vous une confirmation dans l'espérance, j'en serais heureux et j'aurais goûté le fruit de notre rencontre.

Méditons de nouveau sur l'espérance à la lumière d'un très beau texte que nous avons lu, contemplé et commenté tant de fois: les disciples d'Emmaüs. Il conviendra de relire lentement, chacun pour soi, tout le texte.

Pour ma part, je signalerai seulement les attitudes des disciples et celles du Seigneur.

Les disciples: ils se renferment dans leur tristesse, dans leur découragement, dans leur désespérance. « Ils parlaient entre eux de tous ces événements. » La même tristesse les empêche de reconnaître le Seigneur. Ils se transmettent réciproquement leur pessimisme. « Et nous, nous espérions [...] »: c'est le cri d'une espérance brisée, d'un échec vécu presque comme une frustration. Le pessimisme les empêche d'ouvrir leur cœur aux paroles des femmes et à celles de leurs compagnons qui sont aussi allés au sépulcre: « Mais lui, ils ne l'ont pas vu. » Jésus avait tout représenté dans leur vie, mais peut-être dans une simple perspective humaine.

Cependant, les disciples rencontrent « un ami » sur le chemin de leur désespérance; ils sentent qu'il est un ami qui s'intéresse à eux et qui les comprend, qui veut les aider et qui leur explique les Écritures. Peu à peu, l'espérance renaît en eux, ils sentent, intérieurement (sans le dire encore), leur cœur qui commence mystérieusement à se réchauffer. Ils sortent d'eux-mêmes, de l'enfermement dans leur tristesse, pour écouter « l'autre » qui leur parle un langage d'espérance nouvelle, de l'espérance véritable qui naît de la croix: « Ne fallait-il pas que le Christ souffrît cela et qu'il entrât dans sa gloire? » Puis vient le moment où leurs yeux s'ouvrent et où ils le reconnaissent: quand Jésus, assis à table, bénit le pain, le partage et le leur donne. Sur-le-champ, ils comprennent qu'il s'agit du Jésus vivant, du même Jésus qui leur avait distribué le pain et leur avait donné le vin de la Nouvelle Alliance, à la dernière Cène, qui s'était donné lui-même pour eux sur la croix. Ils reconnaissent le Ressuscité, et, chassant la tristesse, la joie remplit leurs cœurs.

Ils ne pouvaient garder pour eux seuls l'espérance retrouvée: « À l'instant même, ils partirent et retournèrent à Jérusalem. » Là, il y en avait d'autres, dans la même situation angoissante de désespérance; il fallait leur dire que Jésus était vivant. Le récit se termine sur la rencontre de deux espérances ressuscitées: « ‹ C'est bien vrai ! Le Seigneur est ressuscité, et il est apparu à Simon ! › Et eux racontèrent ce qui s'était passé sur la route et comment ils l'avaient reconnu à la fraction du pain. »

Le Maître: la figure de Jésus, le mystérieux pèlerin d'Emmaüs, nous fait immédiatement penser aux attitudes simples, fondamentales, du « véritable ami ». Indiquons-en trois: « Jésus lui-même les rejoignit et fit route avec eux », « il leur expliqua dans toutes les Écritures ce qui le concernait », « il se mit à table avec eux, il prit le pain, prononça la bénédiction, le rompit et le leur donna ».

Ce sont trois gestes normaux, mais profonds et nouveaux, qui révèlent une amitié authentique: nous approcher de celui qui souffre, qui est triste et découragé, nous intéresser profondément à lui, essayer de le comprendre, de partager sa souffrance et sa solitude, donner un sens à sa croix comme chemin d'espérance, partager le pain de l'amitié, faire en vérité le don de notre affection, de notre temps; partager avec lui notre joie et notre foi dans le Christ ressuscité et vivant: « C'est vrai ! Le Seigneur est ressuscité ! »

« Le Christ, mon espérance, est ressuscité. » La rencontre de deux chrétiens – la rencontre de deux prêtres – doit toujours être une communion profonde dans l'espérance. Nous devons être des communicateurs d'espérance, non de tristesse, de pessimisme ou de crainte. Le monde exige que nous soyons des prophètes d'une espérance vraie. C'est pour cela que le Seigneur nous a consacrés par son Esprit et qu'il nous a envoyés dans le monde: « Pour que je sache soulager l'affaibli, le Seigneur a fait surgir une parole » (És 50, 4), « pour panser ceux qui ont le cœur brisé, réconforter tous les endeuillés, leur donner un onguent marquant l'enthousiasme et non pas le deuil » (És 61, 1-3).

La Pentecôte fait essentiellement de nous des témoins de la résurrection (Ac 1, 8; Lc 24, 48-49). Pâques nous communique l'inébranlable solidité de l'espérance chrétienne, faite de sécurité dans le Seigneur, de fécondité dans la croix, d'engagement actif dans l'histoire. Le Christ est ressuscité et il vit parmi nous: dans l'Église, qui est son sacrement; dans le monde, comme Seigneur de l'histoire; dans chacun de nous par son Esprit qui donne la vie.

Mais, souvent, nous avons peur, nous nous sentons découragés et tristes, nous sommes pessimistes. Nous voyons tout en noir, dans le monde et dans l'Église. Nous découvrons plus facilement le négatif que le positif. Et cela nous fait beaucoup de tort à nous-mêmes, parce que cela nous paralyse et enfouit nos talents. Et cela fait beaucoup de tort à ceux qui, de quelque façon, nous ont été confiés et qui attendent quelque chose de nous, parce qu'ils ne pourront jamais découvrir le vrai visage du christianisme.

Il y a des moments où nous expérimentons plus que jamais nos limites et où notre impuissance nous fait souffrir. Nous nous sentons « débordés » par le travail, la mission et les exigences des autres; la tentation de la fatigue et de l'évasion est très facile. Parfois, la croix de notre ministère se fait particulièrement pesante: nous éprouvons de la difficulté à discerner et à orienter, nous souffrons de n'être pas compris et aimés, il nous est pénible de vivre dans la froide solitude de notre bureau.

Quoi qu'il en soit, nous sommes des hommes que l'Esprit a consacrés pour engendrer les humains « à une vivante espérance » (1 P 1, 3), pour crier au monde: « C'est vrai ! Le Seigneur est ressuscité ! » (Lc 24, 34). Notre témoignage pascal – fait de joie et d'espérance – est celui de Madeleine: « J'ai vu le Seigneur, et voici ce qu'il m'a dit » (Jn 20, 18).

Nous nous demanderons maintenant ce qu'est une Église de l'espérance et comment nous pouvons la bâtir.

1. Qu'est-ce qu'une Église de l'espérance ?

C'est d'abord une Église qui *se construit progressivement*, qui chemine, qui marche vers la perfection. Par conséquent, elle n'est pas totalement faite; d'où ses limites et l'imperfection propre au temps; d'où la nécessité d'une continuelle rénovation dans la totalité de ses membres: « L'Église, qui renferme en son sein des pécheurs, qui est sainte et qui, en même temps, doit toujours être purifiée, recherche sans cesse la pénitence et le renouvellement » (LG 8); d'où la persécution et la croix. Cela ne doit ni nous scandaliser ni nous étonner. Les communautés auxquelles saint Paul s'adressait n'étaient pas totalement saintes; pourtant, il écrit « à tous les saints en Jésus Christ qui sont à Philippes » (Ph 1, 1) ou « aux saints de Colosses, frères fidèles en Christ » (Col 1, 2) ou à ceux qui « ont été appelés à être saints » de « l'Église de Dieu qui est à Corinthe » (1 Co 1, 2). Nos communautés chrétiennes, petites ou grandes, ne sont pas entièrement saintes. Nous possédons tous « une onction reçue du Saint » (1 Jn 2, 20) et nous avons été choisis de toute éternité « pour être saints et irréprochables sous son regard, dans l'amour » (Ép 1, 4); mais pendant que nous vivons dans le temps, nous progressons, quotidiennement, dans la sainteté, fermement convaincus que « celui qui a commencé en nous une œuvre excellente en poursuivra l'achèvement jusqu'au jour de Jésus Christ » (Ph 1, 6). Au milieu des persécutions, Pierre écrivait aux chrétiens de son temps comme à « des gens de passage et des étrangers ».

Nous sommes une Église en marche. L'Église libre de toute tache et de toute croix sera « la cité sainte, la Jérusalem nouvelle, qui descendait du ciel, d'auprès de Dieu, prête comme une épouse qui s'est parée pour son époux » (Ap 21, 2). D'ici là, cette Église chemine – Église de l'espérance – et nous devons tous la construire: évêques et prêtres, religieux et laïcs. Chacun à partir de sa mission propre, à partir de sa ferme fidélité à son charisme personnel. C'est pourquoi nous ne pouvons rêver maintenant d'une Église parfaite (nous vivons dans le temps de l'espérance), mais nous ne pouvons pas non plus nous dérober tranquillement à notre responsabilité personnelle et blâmer uniquement les autres, ou, pire encore, nous asseoir et pleurer sur notre malheur. Une Église de l'espérance est une Église en chemin; par conséquent, active et engagée.

Mais une Église de l'espérance est fondamentalement une Église de la *solidité*, de la certitude et de l'assurance dans l'*Esprit*, par conséquent, une Église radicalement détachée et pauvre, qui ne s'appuie ni sur les biens matériels, ni sur les pouvoirs temporels, ni sur les talents de ses membres. Elle ne s'appuie que sur la puissance de l'Esprit. Pour vivre la pauvreté, il est nécessaire de vivre dans l'espérance, parce que la pauvreté nous ouvre essentiellement aux biens du Royaume. Mais l'Église de l'espérance est, essentiellement, une Église en marche ; par conséquent en état continuel de détachement et de pauvreté. J'insiste sur une forme de pauvreté : celle qui consiste à ne pas s'appuyer excessivement sur la capacité humaine des hommes d'Église, sur les talents ou la sagesse des pasteurs ; certainement, nous désirons que cet appui existe, le peuple chrétien l'espère et nous le demandons humblement au Seigneur ; mais, en définitive, l'Église s'appuie sur la présence permanente du Christ ressuscité et sur la puissance de l'Esprit.

Une Église de l'espérance est donc essentiellement une Église dans laquelle *vit et œuvre le Seigneur ressuscité* : « Et moi, je suis avec vous tous les jours jusqu'à la fin des temps » (Mt 28, 20). Il ne s'agit pas d'une simple assistance extérieure que Jésus nous promet, c'est sa vivante permanence à l'intime de nous-mêmes et à l'intérieur de la communauté chrétienne. Le Christ vit et agit en nous : « Vous me verrez vivant et vous vivrez vous aussi. En ce jour-là, vous connaîtrez que je suis en mon Père et que vous êtes en moi et moi en vous » (Jn 14, 19-20). C'est une merveilleuse définition de l'Église-communion dans la Trinité ! Parce que le Christ vit en nous – dans toute la communauté ecclésiale –, une Église de l'espérance est nécessairement une Église de foi : « Pourquoi avez-vous si peur ? Vous n'avez pas encore de foi ? » (Mc 4, 40).

2. Comment bâtir une Église de l'espérance ?

C'est-à-dire, comment devons-nous vivre pour bâtir ensemble une Église en marche qui révèle progressivement le visage du Seigneur et qui se présente au monde, à la manière de Marie, comme « signe d'espérance sûre et de consolation » ? Signalons brièvement trois choses :

a) proclamer sans cesse *l'immuable fidélité de Dieu* à ses promesses : « comme il l'avait dit à nos Pères » (Lc 1, 55). La fidélité de Dieu est une constante dans la Bible ; plus encore, elle constitue presque la définition de Dieu : « Je suis qui je serai » (Ex 3, 14) ; c'est-à-dire « je suis celui qui vient toujours », « celui qui ne manque jamais », « le toujours fidèle ». La prière des Israélites avait comme fondement le souvenir de la fidélité de Dieu à ses promesses, de la permanente intervention du « Dieu vivant » – du Dieu d'Abraham, d'Isaac et de Jacob – en faveur de « leurs pères ». La prière de la reine Esther est affectueusement délicate et pleine de confiance : « Mon Seigneur, notre Roi, toi, tu es le Seul ! Porte-moi secours, à moi qui suis seule et n'ai d'autre secours que toi ; car je vais jouer avec le danger. Moi, dès ma naissance, j'ai entendu dire dans la tribu de mes pères que toi, Seigneur, tu as pris Israël d'entre toutes les nations et nos pères d'entre tous leurs ancêtres pour qu'ils deviennent un patrimoine perpétuel, que tu as réalisé aussi pour eux tout ce que tu avais dit » (Est grec C, 14-16) ;

b) vivre à fond *l'infaillible fécondité des béatitudes.* C'est, chaque jour, contribuer à bâtir une Église renouvelée dans l'Esprit. Le monde changera si nous, les chrétiens – si nous, les prêtres –, nous nous décidons à vivre quotidiennement l'esprit transformateur des béatitudes. Une Église de l'espérance se construit avec des gens pauvres et au cœur miséricordieux, qui ont faim de justice et soif de sainteté, au cœur pur et droit, disposés à se laisser persécuter pour la justice et engagés réellement à travailler pour la paix. Femmes et hommes nouveaux – changés intérieurement par l'Esprit –, nous contribuerons à bâtir une Église renouvelée pour un monde plus fraternel, plus juste, plus humain. Vivre à fond les béatitudes n'est pas le privilège des âmes consacrées ; c'est la responsabilité de tous les disciples du Christ, au moins s'ils ont pris au sérieux le christianisme et son engagement dans le monde ;

c) assumer généreusement *la sagesse et la force de Jésus crucifié* : « Nous prêchons un Messie crucifié, scandale pour les Juifs, folie pour les païens, mais pour ceux qui ont été appelés, tant Juifs que Grecs, il est le Christ, puissance de Dieu et sagesse de Dieu» (1 Co 1, 23-24). De cette façon, nous bâtirions progressivement une Église détachée et pauvre – Église de l'espérance ! –, qui ne s'appuie pas sur la sagesse des hommes ou sur la force des pouvoirs temporels. Une Église totalement libre, attachée au Christ seul, par l'Esprit, ou, mieux encore, devenue son épouse immaculée et inviolable. Nous n'éprouverions pas le scandale de la croix; une Église de l'espérance – Église en marche – est nécessairement une «Église de la croix» *(Ecclesia crucis)*. Même nous, nous tombons souvent, sans nous en rendre compte, dans la tentation de crier à l'Église notre mère et «Épouse de sang» qu'elle «descende maintenant de la croix et nous croirons» en elle (Mt 27, 42). L'état normal d'une Église en marche est la croix: «L'Église va de l'avant, marchant parmi les persécutions du monde et les consolations de Dieu, annonçant la croix et la mort du Seigneur, jusqu'à ce qu'il vienne» (LG 8). Le processus demeure le même; il est nécessaire de passer par tout cela pour entrer dans la gloire (Lc 24, 26). En définitive, c'est la leçon de toujours: l'unique source de l'espérance chrétienne est la croix de la Pâque.

3. «**Confiance, c'est moi, n'ayez pas peur**» (Mc 6, 50)

Ceci nous amène à poser très brièvement le problème de la peur, en nous et dans l'Église. Nous l'éprouvons, parfois, très profondément et de façon tenace. Nous voudrions nous en débarrasser et nous ne le pouvons pas; elle est plus intime à nous-mêmes que nous-mêmes, presque consubstantielle. Et elle nous cause quand même un tort considérable, elle nous paralyse, nous détruit. Et elle fait du tort quand nous la laissons transparaître et que nous la communiquons aux autres. Cela semble une contradiction; un évêque ne devrait jamais avoir peur; il est témoin de la résurrection et il est de «la lignée issue de la souche apostolique» (LG 20). Et, malgré tout, l'expérience sereine de la peur est essentielle dans le ministère apostolique, parce qu'elle nous amène à accepter nos limites, à nous défier de notre sécurité personnelle, à nous abandonner en Dieu, à demander humblement le conseil et la force des autres. Un évêque faible fait du tort, mais un évêque sûr de lui-même en fait encore davantage; seul agit bien un évêque pauvre qui aime ses frères et ses sœurs et qui s'appuie fortement sur le Seigneur.

Jésus s'empresse de nous prévenir contre la peur: il marche mystérieusement sur les eaux et infuse courage à ses disciples: « Confiance, c'est moi, ne craignez pas » (Mc 6, 45-53). Une telle exhortation à la confiance et à la sérénité est une constante dans la Sainte Écriture. Les annonces du salut sont presque toujours précédées par la même invitation: « Ne craignez pas. » L'expérience de la peur est grande chez les prophètes. Mais Dieu les apaise: « Ne crains pas », « Je suis avec toi », « Je mets mes paroles dans ta bouche », « Ne dis pas: Je suis trop jeune » (*cf.* Jr 1, 6-8; Éz 2, 6). C'est l'expérience vécue par Moïse (« Je suis avec toi » [Ex 3, 12]), par le jeune David et par Marie, la pauvre; celle de Saul de Tarse. Le Seigneur les choisit, les consacre, les envoie, les protège, les accompagne.

Rappelons cette triple invitation à la sérénité – à ne pas craindre – adressée de la part de Dieu à Marie, aux bergers, aux femmes du sépulcre:

– l'ange de l'Annonciation dit à Marie: « Sois sans crainte, car tu as trouvé grâce auprès de Dieu. » Peu avant, il l'invitait à la joie en ces termes: « Sois joyeuse, toi qui as la faveur de Dieu, le Seigneur est avec toi » (Lc 1, 28-30);

– l'ange de la Nativité apaise les bergers: « Soyez sans crainte, car voici, je viens vous annoncer une bonne nouvelle, qui sera une grande joie pour tout le peuple » (Lc 2, 10);

– l'ange de la Résurrection dit aux femmes: « Soyez sans crainte, vous. Je sais que vous cherchez Jésus, le crucifié. Il n'est pas ici, car il est ressuscité comme il l'avait dit » (Mt 28, 5-6).

Dans les trois cas – trois magnifiques chapitres de l'histoire du salut! –, on transmet une invitation à la sérénité (« ne pas avoir peur »), l'annonce d'une « joyeuse nouvelle» et la certitude que Dieu «est avec nous» et est «fidèle à ce qu'il avait dit».

Mais écoutons le Seigneur lui-même nous appeler à la sérénité: «Pourquoi avez-vous si peur? Vous n'avez pas encore de foi?» (Mc 4, 40). Jésus nous invite à la tranquillité intérieure, à la confiance en sa présence et en l'amour du Père, à l'abandon à sa providence: «Ne vous inquiétez pas» (Mt 6, 25-34). «Ne craignez pas ceux qui tuent le corps mais ne peuvent tuer l'âme» (Mt 10, 28). Il est terrible de tuer l'amour et la paix, la joie et l'espérance dans le cœur du prochain! Et dire que nous pouvons le faire par une phrase dite en passant ou par un commentaire fait en toute «rectitude d'intention»!

Nous désirons *ne pas avoir peur et nous en faisons la demande.* Toutefois, *l'expérience de la peur* est très profonde et très humaine. Le Christ l'a éprouvée à l'agonie au jardin: «Il commença à ressentir frayeur et angoisse» (Mc 14, 33). Notre attention est attirée par cette crainte profonde expérimentée par Jésus qui, peu avant, avait ainsi exhorté ses disciples: «Que votre cœur cesse de se troubler et de craindre» (Jn 14, 27), «votre affliction tournera en joie» (Jn 16, 20). «En ce monde vous faites l'expérience de l'adversité, mais soyez pleins d'assurance, j'ai vaincu le monde!» (Jn 16, 33).

Jésus est profondément humain; un des traits les plus pleinement humains est la peur. Elle appartient à l'essence de notre limitation, à la faiblesse de nos forces, à l'incertitude de notre avenir. Jésus nous enseigne à racheter et à valoriser notre peur, à la rendre féconde et salvatrice.

Si nous vivons en Dieu cette expérience de la peur, elle peut nous racheter; si nous la vivons dans notre solitude, elle nous angoisse et nous détruit. Si elle est assumée dans la pauvreté, elle est salutaire: elle nous ouvre à la prière et nous fait mettre notre confiance en celui à qui rien n'est impossible; elle se transforme en sérénité et en joie; elle est source de salut: «Avec crainte et tremblement, mettez en œuvre votre salut» (Ph 2, 12). Mais si nous la subissons dans l'angoisse, elle nous opprime et nous détruit. Elle nous paralyse et nous enlève l'audace de l'Esprit. Il y a une expérience de la peur qui nous rend saints, parce qu'elle nous fait pauvres et nous fait entrer dans la toute-puissance de Dieu. Il y a une expérience de la peur qui nous rend lâches; elle provient d'un orgueil menacé, qui nous enferme dans notre propre sécurité et notre propre égoïsme. Il existe aussi une dangereuse négation de la peur: celle de celui qui n'en fait pas l'expérience parce qu'il se sent trop sûr de lui-même, de ses talents, de ses possibilités humaines.

Demandons-nous, enfin, comment faire pour ne pas avoir peur. Nous répondons simplement ce qui suit:

– en ayant la certitude que Dieu est toujours avec nous, qu'il vit et œuvre en nous, et que, pour lui, rien n'est impossible;

– en vivant en communion fraternelle, nous communiquant mutuellement la sérénité de l'espérance. Cela nous invite à penser à Élie (1 R 19, 1-8) ou aux disciples d'Emmaüs (Lc 24, 13-35). Comme il est bon d'avoir un ami qui, dans les moments difficiles, nous dit: « Lève-toi et mange, car autrement le chemin serait trop long pour toi » (1 R 19, 7), ou qui « s'approche » de nous pour « nous expliquer les Écritures » et « nous partager le pain » (Lc 24, 13-35). Comme il est bon de rencontrer dans la vie un ami qui, lorsque la route devient obscure et rude, pleine de frayeur et de désespérance, s'approche et nous dit: « Confiance! c'est moi, ne craignez pas »; « levez-vous et nous marcherons ensemble »! Qu'elle est bonne cette expérience de Jésus dans notre frère ou dans notre sœur!

Presque à la fin de cette retraite, nous nous engageons à être d'authentiques messagers d'espérance; mais d'une espérance active et créatrice, qui a ses racines dans la croix, dans la pauvreté, dans la contemplation. Seules les personnes qui laissent tout, qui prennent leur croix et qui cherchent sereinement Dieu dans la prière peuvent espérer en vérité. Le monde attend de nous que nous soyons « témoins de la résurrection » et « prophètes d'espérance ». Puissions-nous, comme prêtres, savoir « confirmer nos frères et sœurs » dans l'espérance !

Regardons Marie, notre Mère. En elle, « notre espérance », apprenons à être pauvres, à mettre notre confiance en celui à qui rien n'est impossible et à faire l'expérience de son amour et de sa présence. Cela purifie notre peur et nous donne accès à la fécondité de l'espérance, fécondité faite de pauvreté, de contemplation, de croix. Que Marie, « Mère de la sainte espérance » nous aide, qu'elle nous protège, qu'elle nous fasse goûter la joie !

XXII

Marie, Mère de l'Église

« Je suis la servante du Seigneur.
Que tout se passe en moi comme tu l'as dit. »
(Lc 1, 38)

« Celle qui est façonnée et formée
comme une nouvelle créature par l'Esprit Saint. »
(LG 56)

Texte : Lc 1, 26-38.

Pendant notre retraite, tous les jours, nous avons invoqué Marie, Mère de l'Église. Nous avons parlé d'elle à l'occasion de chaque méditation. C'est à elle que nous nous adressons, à la fin de notre rencontre en Jésus, parce que nous avons besoin de son exemple et de son intercession. Nous parlerons de Marie « image et commencement de ce que sera l'Église en sa forme achevée ». En elle se résume tout ce que nous avons médité en ces jours. À l'exemple de la Vierge fidèle, Notre Dame du *oui*, nous nous engagerons dans ce que le Seigneur nous demande en cette heure privilégiée de son Église : être, nous aussi, comme Marie et en elle, « une nouvelle créature » grâce à la rénovation intérieure de l'Esprit Saint.

Si, en ce moment, vous me demandiez: « Que devons-nous faire maintenant ? », je dirais simplement: « Être, dans le Christ, une nouvelle création par l'Esprit. » C'est là l'appel pressant du Saint-Père, Paul VI, en cette année de la réconciliation. Être nous-mêmes des « hommes nouveaux » en Jésus Christ pour construire « un monde nouveau », plus juste, plus fraternel, plus humain. L'Esprit Saint nous couvrira de son ombre et réalisera en nous, qui nous trouvons dans le cœur pauvre, silencieux et disponible de Notre Dame, la nouvelle création.

Le chapitre 8 de *Lumen gentium* est comme la synthèse et la plénitude de cette constitution: tout le mystère de l'Église se reflète et se résume en Marie. Si, par conséquent, nous avons choisi, comme thème central de notre retraite, l'Église de la Pâque – cette Église que nous aimons, que nous sommes et qui est, en définitive, le « Christ au milieu de vous, l'espérance de la gloire » (Col 1, 27) –, il est logique que nous retrouvions maintenant en Marie tout ce que nous avons dit et que nous pensions à elle.

Tout le mystère de Marie demeure centré sur l'Annonciation et sur l'incarnation du Verbe. Rappelons ces paroles intimement liées: « Marie dit: ‹ Je suis la servante du Seigneur. Que tout se passe pour moi comme tu l'as dit › » (Lc 1, 38). « Et le Verbe s'est fait chair et il a habité parmi nous » (Jn 1, 14). Le mystère de Marie sera consommé dans l'Assomption, qui est la Pâque de Notre Dame; ce que fut Pâques pour Jésus, telle est l'Assomption pour Marie. Ce sont là les dates clés de la vie de la Vierge: l'Annonciation (sa maternité divine) et l'Assomption (sa Pâque). En raison de sa mission, le Père la fera immaculée et comme « une créature nouvelle ». Marie est ainsi le commencement et le signe de la « nouvelle création » que le Christ réalisera.

L'Annonciation marque aussi le centre des attitudes fondamentales de Marie: sa parfaite fidélité au Père. Le *oui* de Marie change l'histoire; il engendre, en son cœur et dans sa chair, la Parole salvatrice. Par l'obéissance de sa foi, elle embrasse le salut et y coopère.

Les trois paroles de l'ange à Notre Dame expriment le meilleur souhait final que l'on puisse formuler :

– « *Sois joyeuse* » *:* c'est l'invitation à la joie du salut. Tu es « pleine de grâce », « tu as la faveur de Dieu », tu es la particulièrement aimée du Seigneur. « Le Seigneur est avec toi. »

– « *Sois sans crainte, Marie* » *:* c'est l'invitation à la sérénité, à la paix intérieure. « Tu as trouvé grâce auprès de Dieu. » Ta mission sera d'accueillir la Parole du Seigneur, de l'engendrer à l'intime de toi-même, de communiquer aux humains « Jésus », celui qui enlève le péché du monde.

– « *Rien n'est impossible à Dieu* » *:* c'est l'invitation à la confiance. Marie dit *oui* parce que Dieu est amour. C'est Dieu qui demande, et pour lui, tout est possible. Il nous est bon de penser que le Dieu amour, qui nous choisit et nous envoie, est le Dieu qui nous accompagne toujours et qu'il est le Dieu tout-puissant.

Je voudrais que ces trois paroles de l'ange – « Réjouis-toi », « Sois sans crainte », « Rien n'est impossible à Dieu » – soient, pour nous aussi, le meilleur souhait et la plus grande grâce, à la fin de ces saints exercices. Réjouissez-vous de vivre en ce moment privilégié de l'Église et du monde, réjouissez-vous d'avoir été choisis pour exercer maintenant le ministère apostolique, réjouissez-vous d'avoir été appelés, aujourd'hui, au service de l'Église universelle. « Le Seigneur est avec vous. » « Soyez sans crainte » : en ce temps d'obscurité, de souffrance, de croix, soyez des hommes d'espérance, proclamez la résurrection par la parole et par le témoignage de la vie. « Rien n'est impossible à Dieu » ; peu importent l'obscurité, l'expérience de nos limites, le sentiment d'impuissance.

1. L'Église naît en Marie

L'Église naît en Marie : dans la plénitude de sa foi, à l'Annonciation ; dans l'ardeur de sa charité, à la croix ; dans sa parfaite docilité à l'Esprit, à la Pentecôte.

Signalons simplement ces trois moments de l'Église: l'incarnation, la croix, la Pentecôte. Le premier marque le commencement de notre rédemption (« le Verbe s'est fait chair et il a dressé sa tente parmi nous »), le second signale « l'heure » du Mystère pascal (« si le grain de blé meurt, il donne du fruit en abondance »), le troisième indique la pleine effusion de l'Esprit Saint et le commencement de l'Église missionnaire (« tous, ils furent remplis de l'Esprit Saint et se mirent à parler en d'autres langues »).

Nous méditerons brièvement sur ces points, parce que l'Église doit naître en nos cœurs comme elle est née dans le cœur virginal de Marie.

a) *Plénitude de foi*, à l'incarnation: « Bienheureuse celle qui a cru » (Lc 1, 45). Bienheureuse parce que tu as dit *oui*, parce que tu t'es livrée, parce que tu as été fidèle! « Je suis la servante du Seigneur. Que tout se passe en moi comme tu l'as dit! » (Lc 1, 38). Marie est proclamée bienheureuse parce qu'elle s'abandonne totalement au plan du Père, consciente que cette fidélité – qui permettra au Dieu tout-puissant et fidèle de réaliser des merveilles en sa pauvreté – fera que toutes les générations la proclameront bienheureuse (Lc 1, 48). La fidélité de Marie est faite de pauvreté radicale, de confiance en celui à qui rien n'est impossible, de disponibilité absolue. Trois choses – pauvreté, confiance, disponibilité – qui sont intimement liées (qui sont nécessaires) dans le *oui* de Marie. Parce que Marie est pauvre (petite et simple, n'a rien, ne comprend pas), parce qu'elle se livre totalement à un Dieu qui l'aime d'un amour de prédilection (« tu as la faveur de Dieu ») et à qui rien n'est impossible. Elle a confiance en lui et lui remet sa « petitesse de servante ». Le *oui* de Marie change l'histoire, commence la nouvelle création, rend possible que la Parole de Dieu se fasse chair et dresse sa tente parmi nous. Parce qu'il est le *oui* d'une pauvre qui met sa confiance dans le Tout-puissant. C'est pourquoi il s'apparente au *oui* de la création.

À mesure que passe le temps – Marie « progresse sur le chemin de la foi » (LG 58) –, la Vierge comprendra ce qu'il en coûte d'avoir dit *oui* à Dieu: dans le silence, dans la pauvreté, dans le service, dans le détachement, au pied de la croix. Le *oui* de l'incarnation deviendra graduellement plus clair et plus fort, plus douloureux et plus profond, plus serein et plus fécond. Et le *Magnificat*, récité chaque fois avec une conscience plus grande, en sera la confirmation. Ces deux paroles – *Fiat!* et *Magnificat* –, Marie les redit chaque jour, avec une profondeur toujours plus grande, une générosité croissante, une joie sans cesse renouvelée. Ce sont les deux paroles qui résument et définissent sa vie: *Fiat!*, *Magnificat*; une vie marquée par la fidélité et le bon plaisir de Dieu.

L'Église naît dans la pleine fidélité de Marie. Si nous voulons que l'Église naisse dans le monde, elle doit d'abord naître dans la plénitude de notre foi: une foi faite de la constante vision de toutes les choses en Dieu, de l'absolue confiance en son pouvoir et en son amour, de l'abandon total à sa volonté. L'Église naîtra parmi les humains dans la mesure où notre vie, comme celle de Marie, sera un oui permanent et un *Magnificat* ininterrompu.

b) *Ardeur de la charité*, à la croix: «Près de la croix de Jésus, se [tenait] sa mère» (Jn 19, 25). Du côté du Christ suspendu à la croix jaillissent sang et eau; c'est le symbole des «sacrements» – eucharistie et baptême – grâce auxquels, selon l'expression des Pères et de saint Thomas, «l'Église est construite». Et Marie était alors présente, comme elle le fut à l'incarnation et comme elle le sera à la Pentecôte.

L'Église naît dans la charité simple, héroïque et joyeuse de Notre Dame: charité devenue remise absolue au plan du Père et don généreux à ses frères et sœurs. L'amour de Marie se fait contemplation («Quant à Marie, elle retenait tous ces événements en en cherchant le sens» [Lc 2, 19]), générosité du service (visitation, Cana) et sereine immolation de rédemption. Ce qui impressionne en Marie, c'est la plénitude d'un amour qui est, en même temps, oblation et service, remise au Père et au prochain, écoute de la Parole dans le silence et promptitude à accepter la souffrance.

Si nous voulons que l'Église naisse parmi les hommes et les femmes, nous aussi, comme Marie, nous devons vivre « dans la sincérité de l'amour » devenu intériorité de contemplation, joie de service, fécondité sereine devant la croix.

c) *Parfaite docilité à l'Esprit* à la Pentecôte : « Tous, unanimes, étaient assidus à la prière, avec quelques femmes, dont Marie la mère de Jésus » (Ac 1, 14). La Pentecôte est la plénitude du Mystère pascal (et conséquemment, la plénitude du Mystère du Christ). C'est le moment de la pleine effusion de l'Esprit Saint qui constitue les prophètes. Elle marque le commencement de l'Église apostolique, missionnaire, évangélisatrice. Marie préside à l'intimité profonde de la communauté qui espère en « la Promesse du Père » au moment même où l'Esprit de Dieu descend comme un « vent violent » et sous forme de « langues de feu ». Marie nous apparaît ici comme la Vierge de la communion fraternelle et de l'attente, comme la Vierge de la prière et de la contemplation, comme la Vierge de l'activité cachée, de l'engagement et de l'espérance. C'est alors que commence le « temps de l'Esprit » – « l'heure nouvelle » – jusqu'à la seconde venue du Seigneur. Les apôtres construiront l'Église par la Parole et le sacrement. Marie l'engendrera de l'intérieur par sa parfaite disponibilité à l'Esprit.

Nous sommes à « l'heure de l'Esprit ». Pendant que nous attendons « avec amour » la venue de Jésus – sa manifestation définitive –, nous vivons sous la forte motion de l'Esprit, qui nous rend profonds dans la contemplation, généreux dans la charité, joyeux dans l'espérance. Notre heure est marquée providentiellement par un appel à la prière, par une exigence d'évangélisation et par un sentiment particulier d'espérance. L'Esprit Saint est là, et Marie aussi.

2. Marie, modèle et figure de l'Église (*cf.* LG 63 et 64)

Le concile parle de Marie comme « modèle et figure » de l'Église. Comme ils sont beaux ces textes, tirés en leur majeure partie des saints Pères ! « La Mère de Dieu est la figure de l'Église, comme l'enseignait déjà saint Ambroise, et cela dans l'ordre de la foi, de la charité et de l'union parfaite avec le Christ» (LG 63).

Signalons simplement trois points qui font de Marie «le modèle et la figure de l'Église»:

- sa pleine obéissance de foi;
- sa parfaite union avec le Christ;
- sa maternité virginale.

L'Église commence en Marie. Marie est la synthèse de l'Église; sa fidélité inébranlable au Père, sa communion avec le Christ de la croix et de la résurrection, sa maternité virginale ou sa virginité maternelle, nous font voir en Marie le «commencement» et le modèle de l'Église. En Marie, l'Église a commencé. En elle, elle se réalise. L'Église est substantiellement fidèle au Christ comme Marie l'a été au Père. Marie, demeurant vierge, devint la Mère du Christ; l'Église, par l'action de l'Esprit Saint qui agit en elle, devient, par la Parole et le sacrement, Mère virginale de tous les humains.

3. En Marie, nous formons l'Église de la Pâque

Nous sommes sur le point d'achever notre retraite. Le Seigneur nous a accompagnés pendant ces jours. Nous avons expérimenté l'action de l'Esprit Saint et la présence maternelle de Notre Dame. Tournons notre regard vers elle pour nous engager à édifier, en cette heure privilégiée de l'Église et du monde, une Église de la Pâque: profondément contemplative, adoratrice de la Trinité et servante des humains, forte et lumineuse dans l'espérance. Nous la bâtirons ainsi avec Marie.

Avec elle, nous découvrirons «notre heure» de croix et d'espérance. Engageons notre fidélité au Christ, à l'Église, au monde. Que Marie très sainte assure notre «solidité», la fécondité de notre «contemplation» et la joie de notre «service». Avec elle – «signe d'espérance certaine et de consolation» (LG 68) –, nous cheminons vers le Père dans une espérance ferme, communautaire et créatrice, «annonçant la croix et la mort du Seigneur, jusqu'à ce qu'il vienne» (LG 8).

Conclusion

Je voudrais, mes très chers frères, rendre grâce pour ces jours, dire merci au Seigneur pour cette grâce unique dans ma vie sacerdotale, dans mon ministère d'évêque: pouvoir accueillir et semer, au cœur de l'Église, la Parole de Dieu et nous engager à la réaliser ensemble. Ce fut une grâce exceptionnelle. Je remercie Dieu d'avoir prié avec vous, d'avoir cherché le Seigneur ensemble, d'avoir écouté sa parole et de nous être engagés au service de son Église. Je loue le Seigneur parce qu'il a permis que nous priions en union avec le Saint-Père. Nous avons senti le pape spirituellement présent, nous avons expérimenté sa communion profonde, sa prière discrète, sa croix offerte avec amour pour le fruit de ces exercices.

J'aime profondément l'Église. C'est pourquoi j'en ai tant parlé: de l'Église sacrement du Christ pascal, sacrement d'unité, sacrement universel du salut; de l'Église universelle que préside le pape Paul mais qui vit mystérieusement en chacune des Églises particulières présidées par leur évêque.

Je suis reconnaissant au Seigneur pour tout. D'un cœur ému et filial, je remercie Sa Sainteté le pape Paul VI pour l'amabilité de cette invitation spéciale qui, en plus d'être un honneur immense, non mérité de ma part, constitue une marque de confiance et d'affection. Je considère cette invitation comme une grande grâce pour toute l'Église d'Amérique latine; c'est pourquoi, au nom de toute cette Église pauvre et pleine d'espoir, je remercie le Saint-Père. C'est aussi un cadeau spécial pour mon diocèse de Mar del Plata qui se sent honoré et heureux; en ces jours, tout le diocèse a été en prière, dans un climat de retraite spirituelle, avec le Saint-Père, avec son évêque, avec vous tous. L'Église particulière de Mar del Plata a prié pour nous.

Je vous remercie, chers frères, de votre généreuse disponibilité, de votre attention exemplaire, de votre attitude fraternelle. Tout cela m'a fait du bien. Et il m'a été bon de prier et de faire offrande, en silence, avec vous.

Et maintenant, quoi encore? C'est le moment de la synthèse, des recommandations finales, des traditionnels « souvenirs ». Je ne suis pas venu avec la prétention d'enseigner ou de convertir. Je suis venu simplement avec le besoin de prier, et de prier communautairement. Mais je voudrais, en terminant, vous dire ceci:

– soyez fidèles à cette heure de l'Église et du monde, vivez généreusement ce moment d'espérance chrétienne;

– aimez l'Église, cette Église concrète; goûtez la généreuse et humble responsabilité de servir l'Église universelle. Tous regardent vers Rome, tous ont les yeux tournés vers vous;

– soyez des hommes de contemplation, vivez dans la joie et l'espérance, laissez-vous guider par l'Esprit Saint;

– remplissez-vous d'une charité pastorale qui vous fasse accepter, dans la joie, votre tâche qui n'a rien de facile, qui est ardue et cachée; d'une charité pastorale qui vous porte à l'intériorité de la prière; qui vous rende sereinement disponibles à tous; qui vous donne un cœur chaleureux, fraternel et humain pour recevoir, écrire, corriger; qui vous fasse attentifs aux problèmes et aux angoisses des autres, capables d'encourager vos frères qui sont loin, de comprendre les diverses situations des Églises locales; qui vous donne – à la manière du Christ et de l'Esprit, dans la profondeur intérieure – l'ouverture aux problèmes des personnes, aux aspirations des peuples.

Croyez à notre affection sincère et fraternelle, en esprit collégial. Ayez confiance en nous. Tous, nous voulons construire, par la force de l'Esprit Saint, l'unique Église du Christ.

Que l'Esprit Saint nous guide toujours; qu'il soit lui-même notre lumière, notre force, notre amour. Et que Marie très sainte – «image et commencement de ce que sera l'Église» – nous garde en son cœur maternel, simple et fidèle; qu'elle nous rende véritablement pauvres et fraternels, profondément contemplatifs et hommes de prière, témoins de la Pâque et prophètes de l'espérance, adorateurs de la Trinité et serviteurs de Dieu pour les humains. Qu'il en soit ainsi!

ÉPILOGUE

Les trois testaments de Paul VI

« Tu es le Christ, le Fils du Dieu vivant. »
(Mt 16, 16)

« J'ai combattu le beau combat. »
(2 Tm 4, 7)

I

Quand on s'arrête pour prier sur la tombe de Paul VI, on s'en éloigne pacifié, on a le goût d'être plus simple et plus sincère, on désire être meilleur. C'est que son souvenir et sa présence nous font du bien.

Depuis longtemps, déjà, il nous regardait avec des yeux d'éternité: des yeux tristes à cause de la douleur du monde et de la préoccupation de l'Église, mais pleins d'espérance et de lumière; bons comme les yeux d'un enfant qui découvre la vie, sereins comme les yeux d'un vieillard qui a pleuré sur le monde un martyre prolongé, lumineux comme les yeux d'un prophète qui a contemplé l'invisible et, à partir de cette vision, nous signale la valeur et le chemin de la vraie vie.

Paul VI nous faisait du bien quand il nous regardait; son regard était un don, une invitation à la paix, une manifestation de Dieu; mais, en même temps, c'était une demande de compréhension dans sa souffrance, d'affection dans sa solitude, de prière pour son ministère d'amour.

Quand, le 6 août 1978 – fête de la Transfiguration du Seigneur! – on nous annonça la nouvelle de sa mort, la rapidité et le silence de son départ nous ont étonnés, mais nous n'avons demandé ni comment ni pourquoi. Tous, nous pressentions déjà cet événement; c'était une douloureuse intuition de notre cœur de fils. Nous avons pleuré et nous avons rendu grâce à Dieu de nous l'avoir donné comme père, frère et ami. Son départ nous a fait souffrir, son arrivée nous a réjouis, l'espérance de la rencontre définitive nous console.

Difficilement pourrons-nous oublier cet après-midi du dimanche 6 août. La liturgie venait de célébrer la Transfiguration du Seigneur: le Seigneur est venu le prendre avec lui sur la montagne, comme il l'avait fait pour son premier prédécesseur, Pierre de Bethsaïde (Jn 17, 1), et il s'est transfiguré devant lui, son visage brillant comme le soleil et ses vêtements blancs comme la neige. Cet après-midi-là, Paul VI a vu Jésus «face à face» (1 Co 13, 12) et pour toujours. Il partait sereinement vers le Père. Nous, nous demeurions, affligés mais sereins aussi, porteurs d'une blessure très profonde que seules peuvent remplir la chaleur d'une amitié et la certitude d'une espérance, que seule peut remplir l'assurance que Paul VI nous a laissés pour Dieu.

Nous avons célébré deux événements: la manifestation de la gloire du Seigneur et la pâque définitive de Jean-Baptiste Montini. Paul VI est toujours vivant. Non seulement dans la personne et le message de Jean-Paul II – qui se définit toujours comme son héritier, son disciple et son fils –, mais parce que son image sereine et sa bonté caractéristique continuent de nous être quotidiennement présentes. Il est l'ami, le frère, le père qui est mort. On ne peut nous empêcher de le pleurer. C'est une sorte de prière. C'est aussi un moyen de le sentir plus proche et plus intime.

II

Paul VI nous a laissé trois testaments: sa profession de foi du 29 juin 1978 à Saint-Pierre, son chant à la vie dans le testament spirituel que nous avons tous goûté comme une méditation, et ses funérailles.

Les funérailles de Paul VI – si simples et si austères, si profondément vécues par tous, si collégialement présidées par la concélébration de tous les cardinaux – constituent un merveilleux testament. Un testament destiné à être lu par les yeux de l'âme, par le cœur ouvert comme les pages de l'Évangéliaire que le vent de cet après-midi du 12 faisait tourner, sur le cercueil posé à même le pavement. Ce fut sa dernière grande audience. Quel silence sur la Place et dans le monde ! Quelle profonde émotion chez chacun ! On devinait des larmes irrépressibles dans les yeux de petits et de grands, de pauvres et de riches, de religieux et de laïcs, de prêtres, d'évêques et de cardinaux... Une tristesse sereine traduisait le bouleversement intérieur des porteurs – qui tant de fois l'avaient transporté avec amour sur la *sedia gestatoria* – quand ils soulevèrent le cercueil pour le montrer une dernière fois au monde entier, et que toutes les personnes présentes le saluèrent affectueusement par des applaudissements, comme elles le faisaient toujours quand il entrait dans la basilique ou qu'il se retirait de la salle Nervi ! C'était sa façon normale de communiquer, sans paroles, avec ses fils et ses filles. Surtout dans les derniers temps, il avait une manière personnelle d'étendre les bras, d'agiter les mains et « d'être porté » (*cf.* Jn 21, 18). Durant plusieurs jours – à Castelgandolfo d'abord, puis à la basilique ensuite –, il nous parla en silence, nous donna rendez-vous à tous, guérit nos âmes, nous envoya « nous montrer aux prêtres » (Mt 8, 4). Les messes se multiplièrent, les hosties s'épuisèrent, les confessionnaux furent pris d'assaut. Ce fut une véritable audience prolongée, une grande mission, un point culminant de l'Année sainte.

Puis vint la simplicité de sa tombe: « J'aimerais qu'elle soit dans de la vraie terre avec une humble indication qui signale l'emplacement et invite à la piété chrétienne. » « Je ne veux aucun monument. » Sa volonté a été respectée. Son tombeau livre un message continuel qui nous révèle constamment quelque chose de sa grandeur d'âme, de son humilité profonde, de sa simplicité évangélique. Cela nous fait du bien. C'est une réflexion sur le sens de notre vie et sur la responsabilité de notre mission, une invitation à penser à la sagesse des petits, une exhortation à rechercher les valeurs évangéliques.

Tel est le mystère que nous découvre son testament spirituel. Il vaut la peine d'être lu, dans sa simplicité et sa transparence, sans aucun commentaire: *Notes pour mon testament* (1965) et *Notes complémentaires à mon testament* (1972). Devant le mystère de la mort, Paul VI perçoit « le devoir de célébrer le don de la vie »: avec enthousiasme, avec joie, avec gratitude. « Seigneur, je te remercie de m'avoir appelé à la vie, et encore plus de ce que, en me faisant chrétien, tu m'as régénéré et destiné à la plénitude de la vie. » Il dit adieu à ce monde, non avec peine, mais dans l'admiration et la reconnaissance. Dieu l'avait placé en ce monde pour accomplir une mission merveilleuse, crucifiante et riche d'espoir. « Je ferme les yeux sur cette terre douloureuse, dramatique et magnifique, en appelant encore une fois sur elle la Bonté divine. »

Le testament spirituel de Paul VI révèle sa profondeur intérieure, la beauté de son âme, son sens de l'être humain et des choses, sa sensibilité humaine et familiale, son amour passionné pour l'Église, sa délicatesse de conscience, sa dévotion à Marie et sa confiance absolue dans le Christ, « le vainqueur de la mort ». Il a emporté avec lui beaucoup de choses qu'il n'a pas pu nous dire: sur l'Église, sur le concile, sur l'œcuménisme, sur le monde. « En prenant congé de la scène de ce monde, et en allant au-devant du jugement et de la miséricorde de Dieu, j'aurais tant et tant de choses à dire ! »

III

Paul VI, dans la simplicité et la transparence de son âme franciscaine, sentait l'approche silencieuse de notre « sœur la mort ». Il la désirait avec amour; non comme délivrance de son martyre, mais comme plénitude de la joie de la rencontre: « Viens, Seigneur Jésus » (Ap 22, 20). Il nous avait habitués à ses pressentiments à l'occasion de Pâques. Chaque fois, il parlait avec plus de certitude et de sérénité de sa mort prochaine: « Le Seigneur vient » (1 Co 16, 22). Sa joie de cette venue était contagieuse: « Réjouissez-vous dans le Seigneur en tout temps; je le répète, réjouissez-vous [...]. Le Seigneur est proche » (Ph 4, 4-5).

Mais ce fut le 29 juin – à un peu plus d'un mois de sa mort – que Paul VI nous livra, à Saint-Pierre, son testament doctrinal, avec pleine conscience que c'était sa propre synthèse de son pontificat. Son homélie, en la fête des saints Pierre et Paul, avait saveur d'adieu. Il avait bien choisi la date: c'était le « jour » du pape – par conséquent « sa fête », le jour de la commémoration du 15e anniversaire de son pontificat –, le jour de l'Église, fondée sur la pierre angulaire qu'est Jésus Christ; le jour de la foi professée (Pierre) et de la foi annoncée (Paul). C'était le jour de la fidélité au Christ, à l'Église, à l'être humain. Paul VI sentait que le Seigneur venait et frappait à sa porte: « Le cours naturel de ma vie se dirige vers le couchant. »

En toute simplicité et en toute humilité, avec clarté et courage, par amour de l'Église, il voulut affirmer son indéfectible fidélité. Profondément impressionné – plus que jamais cette fois! – par les textes de la liturgie, il écoute la confession de foi de Pierre à Césarée de Philippes et le témoignage de la mission de Paul, adressé, de la prison de Rome, à Timothée. Regardant les deux apôtres – et se considérant comme le dernier et le plus indigne successeur de Pierre –, il a conscience d'avoir répété inlassablement à la face de l'Église et du monde: « Tu es le Christ, le Fils du Dieu vivant » (Mt 16, 16) et il sent qu'il peut crier, en toute tranquillité, comme Paul: « J'ai combattu le beau combat, j'ai achevé ma course, j'ai gardé la foi » (2 Tm 4, 7). Par une heureuse providence, cette profession de foi solennelle – « Tu es le Christ, le Fils du Dieu vivant » –, qui jaillit de son cœur fatigué de souffrir et d'aimer, est recueillie dans le cœur vibrant de son successeur immédiat, Jean-Paul Ier, qui la répète « avec une joyeuse fermeté », le 3 septembre, et elle rejoint le cœur jeune et plein d'espérance de Jean-

Paul II qui, lui aussi, la proclame dans son homélie, à la messe du début de son pontificat, le 22 octobre 1978.

Cette affirmation de foi publique de Paul VI était nécessaire; non seulement pour apaiser sa conscience face au juste Juge (2 Tm 4, 8) vers qui il s'acheminait, mais pour donner une réponse claire à ceux qui n'ont pas su comprendre « son patient ministère d'amour et de service en faveur de la foi et de la discipline ».

Paul VI a beaucoup souffert. Il a traversé des temps difficiles, sans doute les plus difficiles du siècle, si on tient compte des douleurs du monde et de la problématique de l'Église. La mise en application du concile n'a pas été facile (elle ne l'est pas encore); peut-être l'Église dont il avait rêvé, comme archevêque de Milan et père conciliaire, n'était-elle pas encore « l'épouse immaculée de Jésus Christ ». Dans cette crise de l'Église, les voix n'ont pas manqué (de droite et de gauche) pour l'accuser ou d'excès d'audace ou de manque de courage. Il semblerait que c'est toujours le capitaine du navire qu'il faille inculper de la furie des tempêtes. On a accusé Paul VI d'avoir été trop faible devant les abus en matière de foi, de discipline, de liturgie. Comme si le plus important n'avait pas été les lumières qu'il allumait, les orientations doctrinales qu'il donnait, l'Esprit qu'il communiquait! Il y a quelque chose de son magistère admirable qui ne peut être oublié: ce sont les discours d'ouverture et de clôture de chacune des périodes conciliaires qu'il a présidées. Rappelons seulement le magnifique discours sur *La Valeur religieuse du concile*, le 7 décembre 1965.

La fidélité de Paul VI – au Christ, à l'Église, à l'être humain – se manifeste dans la profondeur lumineuse de son magistère (encycliques et exhortations, discours et homélies, gestes simples et voyages de par le monde). Paul VI était l'homme du silence et de la parole, de la contemplation profonde et du sens de l'être humain, de l'amour du Christ et de son ministère d'amour pour le monde. Dans son testament doctrinal, Paul VI a voulu synthétiser son pontificat en deux points: conservation de la foi et défense de la vie humaine.

La mission d'un pape – comme celle de saint Pierre, à qui le Christ a confié le mandat de confirmer ses frères – est celle de servir la vérité de la foi et d'offrir cette vérité à ceux et celles qui la cherchent. Paul VI a « l'humble et ferme conscience » d'avoir « confirmé ses frères et sœurs dans la foi » (Lc 22, 32) et de n'avoir jamais trahi « la sainte vérité ». Il n'a cherché que le Seigneur, le bien de l'Église et le service des frères et sœurs. Comme pour résumer son magistère – de *Ecclesiam suam* à *Evangelii nuntiandi* –, Paul VI énumère avec simplicité ses principales encycliques et exhortations apostoliques.

Il est impossible d'entrer ici profondément en chacun de ces écrits. Je voudrais seulement signaler la valeur – comme témoignage d'un homme qui est sur le point de partir – des trois magnifiques documents de l'Année sainte: *La Réconciliation dans l'Église* (8 décembre 1974), *La Joie chrétienne* (9 mai 1975) et *L'Évangélisation du monde contemporain* (8 décembre 1975). Exactement à l'intérieur d'une année, trois exhortations profondes et pleines d'enseignements! L'Année sainte, présidée par Paul VI, s'ouvre par une exhortation à la conversion et à la réconciliation fraternelle; elle se poursuit avec une invitation pascale à la joie, et elle se conclut par un mandat missionnaire pour annoncer la « Bonne Nouvelle » de Jésus aux pauvres et la libération aux opprimés (Lc 4, 18).

Nous pourrions dire beaucoup de choses de Paul VI: homme de spiritualité profonde et de vie intérieure (homme vraiment contemplatif), homme passionné pour l'Église, homme fasciné par les valeurs authentiques de la nature, du monde, de l'histoire. L'homme de la souffrance, de la croix pascale et du martyre. L'homme de l'amour, de la foi et de l'espérance. L'homme de la confiance en Dieu. Quelqu'un qui a su rencontrer le Christ et l'aimer avec une disponibilité absolue. Quelqu'un qui a su découvrir l'être humain et le servir avec une joyeuse générosité.

Paul VI mourut le 6 août. La date exacte où il avait signé – quatorze ans plus tôt – son encyclique sur le dialogue dans l'Église. Les cloches en l'honneur de Marie venaient à peine de se taire après avoir célébré la louange de

Notre Dame des Neiges. À leur tour, résonnaient les cloches de la Transfiguration du Seigneur. Et déjà, les cloches de la Pâque de la Vierge – le 15 août – se préparaient à célébrer la Pâque d'un homme qui naquit à Concesio, qui servit l'Église comme prêtre, évêque et pape, et qui mourut, en silence, dans les collines des monts albains.

Le monde le pleura, l'Église le regretta, les bienheureux l'accueillirent dans la gloire. Marie surtout, qu'il a tant aimée, fut heureuse de le garder près d'elle au jour de sa Pâque. C'était le moyen le plus sûr pour que les humains le sentent Père. Alors, Marie entonna de nouveau le *Magnificat.* Et nous, avec elle et avec l'Église, nous le chantons.

Table des matières

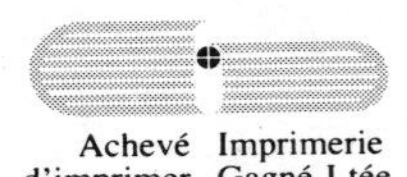

Achevé d'imprimer au Canada

Imprimerie Gagné Ltée Louiseville